U0680323

逐梦起航 静待花开

——大学新生教育读本

主　编／易忠兵　王会珍

副主编／杨翠娟　徐丽娟　万东升

编　委（按姓氏笔画排序）

于　飞　万东升　王会珍　叶　丹　刘　萍

张小芳　张　彬　张爱萱　李文飞　李枢密

陈　浩　陈庚远　陈德田　杨翠娟　易忠兵

徐元元　徐丽娟　贾安如　曹　静　董　玲

韩　啸

南京大学出版社

图书在版编目(CIP)数据

逐梦起航　静待花开：大学新生教育读本 / 易忠兵，
王会珍主编. — 南京：南京大学出版社，2018.8(2021.8 重印)
ISBN 978-7-305-20799-0

Ⅰ. ①逐… Ⅱ. ①易… ②王… Ⅲ. ①大学生－入学
教育 Ⅳ. ①G645.5

中国版本图书馆 CIP 数据核字(2018)第 181152 号

出版发行　南京大学出版社
社　　址　南京市汉口路 22 号　　　邮　编　210093
出 版 人　金鑫荣

书　　名　逐梦起航　静待花开——大学新生教育读本
主　　编　易忠兵　王会珍
责任编辑　王小兰　　　　　　　　编辑热线　(025)83305645

照　　排　江苏圣师印刷有限公司
印　　刷　南京人文印务有限公司
开　　本　787×1092　1/16　印张 16.75　字数 387 千
版　　次　2018 年 8 月第 1 版　2021 年 8 月第 3 次印刷
ISBN　978-7-305-20799-0
定　　价　39.80 元

网址:http://www.njupco.com
官方微博:http://weibo.com/njupco
官方微信号:njupress
销售咨询热线:(025)84461646

* 版权所有,侵权必究
* 凡购买南大版图书,如有印装质量问题,请与所购
图书销售部门联系调换

前　言

　　金桂飘香，云卷云舒。亲爱的同学们，欢迎你们踏入盐城幼儿师范高等专科学校的校门，成为盐城幼专学子。寒窗苦读十余载，大学是你们走向未来的一扇崭新大门，未来对于你们而言充满着新奇与向往。作为教育工作者，我们需要在新生入学时就给予积极引导，帮助你们顺利适应大学生活。

　　"非学无以广才，非志无以成学。"莘莘学子笃志好学，创新求是；大师学者辛勤耕耘，传道授业。而入学教育，恰是新生开启人生征途的起点，也是高校思想政治教育的焦点。《逐梦起航　静待花开——大学新生教育读本》直面高职院校新生，从新生即将面临的常见问题展开，以帮助学生解决实际问题为重点，用深入浅出的理论分析，结合真实的案例讲述，给新生以科学的学习指导、生活辅导、职业引导，帮助学生完成角色转变，适应大学环境，走向学业成功。

　　本书呈现以下几个特色：

　　第一，注重生成性教育。本书以"逐梦"为主线，按照学生成长足迹，以知梦、启梦、设梦、筑梦、护梦、助梦、润梦及圆梦为面，分别从校情校史、新生军训、生涯规划、做人学习生活、法纪校规、助学及心理健康、爱党爱国爱家乡、就业与创业等方面对大学生活进行了渐进性、生成性教育。带领学生走进大学校园的方方面面，让学生了解作为"大学新鲜人"如何更好地独立生活；教会学生在大学"开放"的学习环境中有效自主学习，培养学生善于规划且有效执行的能力；让学生更好地规划大学生活，奋斗青春时代。

　　第二，直面时代新问题。本书适应时代发展形势，直面大学生突出而敏感的问题。如校园贷、电信诈骗、性健康基本常识及艾滋病的预防等知识。力争对大学生进行正确的理财与防骗、性道德与安全的教育，教育他们树立正确的理财观、恋爱观、人生观、价值观和道德观。

　　第三，突出传统文化教育。党的十九大报告明确指出，中华民族五千多年文明历史所孕育的中华优秀传统文化、党领导人民在革命、建设、改革中创造的革命文化和社会主义先进文化，是我们中国特色社会主义文化的优势所在。本书注重传统文化的弘扬，我们基本按照历史的沿革，精选了《大学》《中庸》《论语》《道德经》《孙子兵法》等多部国学经典中的名篇选段，根据篇章主题，结合大学生的学习、生活实际进行了启示分析。对于增强大学生的文化自信，具有重要的现实指导意义。

　　《逐梦起航　静待花开——大学新生教育读本》是我校一线教育工作者积极探索成型的书籍，凝聚了我们多年的实践经验和理论升华，既响应了教育部的人才培养计划，也为高职院校新生入学教育提供了参照。教材在保证科学性、实用性的基础上，强调可读性和推广性。

本书的编写由盐城幼儿师范高等专科学校学生处组织,各院系骨干老师参与完成。各章的编者按章节顺序如下:知梦篇——张爱萱(第一章)、陈德田(第二章)、王会珍(第三章);启梦篇——万东升(第四章、第五章),杨翠娟(第六章);设梦篇——张彬(第七章、第八章),杨翠娟(第九章);筑梦篇——张小芳(第十章),贾安如、刘萍(第十一章),于飞(第十二章),杨翠娟(第十三章);护梦篇——董玲、万东升、易忠兵(第十四章),陈庚远、陈浩(第十五章),徐丽娟(第十六章);助梦篇——李文飞、徐元元(第十七章),曹静(第十八章),徐丽娟(第十九章);润梦篇——叶丹、韩啸(第二十章、第二十一章、第二十二章、第二十三章),徐丽娟(第二十四章);圆梦篇——李枢密、陈浩(第二十五章、第二十六章),徐丽娟(第二十七章)。

本书的编写得到了盐城幼儿师范高等专科学校党委书记刘毓航、校长姜统华的充分肯定并提出了宝贵的修改意见,在此,衷心致以谢意! 本书能得以顺利出版,离不开南京大学出版社的大力支持,本书的编写对前辈和同行发表的著作、期刊论文以及网络发文的研究成果多有参考和借鉴,在此一并致谢!

由于我们业务水平有限,编写经验不足,本书难免存在疏漏或错误,恳请专家和读者批评指正!

编 者

2018 年 7 月

目　录

知梦篇

启梦篇

设梦篇

筑梦篇

知梦篇

第一章

感知大学

九月，沉静了一个暑假的校园迎来了朝气蓬勃的学子，顿时变得热闹起来。同学们开始了崭新的人生体验，比如第一次离开故乡，第一次离开家人，在一个陌生的环境中认识新的老师、同学、朋友……此刻的你，或许带着对未来的憧憬期盼，或许有对未来的迷茫。你是否意识到自己已经站在了人生新的起跑线上？当崭新的大学生活向你走来时，你又将如何有意义地度过呢？那么，先让我们一起来认识大学吧。

第一节　大学的历史及发展

大学的产生、发展与人类社会历史的发展紧密相连。高等教育的历史源远流长，古代埃及、印度、中国等都是高等教育的发源地，但现代意义上的大学是近代的产物，直接起源于11、12世纪的欧洲中世纪大学。

一、大学的发展历史

欧洲中世纪大学指11～17世纪欧洲各国兴起的高等学府，为近代高等教育之滥觞。欧洲教育曾经被教会所垄断，11世纪西欧城市兴起后，由于手工业和商业的发展以及城市反对领主的斗争，迫切需要能读会写、有专业知识的人才。原有的僧院学校无法满足社会发展的需要。因此，一些城市的手工业行会和商人公会，以及市政当局，打破教会的垄断，自发创办了世俗学校。学校根据城市生产、交换和社会生活的需要，开设文法和计算方面的课程，培养人才。这种新型学校不依靠教会，而是靠学生交纳学费维持学校的开支。

本质上，大学兴起于11世纪西欧新兴商业城市发展的过程中，最初的"大学"与"行会"是同义词，拉丁文"universitas"一词的原意就是"行会"。因为大学最初只是一种人的组织，它既没有自己的地产，也没有自己的建筑物，往往可以流动。早期的大学多以停办或迁址到其他城市作为交涉手段，使地方当局提供譬如免税、免服兵役、享受特殊法律保护的权利。因此，人们以从国家和教会的手中获得特许状来标志一所大学的正式诞生。无论是被称为1088年成立的最早的意大利博洛尼亚大学，还是稍后成立的法国巴黎大学，都不例外。继意大利和法国之后，英国于1167年创办了牛津大学，1209年创办了剑桥大学。1218年创办的萨拉曼卡大学被称为西班牙人的骄傲。它们都是最古老的高等学府，是世界上历史最为悠久的大学，至今都吸引着全球的优秀学子。

从中世纪大学到现代大学过渡的最终完成，是以1810年柏林大学的创办为标志的。著名教育学家威廉·冯·洪堡创造了著名的"柏林大学模式"。它摆脱了大学的宗教性，张扬了"科学、理性、自由"的精神。柏林大学标志着一种崭新的大学教育理念与形式的出现，逐渐成为世界各地大学效仿的模板，对欧洲其他国家以及美国、日本、中国等国家的大学教育产生了重要影响。

二、中国大学的发展历史

中国大学的产生和发展与中国社会的发展紧密相连,经历了从萌芽到形成到发展的一个漫长的历史时期。

(一)大学的萌芽与成长

成均:传说上古尧舜时的学校。现代考古发现,原始氏族公社后期遗址中,有类似现在广场一样的空地,是氏族部落成员集会的地方。他们在这里举行典礼、宣讲规章、动员集会,有教育宣传的作用。国家产生以后,成均成为天子之学的场所。《礼记·文王世子》:"三而一有焉,乃进其等,以其序,谓之郊人,远之。于成均,以及取爵于上尊也。"郑玄注:"董仲舒曰:'成均,五帝之学。'"是相对确切可信的材料。

稷下学宫:战国时期的高等学府。当时,诸侯争霸、群雄并起,"士"阶层兴起,各诸侯国认为"争天下者必先争人"。于是,中国学术史上早期的文化高峰、不可多见的"百家争鸣"就以齐国稷下学宫为中心呈现了出来,促进了先秦时期学术文化的繁荣。由于稷下之学的兴起是统治者的政治需要,这就决定了稷下学宫的政治性质,即具有智囊团性质的政策咨询机构。同时,统治者又为"士"阶层提供了宽松自由的学术环境,使得稷下学宫成为学术交流、文化传播和百家争鸣的阵地,彰显了其学术机构的性质。可以说,稷下学宫是最早的大学雏形。

太学:汉代出现的设在京师长安的全国最高教育机构。汉武帝听从董仲舒的建议,罢黜百家、独尊儒术,"兴太学,置明师,以养天下之士",在长安设立太学,开设了《诗经》《尚书》《礼记》《易经》《春秋》等讲解课程。王莽时"礼乐分崩,典文残落","四方学士多怀协图书,遁逃林薮",太学零落。东汉光武帝刘秀称帝后,戎马未歇,就先兴文教。到东汉中期时,太学生已有3万多人。

国子学:晋武帝咸宁二年(公元276年)设立,与太学并立。机构设置为博士五人,正五品上。南北朝时,或设国子学,或设太学,或两者同设。隋文帝时以国子寺总辖国子、太学、四门等学。炀帝时改国子寺为国子监。唐宋时也以国子监总辖国子、太学、四门等学。元代设国子学、蒙古国子学、回回国子学,也分别称国子监。明清时期仅设国子监,为教育管理机关,兼具国子学性质。光绪三十一年(1905年)设学部,废除了国子监。国子学(国子寺、国子监)与太学,名称虽异,历代制度也有变化,但均为最高学府。国子学的教育对象属于统治者的子弟。

书院:书院之名始于唐朝,分官私两类。唐贞观九年(635年)设在遂宁县的张九宗书院,是较早的私人书院。官立书院最初是官方修书、校书或偶尔为皇帝讲经的场所。北宋提倡文治,但国家一时又无力大量创办官学,于是鼓励民间办学并给予帮助支持,私人讲学的书院于是大量产生,加上印刷术的应用,书籍开始面向大众,书院得以繁荣。被称为中国古代四大书院的江西庐山的白鹿洞书院、湖南长沙的岳麓书院、河南商丘的应天府书院、河南登封太室山的嵩阳书院就诞生在这个时期。其中,应天府书院改升为"南京国子监",成为北宋最高学府,同时也成为中国古代书院中唯一一座升级为国子监的书院。明代书院形式丰富,清代书院主要是官办形式的机构。

我国高等教育的历史可以追溯到很早，但现代意义上大学的产生，则是 19 世纪末受西方影响的结果。1898 年，清朝光绪帝一纸诏令宣布了中国千年书院的终结，"即将各省府厅州县现有之大小书院，一律改为兼习中学西学之学校，至于学校等级，自应以省会之大书院为高等学，郡城之书院为中等学，州县之书院为小学。"由此，开启了古典书院向普及全国的新式学堂的转变。新政虽然没有挽救清王朝灭亡的命运，但是建立民族国家的近代大学制度的进程并没有中断。同年，京师大学堂的成立成为中国高等教育的一个重要转折点，是中国近代第一所国立大学，被称为第一所由中央政府建立的综合性大学。京师大学堂与武汉大学前身自强学堂、天津大学前身天津北洋西学学堂、山西大学前身山西大学堂、上海交通大学及西安交通大学前身南洋公学、四川大学前身四川中西学堂属同时期的近代新式高校。1912 年 5 月 4 日，京师大学堂更名为北京大学。从此，中国的高等教育开启了管理体制、系科设置、课程内容向美国以及欧洲国家学习、借鉴的模式。

新中国成立以来，中国的高等教育进入了新的发展阶段。我国高等院校聘请苏联专家，借鉴苏联模式。经历了"文化大革命"伤痛之后，1977 年国家恢复了停止已久的高等学校入学考试制度。1981 年起，实施了学士、硕士、博士三级学位制度，我国高等教育进入大发展时期。1999 年，第三次全国教育工作会议召开后，中国的高等教育进入了一个大发展和深化改革时期。我国开始全面扩大高等学校招生规模。进入 21 世纪，中国的高等教育从办学数量、招生数量、办学类型等都进一步向大众性和普及性的方向发展。

（二）大学的名称与内涵

一般说来，大学泛指本科、专科层次的各类学校。生活中，人们也习惯将大学、学院、高等专科学校、职业技术学院统称为大学。事实上，一所学校的名称是按国家有关章程来命名的。

我国现行的普通高等教育本科院校有大学和学院之分，两者之间有相同之处也有区别。从办学规模上看，大学要求全日制在校生规模应在 8 000 人以上，在校研究生数不低于全日制在校生总数的 5%，学院要求全日制在校生规模应在 5 000 人以上；从学科与专业看，在人文学科（哲学、文学、历史学）、社会学科（经济学、法学、教育学）、理学、工学、农学、医学、管理学等学科门类中，称为大学的应拥有 3 个以上学科门类作为主要学科，称为学院的应拥有 1 个以上学科门类作为主要学科；大学要求每个主要学科门类中的普通本科专业应能覆盖该学科门类 3 个以上的一级学科，每个主要学科门类的全日制本科以上在校生均不低于学校全日制本科以上在校生总数的 15%，且至少有 2 个硕士学位授予点，学校的普通本科专业总数在 20 个以上，称为学院的其主要学科门类中应能覆盖该学科门类 3 个以上的专业；此外，国家在师资、科研、基础设施等方面对大学与学院都做出了不同的要求。

根据教育部规定的专科层次办学要求，高专和高职都属于普通高等教育中的专科层次。其人才培养都是以适应社会需要为目标，以培养高等技术应用性专门人才为根本任务。师范、医学、公安类等专科层次全日制普通高等学校校名规范为"高等专科学校"。以职业教育为主，非师范、非医学、非公安类等专科层次全日制普通高等学校则逐步规范校名后缀为"职业技术学院"。

当然，高职高专学生也有进入本科院校继续深造的机会。不少同学关注的专升本是指大学专科层次学生进入本科层次阶段学习的选拔考试。它有两种类型，一是普通高校对口招收全日制普通高校的专科应届毕业生,在专科毕业前夕参加省里专升本考试。二是成人高等教育招生。均有统一的考试时间。

第二节 大学的精神及文化

大学文化作为人类文化中的一种高层次文化,它可以服务社会、引领社会。这种文化是大学在长期办学实践的基础上,经由历史积淀、自身努力和外部环境的影响逐步形成的。大学既有普适性文化,如学术自由、科学信仰、追求真理、追求卓越,也有每所院校独特的精神气质,通过自身独特的学术传统、校园风貌,展现自己的精神文化特质。这种文化非封闭生成,源于文化遗传基因与现实环境的碰撞,并渗透在大学的物质文化、制度文化和精神文化之中。

一、物质文化

物质文化是指校园内看得见、摸得着的物质文化形态。校园物质文化涵盖了教学、科研、生活、环境、设施等各方面的物质构件,同时赋予它们文化内涵,是进行文化活动的物质基础。在现代大学校园里,教学楼、图书馆、实验室、校园网等都是大学物质文化建设的重要内容,但是物质文化不能简单理解成校园面积越来越大,建筑物越来越现代,更要重视其文化内涵,人文底蕴有没有通过这些介质得到彰显与表现。校园楼宇的设计和造型,功能考虑是否人性化并具有前瞻性,是否能彰显学校的办学精神与理念;校园环境的绿化美化、景观设计,呈现出的图案符号、色彩结构,无处不传递着校园的人文底蕴。因此,营造高雅的育人环境,使物质与文化有机融合,既能给学生带来便捷舒适感,也能潜移默化开阔学生的胸襟情志,促进学生身心健康发展。

二、制度文化

国学大师陈寅恪曾说:独立之精神,自由之思想。学术的发展创新离不开独立、自由。学术自由也成为世界各地大学的基本价值。自由的氛围并不意味着无规范,无制度。

现代大学制度的构架可分为两个层面。第一个是宏观层面,是政府宏观管理、市场适度调节、社会广泛参与、学校依法自主办学的层面;第二个层面是从微观上看,校内层面的制度文化。当然,制度建立在国家的法律框架内制定章程,是构建一所大学的基本秩序构架。著名高等教育研究专家眭依凡先生指出:"大学制度文化是经过学校意志选择的,具有强烈的、鲜明的规范性、组织性,属于校园范围内必须强制执行和严格遵从的文化类型。"从表层看,制度强调的是强制性与服从性,事实上,通过推进制度文化建设,形成制度文化时就会内化为深层次的文化类型。它可以培育人的自觉规范的行为,良好文明的习惯,并且内化为一种向上的精神气质,一种和谐的校园氛围,久而久之形成大学的优良学风、教风、校风与独特的精神气质。因此,加强大学制度文化建设是大学文化的重要组成部分。

三、精神文化

大学精神文化是大学文化的核心和精髓。它从精神层面深刻反映一所大学的办学理念与办学目标,是大学群体意识的集中体现,也是引领大学发展的精神指南,处于大学文化的最高层次。

(一)科学精神

著名教育家任鸿隽先生在《科学精神论》中提到科学精神即"探寻真理是也";语言学家、数学家周海中认为科学精神是推动社会进步的强大力量。因此在这过程中,应该尊重而不迷信权威,追求而不独占真理。科学精神是什么? 一般说来,科学精神是指人们在长期的科学实践活动中形成的共同信念、价值标准和行为规范的总称。大学的科学精神是科学精神在大学里的具象和表征,也是大学师生共同崇尚的实事求是、追求真理的价值理念和行为指导。

大学之道,在于育人。因此,培养学生的科学精神包含培养以下精神:第一,培养其探索精神。好奇是探索的最初心理,是科学产生的驱动因素,在这探索中既要有方向,又要有锲而不舍的意志;第二,培养学生的实证精神。科学源于观察和实验,伽利略曾说,一切推理都必须从观察与实验得来,因此研究不能停留在定性描述层面上,确定性或精确性是科学的显著特征之一;第三,培养学生的创新精神。创新精神既包含虚心接受科学遗产的精神,又包含勇于质疑传统、权威,坚持真理的精神,综合运用已有的知识,提出新方法、新观点的思维能力和进行发明创造、改革、革新的意志与智慧。当然,要培养具有创新精神的学生,首先教师应具有创新意识。只有具有创新意识的教师,才能对学生进行启发教育,才能教会学生如何学习,才能培养学生的创新能力。

(二)人文精神

与科学精神一样,人文精神也是国家、民族文化体系中的重要内容,是衡量一个国家、民族文明进步程度的重要标尺。人文精神强调关于人的价值、生命、生活、尊严、权利、幸福、自由和发展等问题,既强调对自身的关注,也强调关注他人、关注人与人之间的关系。大学人文精神是在大学自身发展过程中,经过长期的内化演绎与历史积淀逐步形成的。它具有稳定而丰富的内涵,体现着大学对人的价值和生存意义的关怀,同时又以价值观念和行为规范的形式约束着大学人的行为,显示着大学不同于其他机构的气质特征。在大学校园里,人文学科是集中表现人文精神的知识教育体系,它关注的是人类价值和精神表现。

牛津大学非常重视人文课程的设置,其人文课程包括文法、修辞、逻辑三门基础学科以及算术、几何、天文、音乐四门高级学科,而亚里士多德的自然科学、伦理学和哲学,同样是人文课程的重要内容。哈佛大学是在美国实用主义价值哲学土壤中成长起来的,其核心课程的设置理念是让每一位毕业生不仅受到专业的学术训练,而且还受到广泛的通识教育。其核心课程包括外国文化、历史学、文学和艺术、道德伦理、定量推理、科学和社会分析等七个板块。牛津、哈佛至今都是世界公认最顶尖的高等教育机构之一。北京大学从1898年创办起就注重培养师生的人文精神与科学精神的融合。2015年,北京大学推出通识教育核心课程,分为四大系列:中国文明及其传统、西方文明及其传统、现代社会及其问题和人文艺术与自然,以期助力于培养引领未来的北大青年。清华大学历史上任期最长的校长(1931—1948)梅贻琦针对当时提倡的"只重专才,不重通才;重实科不重文理"的教育方针指出大学应该着眼于对学生"人格"的全面培养,首先提出了"通才教育"这一核心观念。他认为大学应着眼于为学生们通向高深而做基本训练。事实上,无论是素质教育、博雅教育还是通识教育,尽管说法有别,但其内涵均有培养具有广博知识和文雅品行的学生之意,并非给学生一种职业训练。这种人文教育理念呼吁的不是没有灵魂的专家,而是成为一个有灵魂的人。

第三节 大学的任务及意义

大学作为文化的传承者、开创者和引领者,肩负着重要的历史使命。它是传播知识文化的殿堂,是培育高级人才的摇篮,是科学研究的基地,是服务社会的力量。

一、大学的任务

(一)人才培养的任务

无论时代怎么变化,大学具有人才培养的功能一直不变。无论是历史上早期少数王公贵族受教育,还是发展到近现代面向大众,人才培养的根本任务不变。只是在不同的时期,不同的国家和地区,培养人才的目的、规模等不尽相同。我国《高等教育法》这样规定:"培养具有创新精神和实践能力的高级专门人才。"可见,高等教育的任务之一便是大学根据不同学科、专业制定人才培养计划,通过一系列教学活动、科研训练、社会实践活动的实施,促进学生全面发展,实现人才培养。

党的十八大明确提出"把立德树人作为教育的根本任务"。这凝聚了党和国家对人才培养的总体要求,指明了我国高等教育的根本使命。正如习近平总书记所说,"立德树人"就是要引导青年学生"做到明大德、守公德、严私德"。党的十九大报告提出,"广大青年要坚定理想信念,志存高远,脚踏实地,勇做时代的弄潮儿,在实现中国梦的生动实践中放飞青春梦想,在为人民利益的不懈奋斗中书写人生华章"。这为新时代高校落实立德树人根本任务指明了前进方向。高校要聚焦"培养什么样的人、如何培养人、为谁培养人"的根本问题。因此大学要以坚定的理想信念为核心,努力培养志向远大的新一代;以广博的知识为基础,努力培养综合素质高的新一代;以创新精神为引领,提升大学生创新创造能力,勇做时代的弄潮儿;以社会责任为使命,提升大学生民族与学术兴衰的情怀,培养社会主义的建设者、接班人。

(二)科学研究的任务

欧洲中世纪大学产生之后,科学研究逐步迈进大学的殿堂。大学除了有教学的任务,还有科研的任务。教学的主要目的在于传播知识,而科研则往往可以发现新知。

教育部对科学研究的定义是:"科学研究是指为了增进知识包括关于人类文化和社会的知识以及利用这些知识去发明新的技术而进行的系统的创造性工作。"坚持科教融合,推动人才培养与科学研究相互融合,发挥科研育人在高等教育内涵式发展和高质量人才培养中的重要作用,是实施科教兴国战略的重要方面。同一专业的学生,按照国家规定的教学大纲,大学的课程设置、课时安排相差不大,而科研水平则有较大差距。学校的科研水平往往是衡量一流大学与一般大学的一个重要指标。实践证明,大学拥有人才优势,拥有纸质图书、数据平台等科研条件,开展科学研究活动是培养人才不可缺少的途径。科学研究的开展不仅能使教师在专业上有深度钻研,而且能培养学生的创新意识、创造精神,使学校的专业和课程建设、学术水平不断提升。

（三）服务社会的任务

从近代大学迈出"象牙塔"走向社会,明确提出大学有服务社会的功能始于19世纪末20世纪初的美国,最具有代表性的是威斯康星大学。威斯康星大学提出大学的基本任务一是把学生培养成有知识、能工作的公民;二是进行科学研究,发展创造新文化、新知识;三是传播知识给广大民众,使之能有这些知识解决经济、生产、政治及生活方面的问题。这些都对近现代大学服务社会的内容与形式产生了重要影响。

大学服务社会的主体是师生,通过人力、智力和信息资源方面的优势,充当社会发展的思想库和政府决策的智囊团。目前高校主要为个别企业和政府部门提供科研和咨询服务,广大市民较难享受到高校的优质资源,如高校的创新试验室、科研基地、图书馆。从大学社会服务的地域看,大多数高校社会服务范围依托于学校所在的市、省,实力较强的高校其社会服务区域能辐射更广。21世纪以来,大学在以更加积极的姿态融入地方经济建设和社会发展,为社会提供更广泛的服务。

二、大学的意义

大学时代是人生求学的一个阶段。虽然,同学们在大学度过的时间不算长,但大学足以影响你的一生。无论你是在本科还是专科院校,决定你未来的不是大学,而是你知道如何度过大学生活,知道你想成为怎样的人并在这期间为之努力。大学时光就好比人生的盛夏,它终究是会更替流逝的,因此才更加显得青春美好、难忘。著名诗人泰戈尔曾写道:"我相信自己,生来如璀璨的夏日之花。"如何像夏花一样在阳光最饱满的季节绽放,如何不虚度人生中最自由的年华,是每个大学生都应思考的问题。

大学是职业定向的关键时期。大学是人的职业选择和专业定向的重要阶段。因为读书期间专业的选择往往能够体现人生的择业方向。或者说,大学期间的知识积累、能力锻炼能为今后的择业、创业打下良好的基础。在适应了大学生活之后,同学们可以利用学校图书资源、借助网络信息以及向老师请教等方式了解自己就读的专业目前在社会上所处的发展阶段,对相关专业的发展趋势、就业前景有个初步的判断,以便提前获得某些特定技能来助自己顺利入职或创业。

大学是丰富自我的重要时期。尽管专业很重要,但是不能局限于做一个专业技术人才,更要做一个健全发展的人。大学里有许多免费的、丰富的学术资源,馆藏丰富的纸质图书,多彩多姿的学生社团,各种各样的学术讲座……大学为人成才提供了优越的环境和条件。在相对自由的大学校园里,同学们可以博览群书,提高自己的精神境界,参加社团活动,培养发展自己的兴趣爱好,聆听各类讲座,发掘自己的审美力、想象力与创造力,不断地提升自己。在有限的大学时光里,全方位、全过程地学习,使自己的学术水平、实践能力得到提升,人格得到不断完善,丰富自我。

大学对每一个经历者来说,有相同的感受,也有不同的意义。对刚入学的同学而言,大学是一方崭新的天地,在这里可以结交志趣相合的朋友,在这里可以找到发展兴趣的平台,在这里可以打开认识社会的大门……同学们,如何有意义地开启大学生活,你准备好了吗?

第二章

了解幼专

第一节　校情校史

一、学校概况

盐城幼儿师范高等专科学校坐落在素有"东方湿地之都、仙鹤神鹿之乡"美誉的江苏沿海开放城市——盐城市市区,是2016年年初经教育部批准设置的全日制公办普通高等学校,由原盐城高等师范学校、阜宁高等师范学校合并组建而成。学校肇端于现代文化思潮涌动的1920年,在抗日烽火的洗礼中逐步成长,中华人民共和国成立后不断发展壮大。2005年"盐城鲁迅艺术学校"、2007年"盐城建筑工程学校"分别并入原盐城高等师范学校和原阜宁高等师范学校,为学校发展注入新的活力,办学实力得到提升。学校办学历史悠久,文化积淀丰厚,优秀人才辈出,先后为社会培养了近10万名优秀人才。

学校现有学海路(南)、海洋路(北)两个校区,占地1 103亩,校园建筑面积20多万平方米,在校生一万多人,教职工600余人,其中教授、副教授(高级讲师)222人,硕士研究生以上学历210人,省市学科带头人50人,英语、韩语等专业外教10多人,名师工作室30个。现为国家级幼儿园教师培训基地,江苏省小学新课改教师培训基地,国家建设部、教育部确定的建筑行业技能型紧缺人才培训基地,国家非物质文化遗产人才培养基地,并与美国、加拿大、韩国、新加坡等国外多所知名高校建立了长期的友好合作关系。

学校承袭百年师范教育发展的历史积淀,在长期办学过程中形成了师范类、建设类、艺术类、语言类等专业门类协调发展的办学格局,现有学前教育、音乐教育、美术教育、艺术设计、建筑装饰工程技术、旅游管理等16个高中起点三年制专科专业;学前教育、建筑工程技术、市政工程技术、环境艺术设计、酒店管理、商务英语、应用韩语等13个初中起点五年一贯制专科专业;学前教育、应用韩语、商务英语等11个初中起点中职专业。2013年起承担盐城市免费男幼师本土培养工作。2018年起与南京晓庄学院合作开设首个3+2学前教育本科班。

学校实行开放式办学、精细化管理的教育教学模式,学生的基本功训练和职业技能培养扎实,在全省和省级各类比赛中屡创佳绩,获得省教育厅颁发的"高技能人才摇篮奖"等荣誉称号。2004年以来,有近3 000名学生通过全省"5+2"专转本考试,进入本科学校深造,报考学生的升学率每年均在70%左右,毕业生就业率95%以上。

近年来,学校先后获得"全国巾帼建功先进集体""江苏省文明单位""江苏省职业教育先进单位""江苏省绿色学校""江苏省平安校园""江苏省德育先进单位""江苏省教育科研先进集体""江苏省艺术教育先进单位"等数十项国家和省部级荣誉。

学校以弘文励教的使命、厚德载物的胸怀、严谨笃实的精神、敬业奉献的躬行,秉承师范的传统,以教育改革创新为主线,坚持内涵发展,始终走在师范教育改革的前列,形成了"实践取向、艺术传承、紧跟时代、服务地方"的办学特色,造就了一批批名师,培育了一代代学子。

二、历史沿革

盐城幼儿师范高等专科学校由原盐城高等师范学校、阜宁高等师范学校、盐城鲁迅艺术学校、盐城建筑工程学校"四脉合流"组建而成。四所学校在各自的发展历程中为盐阜地区的人才培养都做出了杰出的贡献,发挥了重要的作用。

(一)盐城师范教育的开端

1920 年,中华民国地方政府在阜宁县城孔庙创办了"甲种师范讲习所",这既是盐城师范教育的开端,也是我校发展的源头。1925 年秋,讲习所停办,校址改建为县立明达初级师范学校。1929 年,改校名为阜宁县立初级师范学校,1934 年停办。1941 年 1 月,新四军军部在盐城重建。在政委刘少奇和代军长陈毅的倡导下,1941 年秋,于阜宁郭墅张庄创建了"盐阜区联立中学"(内设师范部),盐城的师范教育再次得到延续并烙上了革命的色彩。此后,为适应抗日战争和解放战争的需要,学校数易其址,先后以"盐阜师范学校""苏皖边区第五行政区区立师范学校""苏北盐城行政区区立师范学校"等为校名办学,其间也因时局动荡和环境变化,学校分分合合,也曾作为其他学校的师范部而存在。建国初期,盐城地区专署将苏北盐城师范一分为二:师范部迁淮安,成立"苏北淮安师范学校";师训班迁盐城中学正北楼,成立"苏北盐城专区师训班",为以后盐城、阜宁两所师范学校的孕育发展奠定了基础。

(二)盐城高等师范学校沿革(1949～2016)

1949 年底,苏北盐城师范师训班迁至盐城中学正北楼,改名为"苏北盐城专区师训班"。1950 年秋,师训班迁上冈,与建阳县处初级中学合并(内设师范部)。1951 年 9 月划出,成立"苏北上冈初级师范学校",不久改名为"苏北上冈师范学校"。1953 年春,迁盐城,定名为"江苏省盐城师范学校"。1956 年,被省教育厅确立为省重点师范学校。1965 年,改校名为"江苏省盐城耕读师范学校",次年恢复校名。1973 年,学校更改为"江苏省盐城地区第一师范学校"。1981 年 2 月,恢复原校名"江苏省盐城师范学校"。2005 年,经省市主管部门批准,学校升格并更名为"盐城高等师范学校",成为江苏教育学院 12 所分院之一。同年 12 月底,盐城鲁迅艺术学校整体并入。2006 年,市政府决定学校整体南迁至盐城高等职业教育园区。至 2015 年底,学校已经发展成为一个拥有语言类、艺术类、师范类、职教类四大专业群,20 多个专业方向,中职、高职融合,职前、职后教育相辅,教职工近 300 人,在校生近6 000 人,智能化、园林化、现代化,在省内具有一定影响力的高等师范学校。

(三)阜宁高等师范学校沿革(1952～2016)

1952 年 1 月 19 日,盐城专署行文,"苏北阜宁淮安县联立初级师范学校"成立。1952 年秋,盐城专署确定分县办初级师范学校,"阜宁初级师范学校"成立。1956 年初,阜师由初师升格为中师,更校名为"阜宁县师范学校"。1970 年下半年,阜宁县革委会将阜师改名为阜宁县五七学校。1970 年 7 月,阜宁县委在原阜师校址办盐城地区五七师资训练班阜宁分部。1973 年 10 月 17 日,盐城地区革委会决定在阜宁师训班基础上,建立"盐城地区第二师范学校"。1981 年,恢复校名为"阜宁师范学校"。1983 年,校名改为"江苏省阜宁师范学校"。2005 年 4 月,经江苏省教育厅批准,阜师由中师升格为高师,校名为"阜宁高等师范学校",同时增挂江苏教育学院阜宁分院校牌。2007 年底,盐城建筑工程学校与阜宁高等师范学校合并。2009 年 12 月 18 日,新校区建设项目一期工程在盐城高职园区正式开工。2013 年完成了三星级职业学校的创建工作,成功设置了五年制市政工程技术专业,为做大建设类专业群开拓了新空间。同年首次录取 50 名男幼师生,实现免费男幼师在盐城的本土培养。2015 年底,分别建立了外语系、计算机系、(幼儿)教育系、中文与社会系、数学与科学系、旅游管理系等学科,按照"师范教育精品化、职业教育特色化、社会培训多元化"的发展战略,学校办学特色不断增强,办学质量全面提高。

(四)盐城鲁迅艺术学校沿革(1958～2005)

1958 年 7 月,盐城建立专区艺术学校。1960 年 9 月,为纪念鲁艺华中分院成立二十周年,盐城地委报请省高教局同意,改校名为"盐城鲁迅艺术学校",从而成为新四军华中鲁迅艺术学院唯一的、合法的继承学校。1962 年 7 月,学校由全日制中专校缩编为"盐城专区文化艺术训练班"。1980 年,"训练班"更名为"江苏省盐城地区艺术学校"。1983 年 3 月,学校更名为"盐城市艺术学校"。1984 年 11 月,省政府批准建立全日制中专学校"盐城市戏剧学校",设置淮剧专业。1985 年 5 月,"盐城市戏剧学校"正式成立并挂牌。1991 年 5 月,为继承和发扬鲁艺事业,经盐城市政府同意增挂"盐城鲁迅艺术学校"校牌(一校两牌)。1993 年 3 月 15 日,经江苏省人民政府批准,"盐城市戏剧学校"正式复名为"盐城鲁迅艺术学校"。1994～2005 年,学校在校园建设与整合、专业建设、课程改革、教学教研、社会实践等方面取得了快速而稳定的发展。到 2005 年,学校已拥有群文、工美、戏表、器乐、杂技、舞蹈、餐旅等七个专业,成为省内规模较大、学科门类较齐全的中等艺术学校。2005 年底,盐城鲁迅艺术学校(保留校牌)并入盐城高等师范学校。

(五)盐城建筑工程学校沿革(1984～2007)

1984 年 8 月 24 日,盐城市人民政府批准建立盐城市建筑工程学校。学校利用省电大盐城市分校的教学条件办学,与电大分校一套班子,两块牌子。1984 年、1985 年招收两届工业与民用建筑专业的学生。1986 年 8 月,划归市建委,学校规模初定为 400 人,按家指令性计划招收初中毕业生,学制三年。1986 年 12 月,取得盐城市声远路 6 号地块建设新校区,此后两次扩建,校园占地共 53 亩。1988 年 1 月,江苏省人民政府批复同意建立盐城建筑工程学校,确定学校性质为全日制中等专业学校,招收初中毕业生,学制四年,列入省统招统配计划,以面向盐城市招生为主。1990 年 8 月 9 日,学校升格为副县级建制。2007 年 11 月 9 日,市长主持召开盐城市高职园区建设管理领导小组会议,决定将阜宁高等师范学校与盐城建筑工程学校整合,搬迁到高职园区办学。2007 年 12 月底,盐城建筑工程学校与阜宁高等师范学校成建制,实质性合并,以阜宁高等师范学校一个法人对外。

(六)盐城幼儿师范高等专科学校(2016 年至今)

2016 年 1 月 7 日,江苏省人民政府(苏政复〔2016〕2 号)批复,同意在盐城高等师范学校和阜宁高等师范学校基础上建立盐城幼儿师范高等专科学校,同时撤销盐城高等师范学校和阜宁高等师范学校建制。盐城幼儿师范高等专科学校为专科层次的普通高等学校,隶属盐城市管理。2016 年 4 月 27 日,教育部(教发厅函〔2016〕41 号)予以正式备案。学校南北两个校区实现资源全面整合,组建职能科室,建立学前教育学院、城市管理学院、鲁迅艺术学院、继续教育学院、外语系、初等教育系等 6 大院系,并于同年 6 月正式面向高中毕业生招生。

第二节　部门院系

一、党政群机构

党政办公室、纪检监察审计室、组织人事处、宣传统战部、教务处、学生工作处、科研产业处、招生就业处、后勤处(基建办公室)、财务处、图书馆、安全保卫处(武装部)、质量管理与评估办公室、信息技术中心、工会、团委等。

二、教学院部

(一)学前教育学院

学前教育专业始建于 1958 年,是我校规模最大、办学历史最悠久的品牌专业。2016 年开办高中起点三年制大专。2018 年开始招收"3+2"分段培养本科生(与南京晓庄学院联合办学)。现有专任教师 160 余人,其中副教授以上职称 72 人、硕士以上学位 66 人;有校内实验实训平台 20 个,校外实习基地近 200 个,教学设备齐全,设施先进。人才培养突出理论联系实际,重视学生人文情怀、师德修养的培育,强化实践教学,着力提升学生的综合素质。

(二)鲁迅艺术学院

鲁迅艺术学院由原盐城高等师范学校和鲁迅艺术学校相关专业整合而成,继承了新四军华中鲁艺的红色基因,沿袭了师范教育的优良传统,为盐阜地区乃至全省输送了大批具有良好专业技能的中小学美术、音乐教师及淮剧表演、器乐演奏、群众文化、杂技表演等艺术人才,为我市的基础教育和地方经济文化事业的发展做出了重大贡献。学院现有正教授(国家一级演员)1 人,副教授 12 人,讲师 18 人,具有硕士以上学位 14 人。设置专业有:美术教育、音乐教育、环境艺术设计、动漫设计、淮剧表演等。

(三)建筑工程学院

建筑工程学院成立于 2016 年初,主体源自原盐城建筑工程学校各相关专业。设有建筑工程技术、建筑装饰工程技术、市政工程技术 3 个高中起点三年制专科专业,建筑工程技术和市政工程技术 2 个初中起点五年一贯制高职专业。学院拥有一支高水平的"工程型"教学团队,现有建筑类专业教师 45 人,其中副教授及高工 25 人,中级以上职称 31 人,省市教学名师 6 人。学院建立了 30 多个稳定的校外实习基地,实现了校内实训与校外实习的有机衔接与融通。

(四)城市管理学院

城市管理学院成立于 2016 年,现有专任教师 52 人,其中副教授 18 人,讲师 29 人,硕士以上学位23人。设置有旅游管理、酒店管理、计算机应用技术、电子商务、大数据技术与应用等多个中高职热门专业。其中旅游管理专业,是盐城市中高职院校中创办最早、办学经验最丰富、办学成果最丰硕的优势专业、品牌专业。学院坚持以教学为中心,支持学生结合专业考取相应职业从业资格证书,培养具有创新精神和实践能力的应用型专业人才。

(五)外国语学院

外国语学院始建于1995年,师资力量雄厚,共有专任教师42名,其中教授1名,副教授12名,讲师15名,外籍教师5名。设置专业有:初中起点五年一贯制应用韩语和商务英语专业,高中起点三年制专科应用韩语和商务英语专业。多年来外国语学院本着培养应用型人才的理念,秉承"语言基本功+专业技能",走国际化办学的模式,注重学生基础能力和应用技能的结合,推行学历与多证书的双重培养,坚持"校企合作就业订单"和"中韩联合培养"的办学特色,努力培养具有国际视野、直接参与国际竞争的高素质人才。

(六)初等教育学院

初等教育学院建于20世纪40年代,前身为盐城高等师范学校、阜宁高等师范学校大专部、中师部。开设有初中起点五年一贯制小学体育教育专业,高中起点三年制体育教育、社会体育专科专业。现有专任教师28人,其中副高以上职称18人,省学科带头人2人,双师型教师4人。在人才培养理念上,突出理论联系实践的教学方法,着力培养学生的专业基础素质、实际教学能力和创新发展能力,使学生成为师德为先、以人为本、能力为重,具有终身学习能力的体育教育工作者。

(七)继续教育学院

继续教育学院由原盐高师、阜高师培训处和原阜高师开放大专部于2016年6月合并组成,是教育部、建设部建设类紧缺人才培养培训基地、江苏省中小学教师培训基地、盐城市小学(幼儿园)教师培训中心,江苏省建设类无纸化考试盐城考点、盐城市人社局公务员考试考点、建造师考试考点,北京师范大学网络教育学院、中国石油大学(北京)远程教育盐城学习中心。学院与中国开放大学、江苏第二师范学院、盐城师范学院、盐城工学院等高校合作开展成人学历教育。学院现有办公室、教师培训科、自考成考科、开放教育科和职业教育科等职能部门,在籍成教学员达2 000人。

(八)马克思主义学院

马克思主义学院组建于2017年8月,由学校党委直接分管,主要承担我校思想政治课教学和思政理论的研究工作。现有思政课专任教师22人,其中副高以上职称7人,研究生以上学历7人。近年来,马克思主义学院积极构建"大思政"工作格局,将全员育人落到实处,有效提升了思政课教师队伍的总体素质,思政教育科研水平有了质的飞跃。

第三节　专业课程

一、学前教育专业

培养目标:培养具有良好的教师职业道德和先进的幼儿教育理念,能适应学前教育改革与发展需求,具有高度社会责任感和创新精神及实践能力,文化基础知识宽厚扎实,教育教学技能全面,能胜任学前教育机构教育教学和管理的幼儿教育工作者。

主要课程:学前儿童卫生与保育、学前儿童发展心理学、学前教育学、学前儿童语言教育、学前儿童科学教育、学前儿童健康教育、学前儿童艺术教育、幼儿游戏与指导等。

就业面向:各级各类幼儿园和其他学前教育机构,以及社区幼教机构、家庭教育咨询机构,社会办学机构,儿童玩具开发机构,儿童书籍出版机构,从事教学与管理工作。

二、早期教育专业

培养目标:理念先进、信念坚定、德能兼修,具有良好的教师职业道德,较强的就业与创业能力,掌握早期教育专业的基本理论、知识技能,能够在早教机构,托幼机构,社区、家庭教育咨询机构等相关领域从事0～3岁平期教育保教工作、家庭教育指导、早期教育管理等工作的综合实践能力较强的专科层次应用型人才。

主要课程:婴幼儿生理卫生与保健常识、幼儿心理学、幼儿教育学、0～3岁婴儿保育与智力开发、幼儿疾病的紧急处理与预防、奥尔夫音乐教育、婴幼儿营养与喂养、婴幼儿游戏理论与设计、早教机构的管理与营销、早教教学环境创设、婴幼儿常见心理问题观察与分析、婴幼儿口语与普通话、音乐、钢琴、舞蹈、美术等。

就业面向:各级各类早期教育机构,托幼机构担任早期教育指导老师,面向北区。担任家能早期教育服务人员、高级育婴师:面向原疗机构,担任母婴护理人员以及母要产品研发与推广机构人员。

三、音乐教育专业

培养目标:培养掌握系统的音乐专业知识和基本理论,具备运用音乐技能进行音乐教学的能力,从事中小学音乐教育教学的教师。

主要课程:计算机应用基础、(大学)英语、儿童发展心理学、小学教育学基础、乐理、视唱练耳、中外音乐史与名作欣赏、中外民族音乐、声乐、钢琴与即兴伴奏、舞蹈、合唱指挥、器乐、音乐教育导论与教材教法、多声部音乐分析与写作、声乐、键盘、舞蹈等。

就业面向:主要面向中小学、社会培训机构,专业文艺团体,在教师、培训岗位群从事音乐教学、文化宣传等工作。

四、美术教育专业

培养目标:培养掌握美术教育的基本理论、知识和方法,具备从事小学美术教育和研究的能力,掌握较强的美术绘画技能技法,从事小学美术教育的教师。

主要课程:教师教育法律法规、课件制作、课改概论、现代汉语、教师口语、写字、心理学、教育学、素描速写、设计基础(图案)、色彩、小美教法/教研、应用设计、国画基础、手工与美术教具制作、小学教学范图制作、美术发展史及艺术概论等。

就业面向:小学、社会培训机构,在教师、培训岗位群,从事小学美术教学、社团辅导、文化宣传等工作。

五、体育教育专业

培养目标：本专业培养德、智、体、美全面发展，具有良好职业道德和人文素养，掌握义务阶段体育教育的基本理论、基本知识和基本技能，熟悉学校体育与健康教育工作规律，具备较强实践能力，从事小学体育教育工作的教师。

主要课程：体育科学研究方法、游泳与水上救生、体育保健学、体育管理学、健美操、球类（大、小）、武术、体育舞蹈、休闲体育、运动解剖学、运动生理学、社会体育概论、健康评价与运动处方等。

就业面向：小学、幼儿园体育教师；体育机构管理人员；健身房教练以及运动项目教练员。

六、社会体育专业

培养目标：掌握社会体育专业的基本理论、基本技术和技能，具有健身及教学指导、营销策划、组织与管理能力，面向大众体育；健身娱乐、体育旅游行业（或领域）从事体育技能教学、会籍销售及管理、健身指导及管理等工作的高素质技能型人才。

主要课程：田径、体育心理学、体操、游泳与水上救生、体育保健学、体育管理学、社区体育、体育经济学、球类（大）、球类（小）、民族传统体育、武术、体育舞蹈、健美操、休闲体育、运动解剖学、运动生理学、社会体育概论、健康评价与运动处方、体育测量与统计、运动训练学、体育赛事策划与经营管理、运动营养学等。

就业面向：体育健身教练、体育技术指导员、社区群众体育指导员。

七、艺术设计专业

培养目标：培养熟悉艺术设计基本理论知识，具备较强的艺术设计能力，从事艺术设计、电商美术设计，工艺美术与创意设计、制作的高素质技术技能人才。

主要课程：素描、设计基础、电脑美术、制图基础、色彩基础、建筑速写、字体与标志、版式设计、CAD、招贴设计、包装设计、3Dmax、手绘效果图、室内设计（居住、公共空间）、景观设计、展示设计、中外建筑史、广告设计、环艺设计等。

就业面向：设计公司、网络企业、媒体、时尚产品制造与流通企业、相关设计工作室等，从事艺术设计、制作制造及管理工作。

八、市政工程技术专业

培养目标：培养掌握市政工程基础知识、基本理论，具备相应岗位职业能力，适应市政工程生产、管理第一线要求，满足市政行业产业转型升级和企业技术创新需要的技术技能型人才。

主要课程：市政工程制图与识图、工程地质与水文、工程力学、市政工程材料、市政工程CAD、土力学、钢筋混凝土工程结构、工程招投标与合同管理、市政工程测量、市政工程检测技术、城市道路工程、城市桥涵工程、市政管道工程施工、施工组织设计、市政工程造价、市政工程综合训练等。

就业面向:市政施工企业、监理企业,以市政施工员、质量员、安全员、监理员、造价员、资料员、材料员、试验员为主要就业岗位。

九、大数据技术与应用专业

培养目标:与盐城大数据中心全面战略合作,由政府提供奖学金,毕业后择优推荐到大数据中心企业工作。

主要课程:Java 程序设计、Linux 操作系统、分布式开发技术、MySQL 数据库、数据库应用技术、R 语言基础、数据挖掘基础算法、面向对象分析与设计(JAVA)、大数据安全系统防护、大数据导论、大数据技术基础、大数据分析与应用、数据仓库理论与实践、网络爬虫与数据收集、大数据商业实战等。

就业面向:大数据企业、计算机与互联网企业、政府部门或事业单位,特别是在新兴产业中从事系统集成或售后服务、数据处理、开发、信息系统的建设、管理、运行、维护的技术工作。

十、酒店管理专业

培养目标:培养德、智、体、美、劳全面发展,具有良好的职业道德和人文素养,掌握酒店管理专业基础知识,具备从事酒店管理工作基本技能,适应旅游、酒店及度假风景区中旅游企业生产、服务、管理第一线工作,具有较强的创新、创业能力的高素质技术技能型人才。

主要课程:酒店管理概论、旅游学概论、沟通技巧、餐饮实训(中餐)、餐饮实训(西餐)、客房实训(中式)、客房实训(西式)、前厅实训、前厅服务与管理、餐饮服务与管理、客房服务与管理、酒店英语、酒店电子商务、酒店公共关系学、康乐服务与管理、酒店经营与管理、会展服务与管理、酒店主题活动策划、酒店市场营销等。

就业面向:前厅、餐饮、客房、礼宾等高星级酒店基层服务员,邮轮、铁路、旅游公司等基层服务人员,营销助理、人事助理、策划助理,前厅、餐饮、客房主管或经理等高星级酒店中、高层管理岗位。

十一、旅游管理专业

培养目标:培养德、智、体、美、劳全面发展,具有良好的职业道德和人文素养,掌握旅游管理专业基础知识,具备从事旅游管理工作基本技能,适应旅游、酒店及度假风景区中旅游企业生产、服务、管理第一线工作,具有较强的创新、创业能力的高素质技术技能型人才。

主要课程:中国旅游地理、旅游电子商务、旅游市场营销、旅游会计基础、旅游学概论、智慧旅游、导游服务技能、导游法规知识、导游基础知识、地方导游词设计与讲解、旅行社经营与管理、前厅服务与管理、客房服务与管理、餐饮服务与管理、酒店公共关系学、酒店经营与管理、康乐服务与管理、客源国文化、酒店英语等。

就业面向:旅行社计调、业务员、导游、外联、票务、财务基层及管理岗位,高星级酒店餐饮、客房、前厅、人事、营销、策划等基层和管理岗位,旅游景区服务、讲解、基层管理,旅游行政部门基层及管理岗位等。

十二、应用韩语专业

培养目标:培养具有较扎实的韩语语言基础和较强的韩语交际能力,掌握商贸、文秘、旅游、酒店管理等专业知识,具有一定程度韩语听说能力和熟练使用现代办公设备等能力的综合性应用型韩语专业人才。

主要课程:基础韩语写作、基础韩语会话、基础韩语视听、基础韩语、TOPIK 实战、中级韩语、应用韩语、高级韩语、韩语词汇学等。

就业面向:韩资企业、旅游公司、酒店、外语培训机构等部门,担任韩语翻译、办公室文员、业务操作员、前台接待、涉韩导游及服务、韩语培训等各项工作。

十三、商务英语专业

培养目标:商务英语专业旨在培养具有扎实的英语语言基本功、掌握国际商务的基本理论知识和业务流程,具备从事国际商贸活动所需要的技能,从事国际市场营销、涉外客户服务等工作的高素质技术应用型人才。

主要课程:综合英语、英语语音、英语口语、英语听力、英语语法、英语阅读、国际贸易概论、商务英语、商务英语翻译、商务英语写作、国际贸易实务、市场营销学、外贸单证缮制等。

就业面向:国际贸易、国际贷代行业,在翻译和行政管理岗位群,从事商务助理、行政助理等工作。就业岗位主要是商务助理、单证员、外贸业务员、电子商务师、商务翻译、涉外文秘等。

十四、建筑装饰工程技术

培养目标:培养德、智、体、美全面发展,具备良好职业素养和创新能力,掌握建筑装饰工程技术专业的基础理论和专业知识,具有较强的建筑装饰工程施工组织与管理、建筑装饰工程设计、施工图绘制、装饰工程造价、建筑装饰材料采供与管理、建筑装饰工程信息管理等方面的操作技能,能适应建筑装饰工程生产、管理第一线要求,满足建设行业产业转型升级和企业技术创新需要的创新型技术技能人才。

主要课程:建筑制图与识图,建筑装饰材料,构造与施工,艺术造型训练(1W 专业采风),建筑力,装饰 CAD 学,建筑装饰工程计量与计价,建筑装饰设计基础,建筑装饰工程项目管理,装饰效果图表现(3D),建筑装饰简史,天棚装饰施工,楼地面装饰施工,墙、柱面装饰施工,楼梯及扶栏装饰施工,室内陈设制作与安装。

就业面向:施工员、建筑室内外装饰设计绘图员、项目设计员、材料员、监理员、注册建造师、监理工程师、建筑装饰设计师,可以到建筑装饰施工企业、建筑装饰监理企业、建筑装饰设计单位、建筑装饰工程管理单位以及相关企事业单位从事技术或管理工作,从事建筑室内外装饰业务联系、建筑设计等。

十五、建筑工程技术

培养目标:培养德、智、体、美全面发展,适应建筑工程生产、管理等一线需要,掌握建筑工程技术专业的基础理论和专业知识,具备建筑施工企业生产一线施工员、质量员、资料员、安全员等岗位能力和专业技能,具备良好职业道德、团结协作精神、敬业精神和创新意识,能胜任房产开发、施工、监理及其他单位的基建部门技术或管理工作,满足建设行业信息化、装配化等产业转型升级和企业技术创新需要的高素质技术技能型人才。

主要课程:建筑材料、建筑制图与识图基础、建筑 CAD 制图、地基基础与基础施工图识读、建设法规、钢结构及其施工图识读、防水工程施工技术、建筑力学、建筑工程测量、房屋建筑构造、混凝土结构及其施工图识图(平法图)、砌体结构工程施工、建筑装饰施工技术、建筑工程计量与计价、施工组织设计、建筑工程经济、工程建设监理概论、绿色建筑、建筑工程施工质量问题及处理、工程招投标与合同管理、BIM 技术等。

就业面向:建筑企业施工员、质量员、安全员、材料员、试验员、资料员、监理员、造价员、BIM 建模技术员、建筑企业工程技术负责人、项目经理、监理工程师、工程造价审计师等。

十六、计算机应用技术

培养目标:培养德、智、体、美等全面发展,具有较扎实的计算机网络系统理论知识、专业的网络系统规划、设计、管理和维护技能、网站设计与开发的技能,具有较强动手能力,具有团队协作、沟通与交流能力的高素质应用型专门人才。

主要课程:电脑组装与维修、二级 MS Office 高级应用、网页制作、photoshop 基础教程、FLASH 动画基础篇、移动互联网、路由与交换技术、网络管理员、网络安装与维护、SQL Server 数据库管理等。

就业面向:网络管理、网络建设工程实施、网络建设工程项目管理、网络安全管理与维护、网络产品销售等。

十七、电子商务

培养目标:主要面向各类服务型企业,培养能适应"互联网＋"需求,具有良好思想品质、职业道德、敬业精神、责任意识和熟练操作各类电子商务平台的综合能力,具有创新创业意识、精深专业技能和良好职业素养,可持续发展的"能操作、懂实战、会运营、善创业"高素质的技术技能型人才。

主要课程:电子商务管理实务、新闻采集、会计基础与实务、数据营销、视觉营销、网页制作与网站设计、网络营销、国际贸易实务、电子商务实训、网店运营与管理、网络信息采集与编辑、在线客服、国际贸易实务实训、电子商务创业等。

就业面向:电话客户、在线客服、网络美工、电商运营等。

第四节 美丽校园

教学楼

教学楼

北校区图文中心

北校区铁军艺苑

南校区小桥流水

北校区鹿鸣湖

第五节 杰出校友(部分)

一、盐城高等师范学校

吴岫明,44届校友,南京艺术学院音乐教授。

皋古华,56届校友,曾任盐城市人大常委会副主任等职。

郭乃罗,59届校友,曾获"省先进工作者""全国红十字会先进个人"称号。

瞿　塘,62届校友,特级教师。

朱贻德,63届校友,中国美术家协会会员、专业画家。

凌　琪,64届校友,曾任市文化局副局长。

徐万生,64届校友,曾任亭湖区政协副主席。

余秀芬,64届校友,特级教师,曾获"省幼儿教育先进工作者"称号。

朱尧平,68届校友,曾任江苏省审计厅副厅长。

陈同芳,68届校友,曾任盐城市人民政府副秘书长。

袁士珠,75届校友,八届全国人大代表,曾任中共盐城市委常委、副市长。

李学义,75届校友,曾任盐城市卫生局局长、党委书记。

周晓林,75届校友,特级教师,曾任盐城中学副校长兼党委副书记。

王展鹄,75届校友,曾获"全国职业技术教育先进工作者"称号,曾任盐城卫校副校长。

王业频,75届校友,曾任中共东台市委副书记。

陈绍武,75届校友,特级教师,曾任盐城市双语学校校长。

殷广平,75届校友,江苏省劳动模范,曾获"省优秀教育工作者""市优秀共产党员"称号,曾任盐城市解放路实验学校校长兼党支部书记。

刘长青,76届校友,曾任盐城市交通局局长、党委书记。

周德祥,76届校友,曾任中共响水县委书记。

宋龙玲,76届校友,曾任盐城市信托投资公司党组书记。

张长勇,76届校友,曾任江苏省方强劳教所政委。

王洁平,77届校友,曾任无锡市旅游局局长、党委书记。

高　平,77届校友,曾任中共盐城市委宣传部副处级指导员兼办公室主任。

如　滨,78届校友,曾任盐城市人大办公室副主任。

蒋康华,79届校友,特级教师,曾任盐城市教研室副主任。

冯忠云,80届校友,曾任盐城市广电局局长、党委书记。

丁　宇,80届校友,曾任大丰市委副书记、市长。

徐国钧,80届校友,曾任中共盐都县委常委、纪委书记。

洪承志,80届校友,曾任中共盐城市委办公室、研究室副主任。

钱庆龙,80届校友,曾任市通榆河枢纽工程管理处主任、党委书记。

潘进山,80届校友,曾任中共东台市委常委、组织部部长。

苏　林,80届校友,曾任中共东台市委常委、宣传部部长。

蒋光华,80届校友,获"全国优秀班主任"称号,曾任建湖二实小副校长。

范日富,80届校友,获"全国优秀教师"称号,现东台时堰中学工作。

朱美君,80届校友,获"全国优秀体育教师"称号,现盐城市一小任教。

吴兴平,80届校友,特级教师,获"省优秀教育工作者""省新长征突击手""省星星火炬"称号,曾任东台实小校长、党支部书记。

单玉梅,81届校友,获"省新长征突击手""全国纺工三八红旗手"称号,曾任江苏众想集团党委副书记、纪委书记。

孙连珠,82届校友,获"全国优秀教师"称号,曾任东台许河中心小学副校长。

李维伯,82届校友,获"省'红杉树'优秀园丁""省依法治教先进个人"称号,曾任盐城市建军路小学校长、党支部书记。

吴汉鼎,82届校友,获"全国优秀教师"称号,曾任大丰四中校长。

辅先林,82届校友,"全国职工教育先进教师"。

朱志春,82届校友,特级教师,曾任东台附小校长、党支部书记。

柏　亚,84届校友,曾任中共阜宁县委常委、组织部部长。

王　亚,84届校友,曾任中共建湖县委常委、宣传部部长。

吴红明,84届校友,获"全国优秀辅导员""省十佳辅导员"、盐城市名校长称号,江苏省"人民教育家"培养工程培养对象,现任盐城市第一小学教育集团党委副书记、纪委书记,兼任串场河校区校长。

朱伯儒,85届校友,博士学位、教授,现在美国工作。

郑英舜,85届校友,曾任盐城市教育局副局长。

雷　燕,85届校友,特级教师,获"全国师德先进个人"称号,江苏省"人民教育家"培养工程培养对象,省333高层次人才培养对象,现任盐城市第一小学教育集团副校长、党委委员,兼任实小校区校长。

王连春,88届校友,现任江苏悦达集团董事局主席、党委书记。

二、阜宁高等师范学校

顾维生,64届毕业生,全国优秀教育工作者,阜宁县实验小学教师。

张守敬,67届毕业生,盐城市政协副秘书长。

王　勤,70届毕业生,原阜宁县人大常委会主任。

杨爱华,76届毕业生,盐城市妇联主席。

晏步亮,76届毕业生,盐城市工商行政管理局党组副书记、副

张能干,76届毕业生,全国优秀教师,滨海县教育局原副局长。

王凤玉,76届毕业生,全国优秀教师,阜宁县教育局原副局长。

张荣刚,76届毕业生,全国优秀教师,滨海县天场初级中学副校长。

孟传良,77届毕业生,江苏省盐城市政协常委、盐城市书画院院长。

倪崇彦,78届毕业生,曾任盐城市人民政府秘书长。

王凤芹,78届毕业生,特级教师,响水县实验小学副校长。

杨　勇,78届毕业生,全国优秀少先队辅导员,射阳县实验小学副校长。

许士春,79届毕业生,全国优秀教师,阜宁县劳动局书记。

林正加,79届毕业生,全国优秀教育工作者,响水县第三中学原校长。

周爱群,79届毕业生,《盐阜大众报》社党委书记、总编。

陆玉中,80届毕业生,特级教师,射阳县教育局教研室副主任。

施云康,80届毕业生,特级教师,射阳县实验初中副校长。

李　磊,80届毕业生,理学博士,日本青森大学教授。

陈显重,80届大专班毕业生,美国密执安州立大学化学博士。

叶正渤,80届毕业生,徐州师范大学文学院教授。

金正平,80届毕业生,特级教师,盐城教科院院长。

郑以生,80届毕业生,全国优秀教师,阜宁县职教中心教师。

王其庆,80 届毕业生,全国优秀教师,射阳县耦耕小学校长。

陆道如,81 届毕业生,盐城市政府副秘书长。

梁先超,82 届毕业生,全国优秀教师,响水县实验小学原校长。

汤其虎,82 届毕业生,特级教师,射阳县外国语学校校长。

陈克志,82 届毕业生,全国优秀教师。

贾成林,85 届毕业生,全国优秀教师,阜宁县实验小学教师。

邓成龙,85 届毕业生,吉林大学古文字专业博士,沈阳鲁迅美术学院教授。

李　浩,85 届毕业生,特级教师,现任盐城市第一小学教育集团副校长、党委委员,兼任盐渎校区校长。

周卫东,87 届毕业生,特级教师,东台师范附小校长。

戴红光,87 届毕业生,江苏省盐城市教育局局长。

王洪恩,88 届毕业生,特级教师,盐城市第一小学副校长。

徐莉莉,89 届毕业生,南京市下关区副区长。

张玉荣,89 届毕业生,经济学博士,苏州三星电子有限公司人力资源部经理。

王家军,89 届毕业生,江苏教院分院办副主任、南京师范大学教育学博士。

嵇宪长,89 届毕业生,特级教师,盐城市第一小学教科所副所长。

李凤亮,90 届毕业生,深圳大学副校长、博导、教授。

祁从峰,90 届毕业生,共青团盐城市委员会书记。

三、原盐城建筑工程学校

孙雯娴,盐城建校 93 级校友,英国曼彻斯特大学博士生。

王　群,盐城建校 90 级校友,富建集团副董事长。

刘　军,盐城建校 88 级校友,江苏亚邦药业有限公司总经理。

闵海东,盐城建校 89 届校友,盐城天虹建筑集团副总经理(左)。

陈同文,盐城建校 88 级校友,江苏瀛洲市政建设有限公司董事长。

程如虎,盐城建校 93 级校友,宿迁市万豪置业有限公司董事长。

四、盐城鲁迅艺术学校

臧　科,当代国学家,国家一级美术师,首批江苏文化名人。

严以建,舞台艺术设计师,曾任盐城鲁迅艺校部书记等职。

杨庚明,中国舞台美术家协会会员,曾任盐城鲁迅艺术学校副书记、副校长。

张重光,国家一级美术师,曾任中国书画院(香港)副院长,施耐庵书画院副院长。

倪国法,一级画家,一级书法家。

赵升仁,国家一级美术师,国家功勋艺术家,国务院中国亚太经济发展研究中心国(室)礼特供艺术家,中国工艺美术家协会(国画)会员,联合国美术家协会理事。

邱丕廉,中国音乐家协会会员,曾任盐城市文化联秘书长,盐城市音乐家协会副主席。

李泰安,中国音协会员,中国音乐教委会员,中国美术教委会会员,曾任盐城市教研院艺术教育和市教育局艺术教委会办公室主任。

曹凯绮,江苏省美术家协会会员,江苏省花鸟画研究会会员,曾任大丰文化局副局长。

姜振民,教授、音乐教育家、中国音乐家协会会员,中国音乐学会会员、中国书法家协会会员、中国民间文艺家协会会员。

朱桂香:一级演员。

施　蕾:一级演员。

王　雷:一级演员。

程　红:一级演员。

李春东:一级演员。

陈　澄:一级演员,"梅花奖""白玉兰奖"获得者,国家非物质文化遗产江苏省传承人。

陈明矿:一级演员,盐城市演艺集团副总经理,江苏省淮剧团团长,"红梅奖""白玉兰奖"获得者。

邱小洋:一级演员。

朱红芳:一级演员。

陈　芳:一级演员。

王友理:一级导演。

王宗珍:一级演员。

邢　娜:一级演员。

沈　晴:新加坡知名华人二胡演奏家。

第三章

经典链接

第一节 《大学》节选

【概述】

《大学》是一篇论述儒家修身治国平天下思想的散文,原是《小戴礼记》第四十二篇,相传为曾子所作,实为秦汉时儒家作品,是一部中国古代讨论教育理论的重要著作。经北宋程颢、程颐竭力尊崇,南宋朱熹又作《大学章句》,最终和《中庸》《论语》《孟子》并称"四书"。宋、元以后,《大学》成为学校官定的教科书和科举考试的必读书,对中国古代教育产生了极大的影响。

《大学》提出的"三纲领"(明明德、亲民、止于至善)和"八条目"(格物、致知、诚意、正心、修身、齐家、治国、平天下),强调修己是治人的前提,修己的目的是治国平天下,说明治国平天下和个人道德修养的一致性。

《大学》全文文辞简约,内涵深刻,影响深远,主要概括总结了先秦儒家道德修养理论,以及关于道德修养的基本原则和方法,对儒家政治哲学也有系统的论述,对做人、处事、治国等有深刻的启迪性。

节选一 《第一章》

【原文】

大学之道,在明明德,在亲民,在止于至善。知止而后有定,定而后能静,静而后能安,安而后能虑,虑而后能得。物有本末,事有终始。知所先后,则近道矣。

【概义】

大学的宗旨在于弘扬光明正大的品德,在于使人弃旧图新,在于使人达到最完善的境界。知道应达到的境界才能够志向坚定;志向坚定才能够镇静不躁;镇静不躁才能够心安理得;心安理得才能够思虑周详;思虑周详才能够有所收获。每样东西都有根本有枝末,每件事情都有开始有终结。明白了这本末始终的道理,就接近事物发展的规律了。

【启示】

"明德"是大学的宗旨,也是《大学》的三个重要纲领之一。百行德为首,百业德为先。中华民族是一个有着悠久尚德传统的民族。中华文化文明源远流长,积淀着中华民族最深沉的精神追求,包含着中华民族独特的精神标识,是中华民族生生不息、发展壮大的丰厚滋养。一个人若想立身,必先立德。古人常说,"罪莫大于无道,怨莫大于无德"。德无论是对一个社会而言,还是对社会的个体人而言,都有着十分重要的作用。"明德"作为我们盐幼专校训的首要之义,是我们盐幼专每一个新时代大学生必须践行的行为准则,只有这样,才能在当下浮躁的社会中,目标明确,志向坚定,做好职业生涯规划,有所成就。

节选二 《第七章》

【原文】

古之欲明明德于天下者,先治其国;欲治其国者,先齐其家;欲齐其家者,先修其身;欲修其身者,先正其心;欲正其心者,先诚其意;欲诚其意者,先致其知,致知在格物。物格而后知至,知至而后意诚,意诚而后心正,心正而后身修,身修而后家齐,家齐而后国治,国治而后天下平。自天子以至于庶人,壹是皆以修身为本。其本乱而末治者否矣,其所厚者薄,而其所薄者厚,未之有也。

【概义】

古代那些要想在天下弘扬光明正大品德的人,先要治理好自己的国家;要想治理好自己的国家,先要管理好自己的家庭和家族;要想管理好自己的家庭和家族,先要修养自身的品性;要想修养自身的品性,先要端正自己的心思;要想端正自己的心思,先要使自己的意念真诚;要想使自己的意念真诚,先要使自己获得知识;获得知识的途径在于认识、研究万事万物。通过对万事万物的认识、研究后才能获得知识;获得知识后意念才能真诚;意念真诚后心思才能端正;心思端正后才能修养品性;品性修养后才能管理好家庭和家族;管理好家庭和家族后才能治理好国家;治理好国家后天下才能太平。上自国家元首,下至平民百姓,人人都要以修养品性为根本。若这个根本被扰乱了,家庭、家族、国家、天下要治理好是不可能的。不分轻重缓急,本末倒置却想做好事情,这也同样是不可能的!

【启示】

这是儒家思想传统中知识分子尊崇的信条。以自我完善为基础,通过治理家庭,直到平定天下,是几千年来无数知识分子的最高理想。所谓修身,指的就是自身道德问题。中国是个讲美德的国家,也以美德而成名。一个人的自身修养,对以往的人生道路起着重要的作用。自身修养,不但关系着自己,且关系着家庭与国家。修身、齐家、治国、平天下,都是逻辑性的,后者都是要以修身做前提,只有好的开头,才会有好的结尾。缺少前面的,后面的都不完美。所以说,个人修身,关系着一个家庭,关系着一个国家,关系着全世界的和平与发展。对于当代大学生而言,以"修身"为信条,时刻警醒自己,戒除"娇""骄"二气,学会与同学舍友友好相处,建立起良好的人际关系,定能有更好的发展。

第二节 《弟子规》节选

【概述】

《弟子规》原名《训蒙文》,原作者李毓秀,是清朝康熙年间的秀才。《弟子规》根据《论语》等经典编写而成,集孔孟等圣贤的道德教育之大成,提传统道德教育著作之纲领,是接受伦理道德教育、养成有德有才之人的最佳读物。

节选一 《信》

【原文】

| 凡出言 | 信为先 | 诈与妄 | 奚可焉 | 话说多 | 不如少 | 惟其是 | 勿佞巧 |
| 奸巧语 | 秽污词 | 市井气 | 切戒之 | 见未真 | 勿轻言 | 知未的 | 勿轻传 |

事非宜	勿轻诺	苟轻诺	进退错	凡道字	重且舒	勿急疾	勿模糊
彼说长	此说短	不关己	莫闲管	见人善	即思齐	纵去远	以渐跻
见人恶	即内省	有则改	无加警	唯德学	唯才艺	不如人	当自砺
若衣服	若饮食	不如人	勿生戚	闻过怒	闻誉乐	损友来	益友却
闻誉恐	闻过欣	直谅士	渐相亲	无心非	名为错	有心非	名为恶
过能改	归于无	倘掩饰	增一辜				

【概义】

开口说话，首先要讲究信用，遵守承诺。欺骗或花言巧语之类的伎俩，绝不能去做。话说得多不如说得少，应实实在在，不要讲些不合实际的花言巧语。刻薄的言语，下流肮脏的话，以及街头无赖粗俗的口气，都要切实戒除掉。还未了解真相之前，不轻易发表意见；对于事情了解得不够清楚，不任意传播。不合义理的事，不要轻易答应；如果轻易答应，就会使自己进退两难。说话要口齿清晰，语速舒缓，不要说得太快，或者说得字句模糊不清。遇到别人搬弄是非，要用智慧判断，不要介入，与己无关就不必多管。看见他人的优点善行，就立刻向他看齐，虽然目前还差得很远，只要肯努力就能渐渐赶上。看见他人的缺点或不良行为，心里先反省自己。有则改之，如果没有就警醒不犯同样的过错。人应当重视自己的品德、学问和才能技艺的培养，如果感觉有不如人的地方，应当自我惕厉奋发图强。至于外表穿着，或者饮食不如他人，则不必放在心上，更没有必要忧虑自卑。如果一个人听到别人说自己的过错就生气，听到别人称赞自己就欢喜，那么狐朋狗友就会来接近你，真正的良朋益友反而会逐渐远离你。反之，如果听到他人的称赞，不但没有得意忘形，反而会自省，唯恐做得不够好；当别人批评自己的缺失时，不但不生气，还能欢喜接受，那么正直诚信的人，就会渐渐喜欢和我们亲近了。无心之过称为错，若是明知故犯，有意犯错便是罪恶。知错能改，错误就弥补了。如果不但不认错，还要去掩饰，那就是错上加错了。

【启示】

"弟子"即学生、子弟之义，人人都为人子女，人人都为人弟子，所以，"弟子"涉及所有的人，"弟子"不是指小孩，圣贤人的学生都叫弟子。"规"就是做人的道理，行为的规范；"规"也是会意字，左边一个"夫"，右边一个"见"，叫大丈夫的见解。当然大丈夫的见解一定是随顺圣贤教诲，也就是人生的真理，来做事、来处事待人的。《弟子规》的核心内容是倡导通过坚持修己爱人达到家庭和睦、社会和谐，是人生第一规，是做人的根本，也有益于我们当代大学生践行"八礼四仪"以及社会主义核心价值观，成长为一个健康、阳光、诚信、友爱、自尊、自强的新时代优秀大学生。

节选二　《余力学文》

【原文】

不力行	但学文	长浮华	成何人	但力行	不学文	任己见	昧理真
读书法	有三到	心眼口	信皆要	方读此	勿慕彼	此未终	彼勿起
宽为限	紧用功	工夫到	滞塞通	心有疑	随札记	就人问	求确义
房室清	墙壁净	几案洁	笔砚正	墨磨偏	心不端	字不敬	心先病
列典籍	有定处	读看毕	还原处	虽有急	卷束齐	有缺坏	就补之
非圣书	屏勿视	蔽聪明	坏心志	勿自暴	勿自弃	圣与贤	可驯致

【概义】

不能身体力行孝、悌、谨、信、泛爱众、亲仁这些道德准则,一味死读书,纵然有些知识,也只是增长自己浮华不实的习气,如此读书又有何用? 反之,如果只是一味去做,不肯读书学习,就容易任性而为,蒙蔽真理。读书的方法要注重三到,眼到、口到、心到,三者缺一不可。(研究学问,要专一,要专精才能深入。)这本书才开始读没多久,不要欣羡、想看其他的书,这本书没读完,不要看其他的书。在制订读书计划的时候,不妨把读书期限定得宽松一些,实际执行时,就要加紧用功,严格执行,不可以懈怠偷懒。日积月累功夫深了,原先窒碍不通、困顿疑惑之处自然而然都迎刃而解了。求学当中,心里有疑问,应随时笔记,一有机会,就向良师益友请教,务必确实明白它的真义。书房要整理清洁,墙壁要保持干净,读书时,书桌上笔墨纸砚等文具要放置整齐,不得凌乱,触目所及皆是井井有条,才能静下心来读书。古人写字使用毛笔,写字前先要磨墨,如果心不在焉,墨就会磨偏了,写出来的字如果歪歪斜斜,就表示你浮躁不安,心定不下来。书籍课本应分类,排列整齐,放在固定的位置,读诵完毕须归还原处。虽有急事,也要把书本收好再离开,书本有缺损就要修补,保持完整。不是传述圣贤言行的著作,以及有害身心健康的不良书刊,都应该摒弃不要看,以免身心受到污染,智慧遭受蒙蔽,心志变得不健康。遇到困难或挫折的时候,不要自暴自弃,也不必愤世嫉俗,看什么都不顺眼,应该发愤向上、努力学习,圣贤境界虽高,循序渐进,也是可以达到的。

【启示】

英国著名的哲学家、思想家、作家培根曾说过:"读书使人充实,讨论使人机智,笔记使人准确,读史使人明智,读诗使人灵秀,数学使人周密,科学使人深刻,伦理使人庄重,逻辑修辞使人善辩。凡有所学,皆成性格。"大学时光,读书是首要任务。然而,读书有方法,不能一味读死书、死读书;读书须有良师益友一起研讨、共同进步,不能一个人躲在小我的天地里自我封闭;读书需心静,不能心浮气躁;读书更需坚持,不能"三天打鱼两天晒网",唯如此,才能读有所获,学有所成。

第三节 《孝经》节选

【概述】

《孝经》中国古代儒家的伦理学著作。传说是孔子自作,但南宋时已有人怀疑是后人附会。清代纪昀在《四库全书总目》中指出,该书是孔子"七十子之徒之遗言",成书于秦汉之际。自西汉至魏晋南北朝,注解者及百家。现在流行的版本是唐玄宗李隆基注,宋代邢昺疏。全书共分18章。

节选一 《开宗明义》

【原文】

仲尼居,曾子侍。子曰:"先王有至德要道,以顺天下,民用和睦,上下无怨。汝知之乎?"曾子避席曰:"参不敏,何足以知之?"子曰:"夫孝,德之本也,教之所由生也。复坐,吾语汝。身体发肤,受之父母,不敢毁伤,孝之始也。立身行道,扬名于后世,以显父母,孝之终也。夫孝,始于事亲,中于事君,终于立身。《大雅》云:无念尔祖,聿修厥德。"

【概义】

孔子在家闲坐,学生曾子侍坐。孔子说:"先代帝王有至高无上的品行和最重要的道德,使天下人心归顺,人民和睦相处,没有怨恨。你知道吗?"曾子站起身来,离开自己的座位回答说:"学生我不够聪敏,哪里知道呢?"孔子说:"这就是孝。它是一切德行的根本,也是教化产生的根源。坐下,我告诉你。人的身体四肢、毛发皮肤,都是父母赋予的,不敢损毁伤残,这是孝的开始。人在世上遵循仁义道德,有所建树,显扬名声于后世,从而使父母显赫荣耀,这是孝的终极目标。所谓孝,最初是从侍奉父母开始,然后效力于国君,最终建功立业,功成名就。《诗经·大雅·文王》篇中说过:'怎么能不思念你的先祖呢?要称述修行先祖的美德啊!'"

【启示】

只有懂得感恩,才能懂得生活的美好,而父母是最值得我们感恩的人,因为他们给了我们身体、生命。"孝"的表现不一定非要守在父母身边,而是表现在生活的点滴之中。对于大学生而言,珍爱自己的身体,规律生活,早睡早起,不成为手机控,不经常吃外卖或者垃圾食品,健康生活,身体健康就是"孝"。当然,在此基础之上,学习优异,技能突出,拿到奖学金或者技能比赛奖,将来顺利就业,有所作为,不让父母担心、照顾,也是"孝"。

节选二 《庶人》

【原文】

用天之道,分地之利,谨身节用,以养父母,此庶人之孝也。故自天子至于庶人,孝无终始,而患不及者,未之有也。

【概义】

利用自然的季节,认清土地的高下优劣,行为谨慎,节省俭约,以此来孝养父母,这就是普通老百姓的孝道了。所以上自天子,下至普通老百姓,不论尊卑高下,孝道是无始无终,永恒存在的,有人担心自己不能做到孝,那是没有的事情。

【启示】

"孝",是天经地义的事情,每个人都有赡养父母的义务,让父母生活开心、顺心。我们都知道乌鸦反哺、羊羔跪乳的故事。"兽尤如此,人何以堪?"2014年新年伊始,习近平主席在办公室发表新年贺词,其办公室的几张照片被细心的媒体曝光。他与家人推着轮椅上的父亲、他牵母亲的手散步、还有他与夫人年轻时的合影、他骑着自行车载着女儿的照片,充分体现出他不仅是党和国家的领袖,更是一位家庭生活中的孝子、慈父和贤夫。其实如果一个人不孝顺父母、不热爱家人、不善待子女,很难想象这样一个不爱家的人会真心爱国。在这方面习近平总书记做出了孝道亲情的榜样。我们每一个新时代的大学生也应该以总书记为榜样,努力做一个孝顺的人。比如每周主动给家里打个电话报个平安,不冲父母乱发脾气,不跟父母多要生活费,放假回家的时候主动多帮父母做家务、陪父母说话等,都是孝。

启梦篇

第四章

国防教育

第一节　国防教育概述

一、什么是国防教育

国防教育，是国家为防备和抵抗侵略，制止武装颠覆，保卫国家的主权、统一和领土完整，对全体公民进行的具有特定目的和内容的普及性教育活动。国防教育是国防建设的重要组成部分。

全民国防教育要高举中国特色社会主义伟大旗帜，以马克思列宁主义、毛泽东思想、邓小平理论、"三个代表"重要思想、科学发展观为指导，深入学习贯彻习主席系列重要讲话精神，紧紧围绕实现中华民族伟大复兴的中国梦和党在新形势下的强军目标，着眼维护国家主权、安全和发展利益，坚持以爱国主义为核心，紧贴形势任务，丰富教育内容，突出教育重点，创新方法手段，推进全民普及，努力使关心国防、热爱国防、建设国防、保卫国防成为全社会的思想共识和自觉行动，为建设和巩固国防奠定坚实思想基础，为全面建成小康社会提供强大精神动力。

全民国防教育的基本任务是：普及国防知识，培训军事技能，培育国防后备人才，激发爱国热情，强化国防观念，增强民族自尊心、自信心、自豪感和凝聚力、向心力，提高全体公民履行国防义务的自觉性。

国防教育贯彻全民参与、长期坚持、讲求实效的方针，遵循以下原则：

（一）经常教育与集中教育相结合

通过媒体宣传、活动培养、典型推动、文艺熏陶、环境渲染等途径，进行长期不懈、形式多样、生动活泼的国防教育，将教育融入公民日常的工作、学习、生活之中；利用全民国防教育日和其他重大节日、纪念日、征兵、民兵和预备役人员集训、人民防空教育培训、学生军训和少年军校活动等时机，有组织、有计划地开展国防教育。

（二）普及教育与重点教育相结合

坚持面向社会，面向全体公民，着眼国防建设现实需要与未来发展，突出领导干部、青少年和民兵、预备役人员，有使侧地进行教育，使国防教育既覆盖全民，又重点推进。

（三）理论教育与行为教育相结合

通过学习国防理论、普及国防知识等，引导公民认清建设巩固国防和强大军队的重要性，树立维护国家主权、安全和发展利益，富国和强军相统一，军民融合式发展等现代国防观念；通过组织军事技能培训，体验军事生活，参与国防建设实践，开展拥军优属、拥政爱民等活动，增强公民履行国防义务的意识和能力，把在国防教育中激发出的爱国热情转化为保卫祖国、建设祖国的实际行动。

二、国防教育的内容是什么

国防教育的内容，应当突出爱国主义主旋律，着眼国家安全和发展战略全局，围绕实现中国梦和党在新形势下的强军目标，依据国防和军队现代化建设的理论和方针原则确定。

国防教育的基本内容是：

（一）国防理论

学习马克思列宁主义军事理论、毛泽东军事思想、邓小平新时期军队建设思想、江泽民国防和军队建设思想、胡锦涛国防和军队建设思想、习近平关于国防和军队建设重要论述；学习我国国防政策和军事战略，了解国防建设、军事斗争特别是信息化战争的理论，提高国防理论素养。

（二）国防知识

学习国家领土、领海、领空以及海洋权益知识，学习信息化战争知识、军事高科技知识、国防经济知识，了解人民军队的性质、宗旨和任务，了解我国的国防领导体制、武装力量体制、兵役制度和国防动员体制，掌握基本的国防常识。

（三）国防历史

学习我国国防与战争历史，进行爱国主义、集体主义、革命英雄主义教育，加强党史国史军史教育，着重了解中华民族为国家统一、独立、富强而浴血奋战的历程，了解中国共产党领导全国人民和人民军队在中国革命、建设和改革各个历史阶段建立的功勋，了解革命先烈、民族英雄和仁人志士的高尚品格和光辉事迹，激发爱国之心、报国之志。

（四）国防法规

学习宪法有关条款，学习国防法、兵役法、国防动员法、国防教育法、军事设施保护法、人民防空法等法律法规，明确国防义务与权利，增强履行国防职责、关心支持国防和军队建设的责任感、使命感。

（五）国防形势与任务

针对国际国内环境的发展变化，开展国家安全形势教育，引导公民认清国家安全面临的现实挑战和潜在威胁，了解世界新军事革命的发展态势，了解我国国防和军队建设的使命任务，增强国家安全意识、忧患意识和危机意识，大力支持国防和军队现代化建设。

（六）国防技能

组织开展学生军训和群众性的国防体育活动，了解掌握防空袭、核化生武器防护、战场救护、轻武器使用、单兵和分队战术技术等军事技能，强健体魄，磨炼意志，提高参与保卫国家的基本能力。

《全民国防教育大纲》对高等学校国防教育的内容进行了具体规定。

《大纲》规定"高等学校应当对学生进行全面系统的国防教育,增强学生的国防观念和国家安全意识,强化民族自信心、自尊心和自豪感,激发爱国主义、集体主义和革命英雄主义精神,掌握基本的国防知识与技能,全面提高国防素养"。

高等学校军事理论课程内容主要包括:马克思主义战争观;毛泽东军事思想、邓小平新时期军队建设思想、江泽民国防和军队建设思想、胡锦涛国防和军队建设思想、习近平关于国防和军队建设重要论述;中国国防概况;世界新军事变革与军事高科技知识;信息化战争知识;国际战略格局与我国安全形势。时间不少于三十六个学时。对学生学习情况,应当进行严格的考勤考核,成绩记入档案。在高等学校学习的国防生,军事理论课程应当作为其学位必修课,并计入学分,学时、内容由所在高等学校与军队有关部门商定,一般不少于一百二十个学时。高等学校在完成规定的学时之外,应当积极开设国防教育选修课和举办国防知识讲座。

高等学校开展学生军事训练,实际训练时间为二至三周,训练成绩记入学生学籍档案。具体组织实施,按照教育部、总参谋部和总政治部联合颁发的《普通高等学校军事课教学大纲》执行。

第二节　大学生国防教育的意义

一、国防教育有利于增强大学生的国防观念

国防是为了捍卫国家主权和领土完整,保证国家利益不受外来侵犯而采取的一切防卫措施的综合。国防意识,则是与国防需要相适应而倡导和产生的以维护国家根本利益为标志的群体行为观念。它不仅是一种强大的精神力量,而且也可以转化为一种巨大的物质力量,在政治上是向心力和凝聚力,在军事上可转化为战斗力,在经济上可转化为生产力。国防意识历来是一个国家和民族兴衰的主要标志。国防观念关系到国家的存亡,民族的兴衰,世界上许多国家都非常重视国防教育,极力宣扬"大国防"观念,动员全民投入和关切国防事业。因此,高校开展国防教育,培养学生的国防意识,既是维护国家安全的思想基础,又是推动民族发展兴盛的精神动力。

我国自改革开放以来,经济上取得了长足的发展,人民生活水平有了显著的提高,然而,忧患意识日渐淡薄,国防意识、国防观念也淡化了。尤其是在青年大学生中占有相当大的比例。他们对于我国的安全环境和安全形势,知之甚少,对于西方敌对势力一直对我"西化""分化"的图谋认识不清;对于恐怖主义,民族分裂主义,极端宗教主义的危害性认识不足。面对新的形势,我们必须保持清醒的头脑,严肃认真地对待国防教育问题,切实把大学国防教育放在重要的地位。

二、国防教育有利于增强大学生的民族凝聚力和向心力

民族的凝聚力和向心力,是一个国家和民族兴盛与发展的基本条件。今天,全面实现社会主义小康社会是我国各族人民共同的奋斗目标,是中华民族具有凝聚力和向心力的共

同追求。而国防建设,既是这一奋斗目标的组成部分,又是实现这一目标的重要保障。国防教育,能使人们进一步增强爱国主义信念,树立革命英雄主义、集体主义,为国家和民族献身的使命感、光荣感以及为保卫国家民族利益而自觉斗争的精神,从而进一步增强民族的凝聚力和向心力。近代中国曾屡遭外敌入侵,国贫民弱,社会则像一盘散沙,这除了经济落后、政治腐败的原因外,也与国民没有形成明确的国防意识有着密切的关系。新中国成立以来,先进的社会制度是中华民族具有坚强凝聚力和向心力的重要基础,同时,以国家和民族的发展以及安全为共同利益的现代社会国防意识的形成也是巩固民族凝聚力和向心力的精神力量。高校国防教育能够使学生把民族的共同利益放在至高无上的地位,能够和全国人民团结一心共同抵御外来侵略的威胁,能够为民族的共同利益不惜牺牲个人或局部利益。这样,就能在爱国主义的伟大旗帜下把大家紧紧地团结起来,使中华民族具有坚不可摧的伟大力量。

青年是祖国的未来,民族的希望。青年大学生尤其如此,他们是民族的脊梁。加强对大学生的国防教育尤其是爱国主义教育(国防教育的核心),能极大地激发青年大学生的民族自豪感和爱国热情。在青年大学生的鼓舞和带动下能凝聚全中华民族的意志和力量,任何困难都能战胜和克服。如1999年5月,美国用导弹袭击我驻南斯拉夫大使馆之后,首先是大学生发起了反美示威抗议游行,显示了中华民族的力量。

三、国防教育有利于提高大学生的身心素质和科学文化素质

素质教育的目的是促进大学生思想道德素质、科学文化素质和身心素质协调发展,引导他们勤于学习、富于创造、甘于奉献,成为有理想、有道德、有文化、有纪律的时代新人。高校国防教育,主要以理论教学和军事训练为主。在教学方面,由于现代战争是高技术条件下的局部战争,它不仅是综合国力的较量,也是科技实力的较量。军事科学是一门范围广博、内容丰富的综合性科学,它涉及自然科学、社会科学和技术科学等众多学科,而军事科学教育围绕高科技战争进行,传授现代军事高技术知识,如微电子、光电子、人工智能、纳米技术等,这些都能增加大学生的科技知识,使他们了解现代科技前沿,了解国际形势,开阔视野,培养其忧患意识、爱国意识,并使其智力、心理得到协调发展。在军事训练方面,主要是集中一定的时间,对大学生强制性进行队列、射击实战、以及体能等方面的军事技能训练,其目的就是要通过亲身体验,使他们感受到部队严明的组织纪律、雷厉风行的生活作风、不畏艰难的吃苦意识,从而培养他们的团队意识、集体观念,锻炼健壮的体魄,培养健康的心理素质,养成正确的生活习惯,并掌握基本的军事技能。这样,通过军事理论学习和军事训练,能提高大学生的心理素质和科学文化水平,练就其健康的体魄,丰富其人格修养、情感意识和道德素质。

四、国防教育有利于培养国防后备人才,促进国防现代化

我国国防建设一直坚持走精干的常备军和强大的后备力量相结合的道路,这也是我国新时期国防建设的根本指导思想。大学生作为一个特殊的社会群体,具有较高的科学文化素质,易于掌握现代科技知识。如果抓好这个群体的国防教育,我们便储备了一大批具有较高科学文化素质而又掌握了一定军事技能的高素质的国防后备力量。为此,对大学生进

行军事理论教学,必要的军事训练,以便必要时为部队输送高技术军事人才,成为战时扩建、组建部队的骨干,为打赢未来高技术局部战争创造条件,为国防建设和军事斗争准备提供有力保障。因而,大学国防教育,有利于提高大学生的国防能力。

　　未来高技术条件的局部战争仍要坚持人民战争。随着科学技术的飞速发展和大批高新技术用于军事领域,虽然在一定程度上,传统的人民战争的方式已经过时了。但是,人民战争的理念不能丢。在新的形势下,人民战争仍有它存在的意义,如信息战、网络战等一些没有硝烟的战争,人民群众中的技术群体会大有作为。他们可以充分发挥其聪明才智投入到维护国家安全的行列中来。那么,我们的青年大学生,无论是在校生还是毕业生,他们个个都有专长,如果他们受过较好的大学国防教育,走上社会之后,他们之中的绝大多数将成为各行各业的骨干力量,他们的一言一行、一举一动都将影响着周围的人,而一部分还将走上领导岗位,其影响和作用就更大了。在和平时期,他们是国防教育的骨干,而一旦战争发生,他们便成为人民战争的排头兵,能发动和组织广大群众参与战争,形成强大的合力,取得战争的胜利,为未来高技术条件下的人民战争打牢坚实的基础。

第五章

军事训练

第一节　自觉履行军训义务

一、什么是大学生军训

普通高等学校学生军事训练，简称"大学生军训"，是指对普通高等学校学生进行军事基本知识和基本作战技能的训练。预备役训练的组成部分，是在校大学生接受国防教育，履行兵役义务的一种形式。目的是使学生树立爱国主义精神，增强国防观念，掌握基本的军事知识和技能，为培养预备役军官打基础。

二、大学生军训是履行国家义务的体现

国家有关法律明确规定军训是大学生应履行的义务。

《中华人民共和国兵役法》(节录)

第四十五条

普通高等院校的学生在就学期间，必须接受基本军事训练。根据国防建设的需要，对适合担任军官职务的学生，再进行短期集中训练，考核合格的，经军事机关批准，服军官预备役。

第四十六条

高等院校设军事训练机构，配备军事教员，组织实施学生的军事训练。

《中华人民共和国国防法》(节录)

第四十条

国家通过开展国防教育，使公民增强国防观念、掌握国防知识、发扬爱国主义精神，自觉履行国防义务。普及和加强国防教育是全社会的共同责任。

第四十一条

国防教育贯彻全民参与、长期坚持、讲求实效的方针，实行经常教育与集中教育相结合、普及教育与重点教育相结合、理论教育与行为教育相结合的原则。

第四十二条

学校的国防教育是全民国防教育的基础。各级各类学校应当设置适当的国防教育课程,或者在有关课程中增加国防教育的内容。

《中华人民共和国国防教育法》(节录)

第十五条

高等学校、高级中学和相当于高级中学的学校应当将课堂教学与军事训练相结合,对学生进行国防教育。

高等学校应当设置适当的国防教育课程,高级中学和相当于高级中学的学校应当在有关课程中安排专门的国防教育内容,并可以在学生中开展形式多样的国防教育活动。

高等学校、高级中学和相当于高级中学的学校学生的军事训练,由学校负责军事训练的机构或者军事教员按照国家有关规定组织实施。军事机关应当协助学校组织学生的军事训练。

第十六条

学校应当将国防教育列入学校的工作和教学计划,采取有效措施,保证国防教育的质量和效果。

学校组织军事训练活动,应当采取措施,加强安全保障。

第二节 我校军训管理办法

2016年8月,我校制定了《盐城幼儿师范高等专科学校学生军事训练管理办法》,现全文摘录如下:

第一章 总 则

第一条 军事训练是对大学生进行国防教育的基本形式,是培养学生组织性、纪律性和良好作息习惯的重要手段之一,是高等学校学生的一门必修课程。为确保我校学生军事训练工作的质量,不断提高军事训练教育水平,确保军事训练工作顺利进行,结合我校实际,特制定本办法。

第二条 学生军事训练工作,必须围绕服务国家人才培养、服务国防后备力量建设开展,坚持着眼时代特征、遵循国防教育规律、注重实际效果、实施分类指导的方针,科学施训、严格要求、规范管理。

第三条 通过军事训练,使学生掌握基本军事技能和军事理论,增强国防观念、国家安全意识、弘扬爱国主义、集体主义精神,树立正确的世界观、人生观和价值观,磨炼意志与品质,培养艰苦奋斗、吃苦耐劳的作风,强健体魄,提高综合素质。

第四条 按《国防教育法》规定,凡我校正式录取的全日制大中专学生(不含成人脱产班)都必须参加军事训练,集中军事训练时间为2至3周,一般不得低于2周。

第二章 组织管理

第五条 组织工作

(一)成立学生军事训练工作领导小组,组长由学校分管领导担任,副组长由学校武装部负责人担任,组员由学生处、保卫处、团委、各职能科室成员和各二级学院党政领导、带队辅导员组成;

(二)在学生军事训练工作领导小组统一领导下,由学校武装部具体负责组织实施,各二级学院协助完成；

（三）由学校统一组织安排学生参加军事训练。

第六条　随队军事训练指导人员职责

（一）坚决服从学校学生军事训练工作领导小组的指挥及安排；

（二）军事训练期间须坚守岗位，未经准假不得擅离职守；

（三）负责军事训练学生的思想政治教育和管理工作，及时掌握学生思想动态并向领导小组汇报；

（四）军事训练期间，尊重部队教官的管理（不干预教官军事训练指挥工作）。

第三章　军事训练管理细则

第七条　学生军事训练要求

（一）严格遵守军事训练各项制度，遵守纪律，军容风纪严明，一切行动听指挥、服从命令，自觉服从各级领导，见到领导要敬礼、问好，尊重教官；

（二）勇敢顽强、吃苦耐劳、团结互助、谦虚礼让、维护集体荣誉，认真参加军政训练，不断提高国防意识和军事素质；

（三）参加军事训练学生要严格要求自己，严格按照规程操作，爱护训练器材，确保人身安全，主动防止意外伤害，杜绝事故发生；

（四）军事训练期间要做到不迟到、不早退、不旷课，原则上不准请事假外出；

（五）积极参加文体活动和各项竞赛活动，培养团队协作精神和集体荣誉感；

（六）参训学生须认真训练，军事训练鉴定和考核成绩载入个人档案；考核成绩不合格者应补训（补训所有费用由学生本人承担），按规定补训仍不合格者不予毕业；

（七）军事训练期间无特殊情况，不允许学生家长、亲属到训练场地进行探访；

（八）军事训练期间，学生患病、体质发生病变，不适宜较大强度训练时，应主动向带队人员、连队干部、校医提出就医或减轻训练强度等请求；患病学生应服从医护人员、带队人员、连队干部的安排，积极配合治疗，进行非军事训练的其他活动；

（九）军事训练期间，学生对所在连队的训练计划、训练方式、活动安排、伙食质量、生活条件不适或有不同意见时，应自下而上、逐级反映，军事训练负责人、带队人员应耐心听取学生的陈述，并及时给予答复和协调解决；

（十）军事训练期间学生不得携带手机、电脑等贵重物品及大量现金，一旦遗失后果自负。

第八条　军容风纪规则和要求

（一）军事训练期间必须按要求着装，除就寝外一律穿着军装、戴军帽、穿军鞋。训练时不得敞胸露怀，不得将军帽拿在手中随意挥舞摇摆，不准挽起手袖、背手和手插衣袋、裤袋；不准吃零食、搭肩挽臂；

（二）要注重仪表，举止要端正、卫生整洁，男生不准留长发和胡须，女生不能披头散发；卫生整洁，不准化妆、佩戴饰物和染指甲；

（三）军事训练中不准使用手机或其他通信工具和电子设备等；两人或两人以上在营区内行走时应保持相应的行或列；

（四）军营内，不准嬉戏打闹、饮酒、打架、吸烟、打牌等，防止不良倾向问题；

（五）严格遵守作息时间，休息时间严禁在宿舍、楼道内随意走动、接打电话等，严禁在营区内大声喧哗，不得以任何理由扰乱他人休息。

第九条　特殊情况缓训、免训规定

原则上不准缓训、免训。学生确因病或某种特殊原因不能正常参加军事训练，须办理审批手续，由各二级学院审核、学校武装部负责审批，但缓训的学生要在规定期间完成军事训练。对既无充分的证明材料、又没有按规定的时间参加军事训练的学生，按照学校有关规定予以纪律处分。因病或残疾等原因须办理免训，必须持有二级甲等以上医院证明或提供充分的证明材料，经所在二级学院辅导员和领导审核，报学校武装部批准同意方可免训，但免训学生必须参加集体生活。

第十条　请假销假制度

（一）军事训练期间，原则上不得请事假。确有特殊情况需要请假者，须由带队人员及连队负责人签字确认，经军事训练工作领导小组审核通过方可休假；

（二）凡请病假者，须校医出具证明，由带队人员及连队负责人签字确认，经军事训练工作领导小组审核通过，方能按规定休息（半休或全休）；

（三）请假人员归队后必须逐级销假，因特殊情况需续假的，经批准后方可续假；

（四）军事训练期间，请假时间累计达到训期 1/3（一般为五天）者，取消此次军事训练资格，次年跟随下一级新生进行补训（补训所有费用由学生本人承担）。

第十一条　内务卫生规定

（一）室内物品摆放应整齐统一，枕头、被子、蚊帐按要求保持干净整洁；

（二）宿舍卫生每天至少打扫一次，做到地面无杂物、门窗无灰垢、墙壁无脏痕、屋内无异味；

（三）每天必须清扫一次课堂、楼道、走廊、厕所等公共场所，并保持清洁卫生。

第四章　奖惩细则

第十二条　军事训练评比和优秀学员的表彰办法

（一）军事训练任务完成后以连队为单位进行汇报表演；

（二）严格按照公开、公平、公正、平等、择优的原则，逐级推荐、民主评选，各连按 10% 的比例评出军事训练优秀学员，优秀学员的评选须按以下条件进行：

1. 参训目的明确、态度端正、军事训练热情高；

2. 严格要求自己，自觉执行各项规章制度，严守军事训练纪律；

3. 热爱集体、关心他人、团结同学；

4. 服从命令、听从指挥、讲究文明礼貌、尊重师长教官；

5. 勤奋学习、刻苦训练、军政训练成绩优秀；

6. 军事训练必须全勤。

（三）训练结束，成绩合格者颁发结业证书，并将结业成绩载入本人学籍档案。

第十三条　军事训练违纪处理原则

（一）参训学生要自觉遵守纪律，服从管理；

（二）有下列情形者，按照《盐城幼儿师范高等专科学校学生违纪处分规定》予以纪律处分：

1. 擅自离开训练地或未经批准私自出走者；

2. 未经批准,擅自不参加军事训练和军事理论课者；

3. 恶意作假,逃脱军事训练者；

4. 在军事训练期间,消极怠慢,屡次违纪者；

5. 训练期间有酗酒、打架、斗殴、偷盗等违纪行为者；

6. 威胁或暴力对抗教师和教官者；

7. 不服从指挥和管理,造成恶性人身安全事故者；

8. 触犯法律法规者,移送司法机关处理；其他的违纪行为,军事训练管理部门有权按照有关规定做出相应处理决定；

9. 私接乱拉电源、攀高等危险行为者；

10. 无故迟到、早退者；

11. 无故不参加军事训练者；

12. 请假逾期不归者。

(三)凡违反军事训练纪律,情节轻微者,按成绩不合格处理。经批评教育后,在校期间,认真遵守校纪校规、学习努力、积极上进、成绩优秀、表现突出的,由本人申请,经二级学院认定,学校党委学生工作部(处)审核批准后,可随下一级新生补训(补训所有费用由学生本人承担)；

(四)上述违纪处理按程序报批,载入学生本人学籍档案,并在该学年的综合素质测评(思想政治与道德素质项)的规定中扣分；

(五)受处分学生如有异议,可以按《盐城幼儿师范高等专科学校学生申诉管理办法》进行申诉。

第十四条 参训学生因违纪被取消军事训练资格的,原则上不予补训,成绩和学分以零分载入学籍档案。被取消军事训练资格的学生,在校学习期间,认真遵守校纪校规、学习努力、积极上进、成绩优秀、表现突出的,由本人申请,经二级学院认定,学校党委学生工作部(处)审核批准后,准许随下一级新生补训(补训所有费用由学生本人承担)。

第五章 附 则

第十五条 有严重生理缺陷、残疾或患有疾病的学生(须出具学校指定的二级甲等以上医院的医疗证明),经本人申请和学校批准可以减免不适宜参加的军事技能训练科目。

第十六条 本办法由学校党委学生工作部(处)负责解释。其他有关文件规定与本办法不一致的,以本办法为准。

第十七条 本办法自 2016 年 9 月 1 日起执行。

第三节 大学生军训标准及注意事项

一、大学生军训标准

(一)基础列队动作及操练

1. 站军姿。军姿口令为:两脚跟并拢,两脚尖分开约六十度,两腿挺直,膝盖微向后压,上体保持正直,两肩微向后张,两臂自然下垂,两手微弯拇指贴于食指第二关节处,中指贴于裤缝线,头要正颈要直两眼目视前方,下颚微收。

2. 停止间转法。包括:稍息、立正、向左转、向右转、向后转、跨立与立正、蹲下与起立。

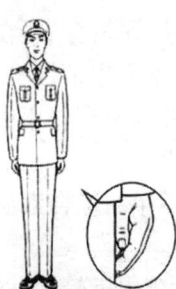

徒手跨立　　背面　　持枪跨立

3. 行进间转法。包括:齐步的行进与立定、正步的行进与立定、跑步的行进与立定。(也就是齐步走、正步走、跑步走三项)

（二）内务整理

军训期间,学员每天按照内务卫生的统一标准整理内务,学校或教官则会定期或不定期进行内务检查、内务评比。

整理内务,在军训中可是一项重要的工作。俗话说:出门看队列,进门看内务。可见内务的重要性了。内务整理主要包括搞卫生、叠被子(叠成豆腐块),室内的各种物品的摆放等。其实,军训重视内务,还有一个目的,就是锻炼人的作风。军人要有雷厉风行的作风,就要从整理内务锻炼开始。

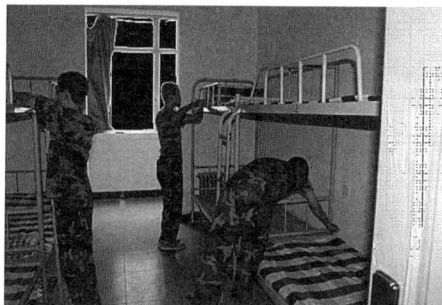

（三）唱军歌

军训中,教官会教大家唱军旅歌曲。音乐化的军旅诗,熔铸进浑厚、清脆和刚猛,它能打碎板结的灵魂,倾注进风的呼啸、雨的磅礴。全体军人整齐划一地站列在大操场上进行歌咏比赛,二部、四部轮唱,这边歌声刚落,那边又响起,一浪接一浪,形成歌海洋。可以想见,军训时的歌唱场景是非常壮观的! 可以说,唱军歌贯穿军训的整个过程,特别是到了晚上,各个班之间会举行拉歌比赛,比哪个班的歌声动听,比哪个班的歌声最响亮,这是最放松的时刻。

（四）国防思想教育

现代国防教育是军训中常有的课程,学员们要学习现代军事科技基本知识,学习现代战争特点,学习国际军事态势,学习战略战术思想等。有些学校的军训还会组织学习军队优良传统和优良作风,学习解放军先进事迹等。一般这类型的课堂教学以报告会、录像片、军事题材的影片等形式举行。

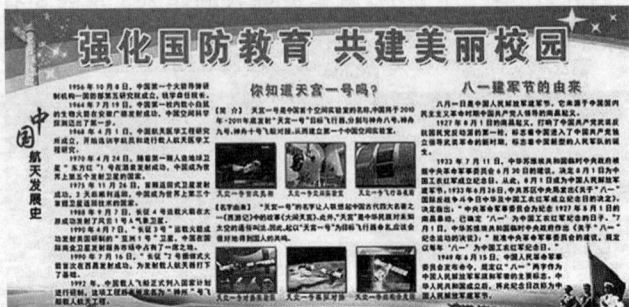

（五）会操表演

会操表演也就是检阅,是对整个军训训练效果的检验。通过组织进行队列训练,进一步提高学员素质,采取队列(立正稍息、停止间转法、敬礼、行进与停止)会操竞赛的形式,加强作风纪律。通常在表演结束后,军训标兵、优秀团体等各种各样奖项也会颁布。

二、大学生军训注意事项

（一）做好准备工作

出门前要认真检查军训服装,如:军帽、帽徽、腰带等。一个都不能少。

（二）装束一定要合适

迷彩服里的体能衫如果洗了还没干,最好用一件吸汗性好的棉制背心代替,否则迷彩服很快会晒出盐。腰带要适当紧一点,走起路来会更有精神劲儿。袜子最好穿棉制运动袜,鞋子里面再垫一块软鞋垫,这样脚后跟会舒服一点。

（三）注意补充水分

以运动饮料和茶水、盐水最佳,不要拼命喝白开水或矿泉水。

（四）注意补充营养

军训后体力消耗极大,这个时候要多吃一些肉类、蛋类,最好还要多喝点汤菜类,同时注意补充各种维生素。

（五）注意防病

大雨或大汗淋漓后不要急于喝水,应该稍微休息片刻再补充水分,以免对肠胃突然加重负担造成伤害。全身大汗淋漓后,不能马上冲凉水澡,以免全身毛孔迅速闭合,体内热量不能散发而滞留体内,引起高热。

（六）注意防晒

出门前半小时就要涂防晒霜,它也需要时间吸收。防晒霜要随身带,一般是两个小时就要涂一次。正确的步骤是先用吸油面纸擦干净脸,再涂防晒霜,不过军训出汗很多,只要教官让休息就涂;含有防护 UVA 功能的会比较好,比如还带有 PA 字样的防晒霜。

（七）不要硬撑

军训中要讲"坚持再坚持",但如果实在支持不下去,一定要休息,不要硬撑,防止出意外,特别是体质较差的同学。

（八）按时作息

军训期间按时作息,养精蓄锐,为漫漫军训路打下坚实的基础。

第六章

经典链接

第一节 《孙子兵法》节选

【概述】

《孙子兵法》又称《孙武兵法》《吴孙子兵法》《孙子兵书》《孙武兵书》等,是中国古典军事文化遗产中的璀璨瑰宝,是中国优秀文化传统的重要组成部分,是世界三大兵书之一[另外两部是:《战争论》(克劳塞维茨),《五轮书》(宫本武藏)],其内容博大精深,思想精髓富赡,逻辑缜密严谨。作者为春秋末年的齐国人孙武(字长卿)。

节选一 《始计篇》

【原文】

孙子曰:"兵者,国之大事,死生之地,存亡之道,不可不察也。"

【概义】

孙子说:战争,是国家的大事,关系到国家的生死存亡,不能不认真地观察和对待。这里所说的"兵",指的是"战争""国防"和"军队"。孙子上来讲的第一句话,非常有气势,把战争问题提到国家生死存亡的高度来认识。

【启示】

《孙子兵法》开篇就定位在国家安全的战略高度上,使我们认识和研究战争问题处在一个非常高的战略起点上,使我们会带着一种国家的责任感和使命感进入到战争问题的研究。当今的世界,虽然经济飞速发展,人们每天生活在幸福的生活中,然而我们不应忘记"天下虽安,忘战必危"的道理,更不能被眼前的宁静所蒙蔽,要知道,战争并没有真正的停止,它就隐藏在我们的身边,一触即发。因此提高国防意识,加强国防教育就显得尤为重要。对于我们大学生而言,虽然不能手握钢枪守卫在祖国的边境,但要立足当下,努力学习科学文化知识,使自己对国防有更深刻的认识,为以后切身地投入国防建设打好基础,为祖国的国防建设贡献自己的力量。

节选二 《谋攻篇》

【原文】

故曰:"知彼知己,百战不殆;不知彼而知己,一胜一负,不知彼,不知己,每战必败。"

【概义】

所以说:清楚敌人的实力和了解自己的实力,战斗就不会失败;不清楚敌人的实力,了解自己的实力,只是有时成功有时失败;不清楚敌人的实力,不了解自己的实力,每次战斗就必败。

【启示】

古希腊德尔菲神庙门楣上镌刻着这样一个神谕——"认识你自己",哲学家苏格拉底常用这句话教育弟子。"知人者智,自知者明",认识自己很重要。莎士比亚笔下的李尔王面对两个女儿的巨大变化,对自己的身份和理性产生了怀疑,从而在不停追问"我是谁"的过程中认识了自己,重新做回了自己。

作为一名当代大学生,如果能很好地认识自己,并且能理性清楚地认识当前的社会环境,就能在大学生活中尽快树立比较明确笃定的目标,从而不虚度美好的青春时光,使自己得到更好的锻炼和发展。

第二节　《吴子》节选

【概述】

《吴子》,又称《吴子兵法》《吴起兵法》,中国古代著名兵书,《武经七书》之一。相传战国初期吴起所著,战国末年即已流传。《吴子》继承和发展了《孙子兵法》的有关思想,在历史上曾与《孙子》齐名,并称为"孙吴兵法",因而为历代兵家所重视。抗日战争时期,《吴子》入选《中国古代军事思想丛书》,在延安出版发行,供八路军干部学习参考,成为我军继承优秀传统军事文化的重要原典之一。

节选一　《图国》

【原文】

吴子曰:"凡兵之所起者有五:一曰争名,二曰利,三曰积恶,四曰内乱,五曰因饥。其名又有五:一曰义兵,二曰强兵,三曰刚兵,四曰暴兵,五曰逆兵。禁暴乱曰义,恃众以伐曰强,因怒兴师曰刚,弃礼贪利曰暴,国乱人疲举事动众曰逆。五者之数,各有其道,义必以礼服,强必以谦服,刚必以辞服,暴必以诈服,逆必以服。"

【概义】

吴子说:"战争的起因有五种:一是争名,二是争利,三是积仇,四是内乱,五是饥荒。用兵的性质也有五种:一是义兵,二是强兵,三是刚兵,四是暴兵,五是逆兵。禁暴除乱,拯救危难的叫义兵,仗恃兵多,征伐别国的叫强兵,因怒兴兵的叫刚兵,背礼贪利的叫暴兵,不顾国乱人疲,兴师动众的叫逆兵。对付这五种不同性质的用兵,各有不同的方法,对义兵必须用道理折服它,对强兵必须用谦让悦服它,对刚兵必须用言辞说服它,对暴兵必须用计谋制服它,对逆兵必须用威力压服它。"

【启示】

当今世界,尽管和平发展是主旋律,但是局部冲突和肆意无端对他国用兵的现象也时有发生。孟子曰:"得道多助,失道寡助。"站在正义、仁义方面,会得到多数人的支持帮助;违背道义、仁义,必然陷于孤立。由吴子所说的战争的性质而论,正义的战争乃为"义兵",不正义的则是"强兵""刚兵""暴兵",是应该谴责的。只有和平,才能发展,只有和平,人民才能过上好日子。中华民族素来崇尚以和为贵,对于某些国家不顾世界和平大局,对他国事务指手画脚、甚至穷兵黩武的行为,我们应该坚决说"不"。作为当代大学生,我们也应该关心国家甚至世界时事,不应只是一味追星。因为,你所站立的地方,就是你的国家。没有国,就没有家,就没有我们个人的美好发展。

节选二　《论将》

【原文】

吴子曰:"凡兵有四机:一曰气机,二曰地机,三曰事机,四曰力机。三军之众,百万之师,张设轻重,在于一人,是谓气机。路狭道险,名山大塞,十夫所守,千夫不过,是谓地机。善行间谍,轻兵往来,分散其众,使其君臣相怨,上下相咎,是谓事机。车坚管辖,舟利橹楫,士习战陈,马闲驰逐,是谓力机。知此四者,乃可为将。然其威、德、仁、勇,必足以率下安众,怖敌决疑。施令而下不敢犯,所在而寇不敢敌。得之国强,去之国亡。是谓良将。"

【概义】

吴子说:"用兵有四个关键:一是掌握士气,二是利用地形,三是运用计谋,四是充实力量。三军之众,百万之师,掌握士气的盛衰,在于将领一人,这是掌握士气的关键。利用狭路险道,名山要塞十人防守,千人也不能通过,这是利用地形的关键。善于使用间谍离间敌人,派遣轻装部队,反复骚扰敌人,以分散其兵力,使其君臣互相埋怨,上下互相责难,这是运用计谋的关键。战车的轮轴插销要做得坚固,船只的橹、桨要做得适用,士卒要熟习战阵,马匹要熟练驰骋,这就是充实力量的关键。懂得这四个关键,才可以为将。而且他的威信、品德、仁爱、勇敢,都必须足以表率全军,安抚士众,威慑敌军,决断疑难。发布的命令,部属不敢违犯,所到的地方,敌人不敢抵抗。得到这样的将领国家就强盛,失去他,国家就危亡。这就叫作良将。"

【启示】

孟子说:"天时不如地利,地利不如人和。"孙膑也说过:"天时、地利、人和,三者不得,虽胜有殃。"这都与吴子所说的"四机"道理一样。作战如此,个人的发展亦如此。若想有好的发展,一定需要天、地、人等因素的综合发酵。在军队中,主将的作用至关重要,要有德、有威、有勇、有仁,才可做全军的表率。在大学的各级团队中,负责人的作用也很重要,既要有才能,又要能起到凝心聚力的核心作用,才能带领团队在团队比赛和活动中取得佳绩。

第三节　《六韬三略》节选

【概述】

中国古代武学官方指定教科书《六韬》又称《太公六韬》《太公兵法》,是一部集先秦军事思想之大成的著作,被誉为兵家权谋类的始祖。周初太公姜尚所著,全书以太公与文王、武王对话的方式编成。其中文韬、武韬两卷主要论述战略问题,龙韬一卷论述将帅问题,虎、豹、犬三卷论述各种条件下的具体作战方法。《三略》分上、中、下三篇,内容比较简略。《黄石公三略》,亦称《三略》,是我国古代著名的兵书,相传作者为汉初隐士黄石公。张良因此书名垂史册。主要阐述的是治国兴邦、统军驭将的政治方略,同时也涉及用兵打仗的具体计谋与方法。其思想体系不局限于一家,而是杂糅各家思想,尤以吸收儒、道两家学说为多。因此《三略》虽以兵书著称,也被视为一部政治谋略著作。

节选一　《六韬·文韬·明传》

【原文】

文王寝疾，召太公望，太子发在侧，曰："呜呼！天将弃予，周之社稷，将以属汝。今予欲师至道之言，以明传之子孙。"

太公曰："王何所问？"

文王曰："先圣之道，其所止，其所起，可得闻乎？"

太公曰："见善而怠，时至而疑，知非而处，此三者，道之所止也。柔而静，恭而敬，强而弱，忍而刚，此四者，道之所起也。故义胜欲则昌，欲胜义则亡；敬胜怠则吉，怠胜敬则灭。"

【概义】

文王卧病在床，召见太公，当时太子姬发也在床边。文王说："唉！上天将要结束我的寿命了，周国的社稷大事就要托付给您了。现在我想听您讲讲至理名言，以便明确地传给子孙后代。"

太公问："您要知道些什么呢？"

文王说："古代圣贤的治国之道，应该废弃的是什么，应该推行的又是哪些，您能够把其中的道理讲给我听听吗？"

太公回答道："见到善事却懈怠不做，时机来临却迟疑不决，知道错误却泰然处之，这三种情况就是先圣治国之道所应废止的。柔和而清静，谦恭而敬谨，强大而自居弱小，隐忍而实刚强，这四种情况是先圣治国之道所应推行的。所以，正义胜过私欲，国家就能昌盛；私欲胜过正义，国家就会衰亡；敬谨胜过懈怠，国家就能吉祥；懈怠胜过敬谨，国家就会灭亡。"

【启示】

周文王在自己将要离世之际，问的"治国之道"的问题，其实也是留给继承者姬发的治国遗嘱。治国如此，做人亦如此。对于我们新时代的大学生而言，刚刚离开父母温馨的港湾，来到陌生的大学校园，如果不能很好地自律自省，处理好和老师、同学之间的关系，就不能顺利健康的发展。集体宿舍，新的班级，生活学习习惯不同，性情气质各异，如若不能互相谦让，一味任性斗狠，必然矛盾重重，无法和谐相处。经常有同学闹到班主任那里吵着要换宿舍、换同桌就是矛盾激化的表现。更有甚者，动辄不服从老师的管理，给老师和家长带来了很多麻烦，得不偿失。"柔和而清静，谦恭而敬谨，强大而自居弱小，隐忍而实刚强"是治国之道，也是为人处世的要义。

节选二　《三略·下略》

【原文】

夫能扶天下之危者，则据天下之安；能除天下之忧者，则享天下之乐；能救天下之祸者，则获天下之福。故泽及于民，则贤人归之；泽及昆虫，则圣人归之。贤人所归，则其国强；圣人所归，则六合同。求贤以德，致圣以道。

【概义】

能够拯救国家于危难之中，就会享有国家的安宁；能够消除国家的忧患，就会享受国家的祥和和欢乐；能够解救国家的灾祸，就会获得国家的福佑。所以，恩泽施及于民众，贤人就会前来归附；恩泽施及于万物，圣人就会向往。贤人所归的国家，一定会强盛；圣人所向的国家，一定会和平统一。君主要凭德行求得贤人，要凭大道招致圣人。

【启示】

本书是古代谋略学的经典内容，大学生通过学习也可以学会为人处世应遵循的各种规则，了解在职场、商场中处理各种复杂关系的智慧，对加强个人修养，应对职场难题，在竞争激烈的社会环境中生存和发展，都有很好的指导意义和参考价值。一个人如果想有所作为，成就一番事业，一定要德才兼备，大度宽容，友爱他人，常怀感恩之心。

设梦篇

第七章

职业理想

列夫·托尔斯泰说过:"职业理想就像一盏指路的明灯,它不仅照亮了我们的职业发展之路,也照亮了我们人生之路。"理想是支撑一个人不断努力奋斗的动力,人有了明确的目标时,才有了前进的方向。然而很多大学生在校期间没目标、没方向、没理想,毕业时盲目就业,最后工作不称心,生活不如意,这样的现象归根结底是这些同学在最好的时光里未能进行理想的职业设定,看似努力却依然浪费着时间与精力,错过了累积经验的最佳时间及机遇。

第一节　职业理想的概念

职业理想是人们在职业上依据社会要求和个人条件,借想象而确立的奋斗目标,即个人渴望达到的职业境界。它是人们实现个人生活理想、道德理想和社会理想的手段,并受社会理想的制约。职业理想是人们对职业活动和职业成就的超前反映,与人的价值观、职业期待、职业目标密切相关,与世界观、人生观密切相关。

第二节　职业理想的特点

一、职业理想具有差异性

职业是多样性的,一个人选择什么样的职业,与他的思想品德、知识结构、能力水平、兴趣爱好等都有很大的关系。政治思想觉悟、道德修养水准以及人生观决定着一个人的职业理想方向。知识结构、能力水平决定着一个人的职业理想追求的层次。个人的兴趣爱好、气质性格等非智力因素以及性别特征、身体状况等生理特征也影响着一个人的职业选择。因此,职业理想具有一定的个体差异性。

二、职业理想具有发展性

一个人的职业理想的内容会因时因地因事的不同而变化。随着年龄的增长、社会阅历的增强、知识水平的提高,职业理想会由朦胧变得清晰,由幻想变得理智,由波动变得稳定。因此,职业理想具有一定的发展性。

三、职业理想具有时代性

社会分工、行业发展、职业变化是影响一个人职业理想的决定因素。生产力发展的水平不同、社会实践的深度和广度的不同,人们的职业追求目标也会不同,因为职业理想,它总是一定的生产方式及其所形成的职业地位、职业声望在一个人头脑中的反映。随着社会的发展，未来会出现很多热门的新兴职业。如：网络作家、智能家居设计师、首席运营师、5G工程师、精算师、网络写手、产品定制师、电影试片员、理财规划师、心理咨询师、药品研发师等。这些职业的产生会吸引很多有此兴趣或爱好的人建立相关的职业理想。

第三节　职业理想的作用

一、职业理想的导向作用

理想是前进的方向，是心中的目标。人生发展的目标是通过职业理想来确立，并最终通过职业理想来实现的。学生时期要建立明确的学习目标，一旦学习目的不明确，学习的热情就会低落，学习的效果就会不明显，职业理想会很难实现。为了实现职业理想，很多人会有清晰的学习规划，如：专业知识学习的规划、综合技能学习的规划。通过规划打破重重阻碍，实现自己的理想。

二、职业理想的调节作用

职业理想在现实生活中具有参照系的作用，它指导并调整着我们的职业活动。当一个人在工作中偏离了理想目标时，职业理想就会发挥纠偏作用，尤其是在实践中遇到困难和阻力时，如果没有职业理想的支撑，人就会心灰意冷、丧失斗志，因为有了理想才能重塑希望，激发斗志，勇往直前。

三、职业理想的激励作用

职业理想源于现实又高于现实，它比现实更美好。为使美好的未来和宏伟的憧憬变成现实，人们会以坚韧不拔的毅力、顽强的拼搏精神和开拓创新的行动去为之努力奋斗。马云创业吃了一个月的方便面却依然不放弃，最终成就了今日的阿里帝国。马斯克从一个富商变成了一个住在地下室的"穷人"，即便会面临第三次的失败，但他却依然没有放弃。2018 年 2 月 7 日 4 点 45 分，马斯克旗下 Space X 公司的"重型猎鹰"运载火箭在美国肯尼迪航天中心首次成功发射，并成功完成两枚一级助推火箭的完整回收。他们的成功始于对职业理想的坚持，只要心中有理想就能实现自己的人生价值。

第四节　实现职业理想的条件

一、全面地认识自己

全面认识自己包括四个部分。全面认识自己的生理特点。主要包括性别、身高、体重、视力、健康状况、体质和相貌等。不同的职业对工作者提出的要求不同，军人要求身体素质过硬；模特要求身高要高，体型要好。当生理特征达不到理想中的职业要求时，个体务必要进行重新定向。全面认识自己的心理特点。主要包括兴趣、能力、气质和性格特点、人格类型以及道德品质等。有爱心的人可以做教育工作，有魄力的人可以创业，有耐心的人可以从事服务行业。个体要结合自身的优势选择职业,全面认识自己的学习水平和将来可能达到的状态。学习绝不仅限于大学时段,更重要的学习是人的终身学习,然而大学毕业时的水平是职业的起点,拥有一定的学习水平才能立足更高的起点。正确认识自己的身心特点、学识能力等与未来职业需要之间的差距。要在全面认识自己的基础上,结合自己的发展潜力,对自己进行合理的定位。只有这样,才能制订出一个适合自己特点的、切实可行的奋斗目标,也才能确立一个可以实现的职业理想。

二、全面地了解社会

树立正确的职业理想要全面、科学地了解社会、了解职业。首先了解党和国家的路线、方针、政策。其次了解我国目前经济构成及其发展状况。再次了解各种产业、行业和职业对工作人员的共同要求及区别性要求。第四了解自己所学专业所对应的职业群,以及该职业群在社会发展中的地位和作用;第五了解相关职业群中各种职业的社会价值、工作性质、工作条件、工作待遇、从业人员的发展前途,以及对工作人员的素质要求,包括学历、专业、性别、智力、体力、性格等方面的要求。通过对社会信息的了解,及时调整自己的状态,弥补自身的不足,以达到实现自身设定的职业理想的条件。

三、树立正确的职业观

职业观是人们选择职业与从事职业所持的基本观点和基本态度,是理想在职业问题上的反映。职业观具有三个基本要素:一是维持生活,二是发展个性,三是承担社会义务。在三个基本要素中哪一个要素占主导地位,将决定一个人职业观的类型与层次。正确的职业观是把三个基本要素统一起来,以承担社会义务作为主导方向。有不同的职业观,就有不同的职业理想,最崇高的职业理想是成就自己的同时要大力回馈社会。

第八章

生涯规划

第一节　职业生涯规划的主要内容

一、职业生涯规划的定义

职业生涯规划,是指组织或者个人把个人发展与组织发展相结合,对决定个人职业生涯的个人因素、组织因素和社会因素等进行分析,制定有关对个人一生中在事业发展上的战略设想与计划安排。

根据定义,职业生涯规划首先要对个人特点进行分析,其次对所在组织环境和社会环境进行分析,最后根据分析结果制订个人的事业奋斗目标,选择实现这一事业目标的职业,编制相应的工作、教育和培训的行动计划,并对每一步骤的时间、顺序和方向做出合理的安排。

二、职业生涯规划的内容

一般来说,职业生涯规划从个人角度和组织角度可以分为个人职业生涯规划和组织职业生涯规划。

个人职业生涯规划是个人对自己一生职业发展道路的设想和规划。它包括选择什么职业,在什么地区和什么单位从事这种职业,还包括在这个职业队伍中担任什么职务等内容。一般来说,个人希望从职业生涯的经历中不断得到成长和发展。个人通过职业生涯规划,可以使自己的一生职业有个方向,从而努力地围绕这个方向,充分地发挥自己的潜能,使自己走向成功。

组织职业生涯规划是指在广大职员希望得到不断成长、发展要求的推动下,企业人力资源管理与开发部门为了了解职员个人的特点,了解他们成长和发展的方向及兴趣,不断地增强他们的满意感,并使他们能与企业组织的发展和需要统一协调起来,制订有关职员个人发展与组织需求和发展相结合的计划,也可以把它称为职员职业生涯管理。

总之,职业生涯规划既要体现职员发展的需要,又要体现企业发展的需要。

三、大学生职业生涯规划的意义

在一个人有限的生命中,职业生涯往往占有绝对重要的位置。有统计资料显示,大部分人职业生涯时间占可利用社会时间的 70%～90%。职业生涯伴随我们的大半生,甚至更长远,拥有成功的职业生涯才可能实现完美人生。在生涯规划的各方面中,最为重要的是职业生涯规划。

首先,职业生涯是满足人生需求的重要手段。

现代人大部分时间是在社会组织中度过的,大部分人的人生需求都要通过职业生涯来满足。作为个人生命中投入时间和精力最多的人生组成部分,职业生涯使我们体验到爱与被爱的幸福、受人尊敬、享受美和成就感的快乐。相对而言,人的素质愈高,精神需求就愈高级,对职业生涯的期望也就愈大。

其次,职业生涯是促进人全面发展的重要手段。

随着生活水平的提高,人们的自我意识逐步增强。人们在渴望拥有健康,丰富的知识、能力,良好的人际关系的同时,也渴望在事业上有所建树,并享有幸福和谐的家庭生活和丰富多彩的休闲时光。我们追求成功的职业生涯,最终是要获得个人的全面发展。

第三,大学生急需进行职业生涯规划。

在进入劳动力市场之前,很多大学生都不能客观、全面地看待自己,对自己今后的职业生涯很少做出系统而全面的分析,很少认真地思考一下一些最基本而又最重要的问题:我想做什么? 我会做什么? 环境支持或允许我做什么? 我的优势是什么? 我的不足是什么? 我有没有职业与生活的规划? 如果有,是什么? 实际上,很多毕业生对这些问题的回答都显得模糊不清。很多毕业生不能正确地、客观地评价自己,不能正确地分析自己的职业兴趣、职业能力、性格气质等方面的内容,因此,在求职的过程中,他们经常碰壁,即使找到工作,也可能发现这份工作根本就不适合自己,不久还得重新进入新的求职过程。

第二节　职业生涯规划设计与实施

一、大学生职业生涯规划书

(一)大学生职业生涯规划书的基本内容

职业规划书是对职业的书面化呈现,不仅能呈现大学生的宏观职业规划,还能对具体的学习和工作起到指导和鞭策作用。大学生职业规划书的基本内容主要如下:

1. 扉页:包括题目、目录、姓名、基本情况介绍、年限、起止日期等。

2. 职业方向及总体目标。

3. 社会环境分析结果:包括对政治环境、经济环境、法律环境、职业环境的分析。

4. 组织分析结果:包括对行业、组织制度、组织文化、领导人、组织运行机制、发展领域等的分析。

5. 自我分析:对家庭因素、学校因素、自身条件及性格、潜力等的测评结果。

6. 角色及其建议:记录对自己职业生涯影响最大的一些人的建议。

7. 目标定位以及目标的分解和组合:发展策略、发展路径。

8. 成功的标准。

9. 差距:自身现实状况与要实现的目标之间的差距。

10. 缩小差距的方法及实施计划的方案。

11. 评估调整预测:评估的内容、评估的时间、规划调整的原则。

(二)大学生职业生涯规划书的基本格式

大学生职业规划书的基本格式包括表格式、条列式、复合式和论文式。

1. 表格式

这种格式的规划书为不完整的职业规划书。常常仅写有最简单的目标、分段实现时间、职业机会评估和发展策略等几个项目,有的只相当于一份完整的职业生涯规划书的计划实施方案表,适合作为日常警示使用。

2. 条列式

这种格式的规划书具有职业规划的主要内容,但只是做简单的表述,没有详细的材料分析和评估。文章精练,但逻辑性和说理性不强。

3. 复合式

它就是表格式与条列式的综合。

4. 论文式

一份优秀的论文格式的职业规划书能够对一个人职业生涯做全面、详细的分析和阐述,是最完整的职业规划书。

(三)大学生职业生涯规划书撰写的基本要求

1. 资料翔实,步骤齐全

收集资料有多种途径,可以通过访谈、从报刊图书中摘抄、上网下载等方式获取资料,并多运用图表数据来源说明问题,以提高资料来源的可信度和说服力。步骤主要分为四步:第一步分析需要,分析条件及目标设定;第二步分析阻碍和可行性研究;第三步设计方案和提升(改变)计划;第四步制订详细的实施计划与措施。

2. 论证有据,分析到位

要了解有关的测评理论及知识,认真审视并思考自己的测评报告。对照自我认识与测评结果的异同,分析与测评结果形成差距的原因,从而确定自我评估结果,达到"知己"。

要理清自己所处的地理环境(包括居住的地方、喜欢的地方、亲朋的意见等),明确自己最大的兴趣是什么、最喜欢与之共事的人的类型、最重视的价值与目标、最喜欢的工作条件是什么,再通过目前环境评估(社会影响、家庭影响、学校因素、就业形势等)和当前社会环境分析(组织环境分析、技术的发展、经济的兴衰、政策法规的影响等)来确定自己的职业方向,做到说理有据,层层深入。

3. 言简意赅、结构紧凑、重点突出、逻辑严密

语言朴实简洁,用词精炼准确,行文流畅,条理清楚,这是最基本的写作要求。撰稿时还应密切注意整篇文章的结构和重心所在。职业规划书一般包含对职业规划的认识、对自我的剖析、对所学专业的认识、对职业方向的探索及确定目标并制订这5个方面的内容。在对这些内容进行分析阐述时,必须紧紧围绕职业目标这条主线来开展,从而体现文章论述的逻辑性和连贯性。要将重点放在自我评估、环境评估、目标实施上。

职业生涯规划是自己将来的规划,这个规划只有建立在对自我和职业的充分认识的基础上才能体现出它的科学性和可行性。

4. 目标明确,合理适中

撰写职业规划书应围绕论述的中心展开,职业生涯目标不能过于理想化,应"择己所爱""择己所长""择世所需""择己所利"。职业生涯规划书撰写是否成功,在很大程度上取决于有无正确适当、切实可行的目标。

5. 分析合理,组合科学,措施具体

目标分解、实现路径选择要有理论依据,而且备用路径之间要有内在联系性。目标组合要注意时间上的并进、连续,功能上的因果、互补作用,全方位的组合要涵盖职业生涯、家庭生活、个人事务等方面。

6. 格式清晰、图文并茂

(四)大学生职业生涯规划书撰写模板

1. 封面

标上作品名称和年月日,可以在封面插入图片和警示格言。

2. 扉页

个人资料:

真实姓名:×× 　　　　笔名:××

性别:×× 　　　　年龄:××岁

所在学校及学院:×× 　大学 　　××学院

班级及专业:××级××专业

联系地址:×××× 　　　　邮编:××××

联系电话:×××× 　　　　E-mail:××××××

3. 目录

总论(引言)

(1)第一章　认识自我

①个人基本情况;②职业兴趣;③职业能力及适应性;④个人特质;⑤职业价值观;⑥胜任能力。

自我分析小结

(2)第二章　职业条件分析

①家庭环境分析;②学校环境分析;③社会环境分析;④职业环境分析。

职业条件分析小结

(3)第三章　职业目标定位及其分解组合

①职业目标的确定;②职业目标的分解与组合。

(4)第四章　具体执行计划

略

(5)第五章　评估调整

①评估内容;②评估时间;③规划调整的原则。

结束语

附参考书目

4. 正文

总论(引言)

(1)第一章　认识自我

结合相关的人才测评报告对自己进行全方位、多角度的分析。

① 个人基本情况

② 职业兴趣——喜欢干什么

撰写格式:在我的人才素质测评报告中,职业兴趣前三项是××型(×分)。我的具体情况是……

③ 职业能力及适应性——能够干什么

撰写格式:我的人才素质测评报告结果显示,××能力得分较高(×分)。我的具体情况是……

④ 个人特质——适合干什么

撰写格式:我的人才素质测评报告结果显示……我的具体情况是……

⑤ 职业价值观——最看重什么

撰写格式:我的人才素质测评报告结果显示前三项是××取向(×分)。我的具体情况是……

⑥ 胜任能力——优劣势是什么

撰写格式:自我分析小结。

(2)第二章　职业条件分析

参考人才素质测评报告建议,我对影响职业选择的相关外部环境进行了较为系统的分析。

① 家庭环境分析:如经济状况、家人期望、家族文化等。

② 学校环境分析:如学校特色、专业学习、实践经验等。

③ 社会环境分析:如就业形势、就业政策、竞争对手等。

④ 职业环境分析:如行业分析、职业分析、企业分析、地域分析等。

⑤ 职业生涯条件分析小结。

(3)第三章　职业目标定位及其分解组合

① 职业目标的确定

综合第一部分(自我分析)及第二部分(职业条件分析)的主要内容得出本人职业定位的 SWOT 分析:

内部环境因素	优势因素(S)	弱势因素(W)
外部环境因素	机会因素(O)	威胁因素(T)
分析		

结论:职业目标——将来从事××职业。

　　　　职业发展策略——将来进入××类型的组织。

　　　　职业发展路径——将来走××路线(管理路线等)。

② 职业目标的分解与组合

把职业目标分成 3 个规划期,即近期规划、中期规划和远期规划,并对各个规划期及其要实现的目标进行分解。

职业规划总表

计划名称	时间跨度	总目标	分目标	计划内容	策略和措施	备注
近期计划（大学计划）						
中期计划（毕业后5年的计划）						
远期目标						

（4）第四章　具体执行计划

① 短期目标的具体实施计划。

② 中期目标的集体实施计划。

③ 长期目标的具体实施计划。

④ 人生总目标的具体实施计划。

（5）第五章　评估调整

职业规划是一个动态的过程，必须根据实施结果的情况以及变化情况进行及时的评估与修正。

① 评估内容

1）职业目标评估（是否需要重新选择职业？）。撰写格式：假如一直……那么我将……

2）职业路径评估（是否需要调整发展方向？）。撰写格式：当出现……的时候，我就……

3）实施策略评估（是否需要改变行动策略？）。撰写格式：如果……我就……

4）其他因素评估（身体、家庭、经济状况以及机遇、意外情况的及时评估）。

② 评估时间。

撰写格式：我将定期（半年或一年）评估规划，当出现特殊情况时，我会随时进行评估并做出相应的调整。

③ 规划调整的原则。

④ 结束语

附：参考书目

二、大学生学习期间规划

（一）学业规划

现在很多大学毕业生，与其说是"就业困难"，不如说是"就业迷茫"，不知道自己应该从事什么样的工作。这是因为很多大学生在初入大学时持有先轻松后努力的心态，对自己未来的发展缺乏科学的规划，混混沌沌在大学虚度几年，这往往成为他们面对就业压力时感到手足无措的一个重要原因。

"机遇垂青于有准备的头脑"。对于大学生来说，大学阶段的学习至关重要，能否顺利地完成大学期间各阶段的学习任务，找到自己喜欢并胜任的工作，关键在于大学生对在大学期间的时光进行怎样的合理规划及有效安排。因此，大学生需要有计划、分步骤地进行学业与职业发展规划。

对我校学生而言,一年级要了解自我,二年级、三年级要锁定感兴趣的职业,四年级要有目的地提升职业修养,五年级要初步完成学生到职业者的角色转换。三年制学生要将五年制学生前三年要做的事情在一年级完成,二年级有目的地提升职业修养,三年级初步完成学生到职业者的角色转换。

1. 了解自我阶段

由于在初、高中学习阶段,常常被繁重的学习、考试所压迫,所以学生没有时间来考虑自己的人生,只有进入大学,才能真正专心地考虑自我、探索自我、认识自我,为自己的人生规划打下基础。了解自我可以分为两个步骤。

第一步:一年级上学期

经过了中、高考的洗礼,同学们怀着对大学生活的无限向往,满怀信心地走进大学校园,逐渐开始适应大学生活。这个阶段大学生的主要任务是:

(1) 熟悉校园环境,和同学们友好相处,尽快适应大学的生活节奏。

(2) 以学习为主,在学好专业基础知识的前提下,积极参加校园文化活动和社会实践活动。

(3) 了解自己所学专业的职业发展情况,洞悉外界职场变化。

第二步:一年级下学期

此时的大学生基本上适应大学生活,经过大学生活的亲身体验和专业课程的学习,各方面能力有了一定的提高。这个阶段大学生的主要任务是:

(1) 阅读和职业生涯规划有关的书籍,了解职业生涯规划的必要性,增强自己的职业规划意识。

(2) 探索自我,了解自己的爱好、兴趣、性格、能力,发现自己的优势和劣势。

(3) 了解社会职位需求和本专业发展情况,结合自己评估的结果,为自己初步确定目标职业。

(4) 学会与同学、陌生人交往,锻炼自己的交际能力,建立自己的交际圈。

2. 锁定兴趣职业阶段

大学生在二、三年级重在综合考察,确定自己感兴趣的职业,并为此而努力储备知识。本阶段可分为两个步骤:

第一步:二年级一年

二年级的学生已完全适应大学生活。初步建立了一定的人际关系,并且开始关注自己的成长,积极参加各种活动,进行能力提升训练。此阶段大学生的主要任务是:

(1) 了解社会经济、政治、文化和各类职业,尤其是与本专业对应的职业发展状况。

(2) 继续探索自我,利用各种方式和手段了解自己的兴趣、性格和特长,从而根据自身的特点、外界的情况和自己所学的专业来明确自己的职业发展目标。

(3) 根据自己的职业发展目标确定自己的努力方向,制订自己的职业发展规划。

(4) 围绕职业生涯规划,制订大学期间其他阶段的行动计划。

第二步:三年级一年

三年级的学生对自我的认知和社会的认识达到了一定的水平,职业发展目标更加明确。此时大学生的主要任务是：

（1）检查规划的执行情况，根据变化情况对自己制订的职业生涯目标进行相应的修正或调整。

（2）积极参加各种校园和社会实践活动，不断提高自己的能力，拓展自己的交际圈。

（3）向师长和毕业的师哥师姐虚心请教，请他们给自己提出宝贵的意见。

（4）多了解与自己职业方向相关的情况，同时选修相关课程，提高知识积累。

3. 提升职业修养阶段

四年级重在确立就业目标，有目的地提升自己的职业素养。此阶段可分为两个步骤。

第一步：四年级第一学期

由于各自的志向和发展方向不同，四年级开始同学们有了不同的发展道路。准备升本的学生开始努力备战升学任务。准备毕业后立即工作的学生则更加积极地投入到各种社会实践活动或社团活动之中，培养自己的各种能力和团队合作精神，提高自己的综合素质，主要包括几个方面：

（1）在加强专业知识学习的同时，考取与目标职业相关的职业资格证书。

（2）寻找或创造机会到社会上做兼职或是实习，积累对应聘有利的职业实践经验。

（3）扩大校内外交际圈，加强与校友、职场人士的交往，通过报纸、网络等了解自己所选职业的发展方向。

第二步：四年级第二学期

经过相应的职位实习和社会实践，大学生开始意识到自己的能力与职位要求之间的差距，同时通过实习，也发现了自己的理想职业与社会可以提供的职位之间的差距。此时，大学生要慎重思考自己的职业生涯目标是否符合社会实际，是否需要重新确立更加现实的符合自己和社会实际情况的职业目标。在此阶段主要任务是：

（1）掌握职业生涯的评估方法和修正方法，对自己的职业生涯进行相应的调整，使之更加切实可行。

（2）寻找适合自己职业发展的有效途径。

（3）参加相应的培训，提升自己的能力。

（4）培养自己的职业意识，提升自己的职业素养。

职业意识包括工作责任意识、沟通能力意识、团队合作意识、高效工作意识、忠于职守意识、顾全大局意识、戒骄戒躁意识和勤奋专研意识等。训练的方式应结合大学日常的学习和生活，比如在日常学习中，通过对每门功课认真钻研、深入思考，训练自己的质量意识；通过按时完成作业、遵守考试纪律等训练自己的规范意识；通过组织和参加各种集体活动，训练自己的服务意识、沟通能力和团队合作意识；通过参加社会实践或兼职，训练自己的职业能力等。

4. 职业者的角色转换阶段

经过四年的学习和锻炼，大学生不仅掌握了一定的专业知识与技能，其自身的人际交往能力、组织能力、思维能力也都得到相应的提高。大学生活即将结束，面临就业抉择，此阶段大学生的主要任务是：

（1）根据实际就业情况，灵活调整自己的就业措施。

（2）多读有关求职方面的书,学会制作简历、撰写求职信,了解面试求职技巧和职场礼仪。

（3）了解与就业相关的劳动法规和政策,以便求职面试时有所准备。

（4）在求职中保持良好心态,坚信一定能找到适合自己的好工作的信念。

（5）登陆多种渠道进行查询,了解招聘单位的相关信息,为面试做好准备。

（二）生活规划

大学期间的生活规划主要包括养成良好的生活习惯、培养健康的兴趣爱好以及树立正确的交友观。

1. 养成良好的生活习惯

良好的生活习惯是顺利实现学业规划的前提和保证,也是实现未来漫长的职业生涯规划的基础。大学生在校期间要有意识地制订形成良好生活习惯的规划。良好的生活习惯包括保持身心健康和学会理财。

（1）保持身心健康。实践证明,身心素质是人才素质的基础,大学生没有良好的身体和心理素质便无法很好地完成学业,自然也无法建立美好的人生。身心健康是合格大学生的基本要求,是大学生全面发展的重要内容,是成就事业的基础,也是人才成长和事业成功的保障。所以,成长中的大学生要养成良好的生活习惯,保持身体健康,要适时进行心理调节,保持心理健康。

（2）学会理财。有专家指出,21 世纪的大学生不应该仅仅只有"智商",还应该具有一定的"财"商。理财高手,通常都是心思缜密、懂得筹划的人。相反,那些理财不当、花钱如流水的,则往往是缺少宏观计划的人。大学生的理财实践将直接影响将来的生活方式甚至生活态度,因此在大学时代就应该养成良好的理财习惯,懂得生活,学会生活。大学生理财方式主要有三点,一是钱要花在刀刃上;二是学会精打细算;三是学会"开源"。掌握这三点,大学生便可以很好地进行理财。

2. 培养健康的兴趣爱好

兴趣可以影响我们的一生,可以带来成功,也可以带来快乐,根据自己的兴趣选择专业,你会更容易取得成功。大学生正处于成长时期,兴趣广泛、精力旺盛,但是,也容易在这快速变化的世界里丢失自己,找不到自己的兴趣或者找到不健康的兴趣。在此,告诫大学生要不断探讨,寻找自己的兴趣点,培养自己的兴趣爱好。同时要切忌误入兴趣的误区,如:兴趣领域过于空泛;寄希望于别人帮你找到兴趣所在;选择专业过于功利,只知道追求热门,其实并非兴趣所在等等。

3. 树立正确的交友观

大学生们对爱情产生憧憬和向往是很自然的,但爱情是不同于其他人际交往的一种特殊关系。在这个特殊人际交往关系中的双方,由于在情感、思想、行为上的相互特殊的影响,产生了对自己职业选择的改变,甚至一生的影响。因此,把握爱情的真谛,认清爱情在人生中的位置,正确对待爱情是大学生健康成长、职业选择的必然要求。17 世纪英国哲学家弗兰西斯·培根说:过度的爱情追求,必然会降低人本身的价值。所有真正伟大的人物,没有一个是因为爱情而发狂的人,因为伟大的事业抑制了这种软弱的感情。因此,要正确地认识爱情对人生深刻的影响。

（三）社会活动规划

大学生未来职业生涯发展需要具备各方面的素质和能力，特别是实践操作的动手能力。实践操作能力强的大学生在社会工作中永远是抢手的"香饽饽"。大学生的动手操作能力来自其在校期间的多方面实际锻炼，尤其是社会活动锻炼。

大学生要制订大学期间的社会活动规划。一是积极参加社团活动。参加社团活动的准则：以自身的兴趣、爱好作为选择社团的基础；以与自己的职业规划相联系的社团为根本。不贪多，做到适可而止。二是注重社会实践。从求职择业的角度出发，可以将社会实践的类型分为以下几类：知识（教育）型社会实践；劳动（职业）型社会实践；基本（服务）型社会实践；义务型社会实践；了解社会型社会实践。大学生可根据自己的需要选择适合自己的实践活动，要从社会实践活动中总结经验，让自己受益，为尚未丰富的社会阅历填上辛酸或是甘甜的一笔。三是重视实习。实习是大学生校内社会实践活动的主要环节，也是大学生进行职业训练的主要途径。在实习期间，大学生接触实际，经过现场观察、调查研究、实际操作，把所学的知识运用到实践中去，其实践性很强。另外，实习有利于开阔大学生的眼界，加速业务上的成熟度，缩短学校教育和社会要求的距离，增强竞争力和适应能力。

三、大学生职业生涯规划的实施措施

规划是未来努力的方向。为了保证行动与努力的目标一致，促进职业规划有效落实，大学生要严格按照规划督促自己。在此提出几项措施：

（一）将职业生涯规划纳入重大决策中

在做关于学习和生活中极为重要的决定时，需要考虑职业生涯构想和行动规划，并确保正在仔细考虑的决策与自己的本意相符。例如：很多大学生在对待毕业后是升本还是就业的问题上犹豫不决，这时就应拿出自己的规划表进行参考，明确自己最初的本意和设想，这样可避免出现随大流的盲目行为。

（二）公开职业规划，获得外界鼓励或帮助

在制作职业规划时与亲朋好友进行讨论，集中集体的智慧，帮助自己设计最优的策略和方案以及寻找到有效的实施途径或方法。将职业生涯规划向亲朋好友公开的益处主要是有外在的约束力，增强自己的恒心与毅力，增加自己的责任感，获得激励的力量，避免规划落空。

（三）适时回顾构想和行动规划，必要时做出变动

有些人制订计划很用心，但在执行过程中缺乏毅力，致使计划搁浅。有些计划在制定之初受到一定的局限，无法适应新的形势。计划制订者要适时对规划进行回顾，督促自己执行规划或是将需要和现实结合起来，实施动态性的管理，对计划提出相应整改意见，避免贻误职业生涯发展机会。

（四）按时进行检查，确保实施进度

制订者至少每三个月检查一次自己规划的实施进度。过程监督十分重要，监督可以发现职业生涯规划中存在的问题，可以考察计划的落实情况，可以有针对性地提出解决方案。

如果感到生活过于忙乱,那就意味着目标定低了,需要进行调整,适时适当地调高目标。这样,可以使自己的目标难度更合理,使成就水平更高。如果感到自己的生活节奏很慢,效率很低,没有实现原职业生涯规划的目标,首先要考虑自己的动机水平是否足够。

第三节　职业生涯规划设计范例

背景:一个美国小伙子立志做一名优秀的商人。

他中学毕业后考入麻省理工学院,没有去读贸易专业,而是选择了工科中最普通最基础的专业——机械专业。

大学毕业后,这位小伙子没有马上投入商海,而是考入芝加哥大学,攻读为期三年的经济学硕士学位。

最出人意料的是,获得硕士学位后,他还是没有从事商业活动,而是考了公务员。在政府部门工作了五年后,他辞职下海,去了父亲为他推荐的通用公司。

又过了两年,他开办了自己的商贸公司。20 年后,他的公司资产从最初的 20 万美元发展到 2 亿美元。

这位小伙子就是美国知名企业家比尔·拉福。

1994 年 10 月,比尔·拉福率团来中国进行商业考察,在北京长城饭店接受《中国青年报》记者采访时,他谈到他的成功应感激他的父亲的指导,他们共同制订了一个重要的生涯规划。最终这个生涯设计方案使他功成名就。(案例来源:哈尔滨《工学周报》)

我们来看一下这个成功的简图:

工科学习→工科学士→经济学学习→经济学硕士→政府部门工作→锻炼处世能力,建立广泛的人际关系→大公司工作→熟悉商务环境→开公司→事业成功

第一阶段:工科学习

选择:中学时代,比尔·拉福就立志经商。他的父亲是洛克菲勒集团的一名高级职员,他发现儿子有商业天赋,机敏果断、敢于创新,但经历的磨难太少,没有经验,更缺乏必要的知识。于是,父子俩进行了一次长谈,并描绘出职业生涯的蓝图。因此升学时他没有像其他人一样直接去读贸易专业,而是选择了工科中最基础最普通的机械制造专业。

评析:做商贸必须具备一定的专业知识。在商品贸易中,工业品占绝对多数,不了解产品的性能、生产制造情况,就很难保证在贸易中得到收益。工科学习不仅是知识技能的培养,而且能帮助建立一套严谨求实的思维体系,清楚的推理分析能力,脚踏实地的工作态度,正是经商所需要的。

收获:比尔·拉福在麻省理工学院的四年,除了本专业,还广泛接触了其他课程,如化工、建筑、电子等,这些知识在他后来的商业活动中发挥了举足轻重的作用。

第二阶段:经济学学习

选择:大学毕业后,比尔·拉福没有立即进入商海而是考进芝加哥大学,开始了为期三年的经济学硕士课程。

评析:在市场经济下,一切经济活动都通过商业活动来实现的,不了解经济规律,不学习经济学知识,很难在商场立足。

收获:比尔·拉福掌握了经济学的基本知识,搞清了影响商业活动的众多因素,还认真

学习了有关法律和微观经济活动的管理知识。几年下来,他对会计、财务管理也较为精通,在知识上已完全具备了经商的素质。

第三阶段:政府部门工作

选择:比尔·拉福拿到经济学硕士学位后考取了公务员,在政府部门工作了五年。

评析:经商必须有很强的人际交往能力,要想在商业上获得成功,必须深知处世规则,善于与人交往,建立诚信合作关系。这种开拓人际关系的能力只有在社会工作中才能得到提高。

收获:在环境的压迫下,比尔·拉福养成了强烈的自我保护意识,由稚嫩的热血青年成长为一名老成、处事不惊的公务员,并结识了各界人士,建立起一套关系网络,为后来的发展提供了大量的信息和便利条件。

第四阶段:通用公司锻炼

选择:五年的政府工作结束之后,比尔·拉福完全具备了成功商人所需的各种素质,于是辞职下海,去了通用公司。

评价:通过各种学习获得足够的知识,但知识要通过实践的锻炼才能转化为技能。

收获:在国际著名的通用公司进行锻炼,比尔·拉福不仅为实践所学的理论找到了一个强大的平台,而且学习到了丰富的管理经验,完成了原始的资本积累。这也是大学生创业应该借鉴的地方,除了激情还应该考虑到更多的现实。

第五阶段:自创公司,大展拳脚

选择:两年后,他已熟练了解掌握了商情与商务技巧,便婉言谢绝了通用公司的高薪挽留,开办了拉福商贸公司,开始了梦寐以求的商人生涯,实现了多年前的计划。

评析:时机成熟后,应果断决策,切忌浪费时间,应抓住契机实现计划。

收获:比尔·拉福的准备工作,几乎考虑到了每个细节。拉福公司的成长速度出奇的快,二十年后,拉福公司的资产从最初的 20 万美元发展为 2 亿美元,而比尔·拉福本人也成为一个奇迹。

奇迹的背后是合理的规划,严谨的训练,刻苦学习、矢志不移的态度。

比尔·拉福的生涯设计脉络清晰,步骤合理,充分考虑了个人兴趣、个人素质,并着重职业技能的培养,这种生涯设计在他坚持不懈的努力下,终于变为现实。

第九章

经典链接

第一节 《论语》节选

【概述】

《论语》是儒家学派的经典著作之一,与《大学》《中庸》《孟子》《诗经》《尚书》《礼记》《易经》《春秋》并称"四书五经"。由孔子的弟子及其再传弟子编撰而成。它以语录体和对话文体为主,记录了孔子及其弟子言行,集中体现了孔子的政治主张、论理思想、道德观念及教育原则等。通行本《论语》共二十篇。孔丘(前 551～479 年),字仲尼,春秋末期鲁国陬邑人(今山东曲阜),是我国古代伟大的思想家和教育家,儒家学派创始人,也是世界最著名的文化名人之一。

节选一 《论语·为政》节选

【原文】

子曰:"吾十有五而志于学,三十而立,四十而不惑,五十而知天命,六十而耳顺,七十而从心所欲,不逾矩。"

【概义】

我十五岁就立志学习,三十岁就能够按照礼仪的要求立足于世,四十岁遇到事情不再感到困惑,五十岁就知道哪些是不能为人力支配的事情而乐知天命,六十岁时能听得进各种不同的意见,七十岁可以随心所欲(收放自如)却又不超出规矩。

【启示】

选文也可以理解为一个人应该在青少年时代确立学习的方向,在三十岁的时候确定一生的原则,四十岁的时候对人生的目标不再动摇,五十岁的时候明白命运是自己造就的,六十岁的时候能广泛听取多种意见,这样到七十岁的时候可以按照自己的心意去做,就绝对不会做出逾矩的事情,游刃有余从容自得地生活。人生需要规划,大学时代的职业生涯规划尤为重要。规划得当,人生发展就会顺利;反之,就会浪费美好的大学时光,蹉跎了芳华岁月。因而,大学生应该在起始年级就着手做好自己的学业规划、职业生涯规划乃至人生规划,这样,就会合理安排时间,抓好学习成绩和专业技能发展,有一个明朗的职业前途。

节选二 《论语·颜渊》节选

【原文】

颜渊问仁。子曰:"克己复礼为仁。一日克己复礼,天下归仁焉。为仁由己,而由人乎哉?"颜渊曰:"请问其目。"子曰:"非礼勿视,非礼勿听,非礼勿言,非礼勿动。"颜渊曰:"回虽不敏,请事斯语矣。"

【概义】

颜渊问怎样做才是仁。孔子说:"克制自己,一切都照着礼的要求去做,这就是仁。一旦这样做了,天下的一切就都归于仁了。实行仁德,完全在于自己,难道还在于别人吗?"颜渊说:"请问实行仁的条目。"孔子说:"不合于礼的不要看,不合于礼的不要听,不合于礼的不要说,不合于礼的不要做。"颜渊说:"我虽然愚笨,也要照您说的这些话去做。"

【启示】

"克己复礼为仁",道出了欲望与理想的冲突与坚守,这是孔子关于如何为仁的主要解释。在这里,孔子以礼来规定仁,依礼而行就是仁的根本要求。所以,礼以仁为基础,以仁来维护。仁是内在的,礼是外在的,二者紧密结合。这里实际上包括两个方面的内容,一是克己,二是复礼。克己复礼就是通过道德修养自觉地遵守礼的规定。任何社会都有相应的规范。做我们该做的,不做那些不该做的。做个仁人,就这么简单。

儒家思想是入世思想,在伦理学上儒家注重自身修养,其中心思想是"仁",意味着人与人之间应注重和谐关系的生成。我们初到大学,陌生的环境,陌生的同学,无论在学习中还是生活中都离不开和人打交道,那么应该怎样使关系和谐呢?"己所不欲,勿施于人"就是处理人际关系的不二法则。自己所不愿意要的,不要强加于别人。孔子所言是指人应当以对待自身的行为为参照物来对待他人。人应该有宽广的胸怀,待人处事之时切勿心胸狭窄,而应宽宏大量,宽恕待人。倘若自己所不欲的,硬推给他人,不仅会破坏与他人的关系,也会将事情弄得僵持而不可收拾。人与人之间的交往确实应该坚持这种原则,这是尊重他人,平等待人的体现。当代大学生,如果时刻能以"克己复礼"和"己所不欲,勿施于人"为信条,坚持做个"仁人",相信一定能拥有一个健康良好的校园人际关系,从而让自己收获友情,有更好的发展。

第二节　《孟子》节选

【概述】

《孟子》是中国儒家典籍中的一部,记录了战国时期思想家孟子的治国思想和政治策略,是孟子和他的弟子记录并整理而成的。《孟子》在儒家典籍中占有很重要的地位,为"四书"之一。孟子(约前372~前289年),名轲,字子舆,战国时期邹国(今山东邹城市)人。伟大的思想家、教育家,儒家学派的代表人物,与孔子并称"孔孟",被尊称为"亚圣"。

节选一　《孟子·公孙丑上》节选

【原文】

孟子曰:"人皆有不忍人之心。先王有不忍人之心,斯有不忍人之政矣。以不忍人之心,行不忍人之政,治天下可运之掌上。

所以谓人皆有不忍人之心者,今人乍见孺子将入于井,皆有怵惕恻隐之心。非所以内交于孺子之父母也,非所以要誉于乡党朋友也,非恶其声而然也。

由是观之,无恻隐之心,非人也;无羞恶之心,非人也;无辞让之心,非人也;无是非之心,非人也。恻隐之心,仁之端也;羞恶之心,义之端也;辞让之心,礼之端也;是非之心,智之端也。人之有是四端也,犹其有四体也。有是四端而自谓不能者,自贼者也;谓其君不能者,贼其君者也。

凡有四端于我者,知皆扩而充之矣,若火之始然,泉之始达。苟能充之,足以保四海;苟不充之,不足以事父母。"

【概义】

孟子说:"每个人都有怜悯体恤别人的心情。古代圣王由于怜悯体恤别人的心情,所以才有怜悯体恤百姓的政治。用怜悯体恤别人的心情,施行怜悯体恤百姓的政治,治理天下就可以像在手掌心里面运转东西一样容易了。之所以说每个人都有怜悯体恤别人的心情,是因为,如果今天有人突然看见一个小孩要掉进井里面去了,必然会产生惊惧同情的心理——这不是因为要想去和这孩子的父母拉关系,不是因为要想在乡邻朋友中博取声誉,也不是因为厌恶这孩子的哭叫声才产生这种惊惧同情心理的。由此看来,没有同情心,简直不是人;没有羞耻心,简直不是人;没有谦让心,简直不是人;没有是非心,简直不是人。同情心是仁的发端;羞耻心是义的发端;谦让心是礼的发端;是非心是智的发端。人有这四种发端,就像有四肢一样。有了这四种发端却自认为不行的,是自暴自弃的人;认为他的君主不行的,是暴弃君主的人。凡是有这四种发端的人,知道都要扩大充实它们,就像火刚刚开始燃烧,泉水刚刚开始流淌。如果能够扩充它们,便足以安定天下,如果不能够扩充它们,就连赡养父母都成问题。"

【启示】

古人倡导仁、义、礼、智,孟子认为,我们生而为人,都具备恻隐之心、羞恶之心、是非之心、辞让之心,这是我们之所以成为人的根本。我们每一个青年都应发扬这四心,成为尊老爱幼、知耻明理、明辨是非、谦恭礼让的有风度的谦谦君子和大家闺秀,汇聚正能量,让身边的人感到舒服,营造温馨和谐的人际关系。

节选二　《孟子·滕文公上》节选

【原文】

后稷教民稼穑。树艺五谷,五谷熟而民人育。人之有道也,饱食、暖衣、逸居而无教,则近于禽兽。圣人有忧之,使契为司徒,教以人伦:父子有亲,君臣有义,夫妇有别,长幼有序,朋友有信。放勋曰:"劳之来之,匡之直之,辅之翼之,使自得之,又从而振德之。"圣人之忧民如此,而暇耕乎?

【概义】

后稷教老百姓耕种收获,栽培五谷,五谷成熟了才能够养育百姓。人之所以为人,吃饱了,穿暖了,住得安逸了,如果没有教养,那就和禽兽差不多。圣人又为此而担忧,派契做司徒,用人与人之间应有的伦常关系和启发来教育百姓——父子之间有骨肉之亲,君臣之间有礼义之道,夫妻之间有内外之别,老少之间有尊卑之序,朋友之间有诚信之德。尧说道:"慰劳他们,安抚他们,开导他们,纠正他们,辅助他们,保护他们,使他们有所自得,再进一步帮助提高他们的品德。"圣人为老百姓考虑得如此,难道还有时间来亲自耕种吗?

【启示】

"明人伦"是孟子提出的学校教育的目的,所谓"名人伦"就是"父子有亲,君臣有义,夫妇有别,长幼有序,朋友有信",后世也称为"五伦"。对于我们当代大学生而言,"五伦"观仍有积极的现实意义,也有利于践行社会主义核心价值观。亲情、友情、爱情,上下级关系、同辈关系等都是我们生活圈里所必备的,每个人都要维系好。"孝"是为人的根本,"信"是人与人之间友好相处的底线,"尊老爱幼"是我们中华民族的传统美德。"五伦"与"四端"一样,都是我们大学生学会为人处世之道,建设健康和谐的家庭、校园以及将来的社会人际关系的重要基石和践行守则。

第三节　《道德经》节选

【概述】

《老子》,又称《道德真经》《道德经》《五千言》《老子五千文》,是中国古代先秦诸子分家前的一部著作,传说是春秋时期的老子李耳(似是作者、注释者、传抄者的集合体)所撰写,是道家哲学思想的重要来源。道德经分上下两篇,原文上篇《德经》、下篇《道经》,不分章,后改为《道经》37 章在前,第 38 章之后为《德经》,并分为 81 章。是中国历史上首部完整的哲学著作。20 世纪 80 年代,据联合国教科文组织统计,在世界文化名著中,译成外国文字出版发行量最大的是《圣经》,其次就是《道德经》。老子(约公元前 571~约公元前 471 年),姓李名耳,字聃(dān),周朝春秋时期陈国苦县人。中国古代伟大的思想家、哲学家、文学家和史学家,道家学派创始人和主要代表人物,被唐朝帝王追认为李姓始祖。老子乃世界文化名人,世界百位历史名人之一。

节选一　《第十二章》

【原文】

五色令人目盲,五音令人耳聋,五味令人口爽,驰骋田猎令人心发狂,难得之货令人行妨。是以圣人为腹不为目,故去彼取此。

【概义】

缤纷的色彩让人眼花缭乱;美妙的音调让人耳聋;丰腴的食物使人口伤;纵横狩猎,让人内心发狂;稀有的货品,让人行为不轨,去偷去抢,伤害操行。因此圣人只求温饱安宁,而不求悦目。所以摒弃物欲的诱惑,重视内在的满足。

【启示】

这是老子典型的朴素观。青、黄、赤、白、黑色彩多姿,使人目不暇接,让人眼花缭乱。宫、商、角、徵、羽多种音乐,过于追求会使人听觉不灵敏。驰骋田猎,获取野物,容易使人心旌放荡不可制止。追求稀有物品,使人伤害品行,行为不端。

外在的物质、环境的变化对我们内心会产生冲击。当代的青年,要时刻保持清醒的头脑,不为外物的追求蒙住内心的纯洁。不拜金,不盲目追星,不攀比,不追求超过自己经济负担能力的高档手机、包包、化妆品等奢侈品,更不能为追求这些陷入校园高利贷的泥沼而不能自拔,致使自己的大学时光暗无天日,也连累、影响了家庭,实在得不偿失。大学生首要的任务是学习,互相竞争的也应该是学习,而不应是外在的物质的比拼。

节选二　《第七十八章》

【原文】

天下莫柔弱于水,而攻坚强者莫之能胜,以其无以易之。弱之胜强,柔之胜刚,天下莫不知,莫能行。是以圣人云:受国之垢,是谓社稷主;受国不祥,是为天下王。正言若反。

【概义】

遍天下再没有什么东西比水更柔弱了,而攻坚克强却没有什么东西可以胜过水。弱胜过强,柔胜过刚,遍天下没有人不知道,但是没有人能实行。所以有道的圣人这样说:"承担全国的屈辱,才能成为国家的君主;承担全国的祸灾,才能成为天下的君王。"正面的话好像在反说一样。

【启示】

"上善若水",我们每个青年都应该向水学习,学习它"一往无前"克服千难万险也要奔向大海不达目的不罢休的坚定;学习它随圆就方,随形而附,依势而发的灵活变通;学习它勇于超越自我,与它物合作的宽容;学习它"滴水穿石"有机会坚决渗透的坚韧意志;学习它厚积薄发、"以弱胜强"的精神;学习它趋下居卑的谦逊。当我们具备了水一样的精神,我们人生的道路一定会无往不利。

筑梦篇

第十章
学会做人

做人,是中华民族重要的伦理道德观念,反映了一个人为人处事和待人接物的态度、原则、智慧和品格。大学生要学会做人,要有博大的胸襟、健全的人格和良好的心理;要善于沟通,学会相处,具备人际交往的能力;要尊重人的多样性,理解不同国家、不同民族、不同群体有着不同的文化和习俗;要完善自身的道德修养,培养自己无论在社会、还是学校、家庭、单位都成为一名优秀的成员。

第一节 "明礼修身"的重要性

"明礼修身"是中华民族的优良传统。《论语》中有这样的记载,"君子敬而无失,与人恭而有礼。四海之内,皆兄弟也""恭而无礼则劳,慎而无礼则葸,勇而无礼则乱,直而无礼则绞"。《礼记·大学》记载:"古之欲明明德于天下者,先治其国;欲治其国者,先齐其家;欲齐其家者,先修其身;……身修而后家齐;家齐而后国治;国治而后天下平。"古人把"修身"与"齐家""治国""平天下"相提并论可见修身的重要性。明礼修身是提高自我修养,提升人格层次的重要手段,对于正处于人生最美妙时期的大学生来说,要立志做大事、成大业,就必须从"明礼修身"做起。

一、何谓"明礼修身"

这里的"礼",既是指"礼仪""礼节""礼貌",又是讲"礼让""中和""谦敬"。总之就是讲文明,懂礼仪。中国素以礼仪之邦、文明古国著称于世。"贵者敬焉,老者孝焉,长者弟焉,幼者慈焉,贱者惠焉""入境而问禁,入国而问俗,入门而问讳",这些都是中国自古讲究礼仪、礼貌的代表言论。

"修身",即"修养",主要是指在个人思想意识和道德品质方面所进行的主动、自觉的锻炼和涵养,以培养自己的理想人格。"儒者之学,修身为本,闶间穷通。克己功夫,宁分老少?只求无忝所生,不负师友。"意为:读书人的学问,以修养自身为根本,不问穷困与通达,在克制自我方面下功夫,难道还分老和少?只是求得无愧于自己的生命,不辜负老师和朋友罢了。人之所以异于禽兽者,是人有人性。人性是人的本质体现。人性中有自然之性、社会之性之分。最能体现人的本质的是人的社会性,即人的道德属性。故修身之本在于养性,养性之尊在于立德。

二、"明礼修身"的重要性

在人的一生中,文明礼仪、道德品格都会起作用,要么是你的宝库,要么是你前行的绊脚石。试想,如果你在二三十岁就被贴上不文明、不道德的标签,往后的路怎么走呢? 所以,当代大学生应当不断加强自身的品德修养。

(一)"明礼修身"是大学生适应时代发展和进步的需要

人生修养作为人生主体的自我规范、改造和完善人性的一种自觉活动,随着社会现代化的推进而显得日趋突出和重要。因为社会现代化既是客体的现代化,又是主体的现代化——人的现代化。人的现代化包括了观念的转变、素质的提升、关系的丰富,这个过程在一定意义上就是"明礼修身"的过程。在当代社会中,社会进步的要求与个人素质之间,社会弘扬的优良品德与个人所具有的品德之间,总会存在着矛盾和差异。人为了适应社会,改造社会,推动社会进步,有必要进行自我修养,以使个人的素质与行为适应社会进步的要求。

(二)"明礼修身"是大学生成才的需要

何为人才? "人"和"才"的组合为"人才",既成人又成才的是人才。有德无才谓之庸,有才无德谓之韧,德才兼备谓之贤。专业学习主要培养大学生的科学精神,"明礼修身"主要培养大学生的人文精神。"明礼修身"和专业学习同样重要,人文精神和科学精神同样重要。21 世纪的竞争,归根结底是人才的竞争。人才的竞争,绝不仅仅是人才的科学文化素质的竞争,而是人才的道德素养和综合素质的竞争。为了适应新世纪矢于知识与人才的挑战,当代大学生必须求得全面发展,既要注重提高科学文化素质,更要高度重视提高思想道德素质,努力把自己培养成为德才兼备的合格人才。

(三)"明礼修身"是大学生深入思考人生价值、选择成功之路的需要

大学时代是人生的黄金时期,灿烂如早上八九点钟的太阳。大学生生命力最旺盛,体力、精力最充沛。然而大学时代也是人生旅程中遇到问题最多的时候,友谊与爱情、竞争与合作、理想与现实、个人与集体、自我奋斗与祖国民族的前途命运,怎样做人,做一个什么样的人,怎样生活才是有意义的,怎样的追求才是高尚的,这一系列的问题都会陆续摆在大学生的面前,需要做正确的选择和回答。大学生只有不断地学习提高,加强自身的思想道德修养,才能够走出迷惘和误区,追求个人与他人、个人与社会的协调发展,陶冶高尚的情操,培养完善、健全的人格。才能在理论上坚持马克思主义的立场、观点和方法,正确把握习近平"新时代中国特色社会主义思想",科学地认识人的本质与发展、人类社会的发展规律与走向,明确当代国家对大学生的希望和要求,使大学生跨入大学校门时就能把自己的前途同伟大的时代紧密相连,沿着正确的方向顺利前进,健康成才。

第二节　社会主义核心价值观 24 字解说

社会主义核心价值观是社会主义核心价值体系的内核,体现社会主义核心价值体系的根本性质和基本特征,反映了社会主义核心价值体系的丰富内涵和实践要求,是社会主义核心价值体系的高度凝练和集中表达。

党的十八大提出,倡导富强、民主、文明、和谐,倡导自由、平等、公正、法治,倡导爱国、敬业、诚信、友善,积极培育和践行社会主义核心价值观。富强、民主、文明、和谐是国家层面的价值目标,自由、平等、公正、法治是社会层面的价值取向,爱国、敬业、诚信、友善是公民个人层面的价值准则,这 24 个字是社会主义核心价值观的基本内容。

一、国家层面：富强、民主、文明、和谐

富强、民主、文明、和谐，是我国社会主义现代化国家的建设目标，也是从价值目标层次对社会主义核心价值观基本理念的凝练，在社会主义核心价值观中居于最高层次，对其他层次的价值观具有统领作用。

（一）富强即国富民强，是社会主义现代化国家经济建设的应然状态，是中华民族梦寐以求的美好夙愿，也是国家繁荣昌盛、人民幸福安康的物质基础。

（二）民主是人类社会的美好诉求。我们追求的民主是人民民主，其实质和核心是人民当家做主。它是社会主义的生命，也是创造人民美好幸福生活的政治保障。

（三）文明是社会进步的重要标志，也是社会主义现代化国家的重要特征。它是社会主义现代化国家文化建设的应有状态，是对面向现代化、面向世界、面向未来的民族的科学的大众的社会主义文化的概括，是实现中华民族伟大复兴的重要支撑。

（四）和谐是中国传统文化的基本理念，集中体现了学有所教、劳有所得、病有所医、老有所养、住有所居的生动局面。它是社会主义现代化国家在社会建设领域的价值诉求，是经济社会和谐稳定、持续健康发展的重要保证。

二、社会层面：自由、平等、公正、法治

自由、平等、公正、法治，是对美好社会的生动表述，也是从社会层面对社会主义核心价值观基本理念的凝练。它反映了中国特色社会主义的基本属性，是我们党矢志不渝、长期实践的核心价值理念。

（一）自由是指人的意志自由、存在和发展的自由，是人类社会的美好向往，也是马克思主义追求的社会价值目标。

（二）平等指的是公民在法律面前一律平等，其价值取向是不断实现实质平等。它要求尊重和保障人权，人人依法享有平等参与、平等发展的权利。

（三）公正即社会公平和正义，它以人的解放、人的自由平等权利的获得为前提，是国家、社会应然的根本价值理念。

（四）法治是治国理政的基本方式，依法治国是社会主义民主政治的基本要求。它通过法制建设来维护和保障公民的根本利益，是实现自由平等、公平正义的制度保证。

三、个人层面：爱国、敬业、诚信、友善

爱国、敬业、诚信、友善，是公民基本道德规范，是从个人行为层面对社会主义核心价值观基本理念的凝练。它覆盖社会道德生活的各个领域，是公民必须恪守的基本道德准则，也是评价公民道德行为选择的基本价值标准。

（一）爱国是基于个人对自己祖国依赖关系的深厚情感，也是调节个人与祖国关系的行为准则。它同社会主义紧密结合在一起，要求人们以振兴中华为己任，促进民族团结、维护祖国统一、自觉报效祖国。

（二）敬业是对公民职业行为准则的价值评价，要求公民忠于职守，克己奉公，服务人民，服务社会，充分体现了社会主义职业精神。

（三）诚信即诚实守信,是人类社会千百年来传承下来的道德传统,也是社会主义道德建设的重点内容,它强调诚实劳动、信守承诺、诚恳待人。

（四）友善强调公民之间应互相尊重、互相关心、互相帮助、和睦友好,努力形成社会主义的新型人际关系。

2017 年 10 月 18 日,习近平总书记在党的十九大报告中指出,要培育和践行社会主义核心价值观。要以培养担当民族复兴大任的时代新人为着眼点,强化教育引导、实践养成、制度保障,发挥社会主义核心价值观对国民教育、精神文明创建、精神文化产品创作生产传播的引领作用,把社会主义核心价值观融入社会发展各方面,转化为人们的情感认同和行为习惯。

第三节　大学生文明礼仪规范

礼仪体现在一个人的言谈、举止、仪表和服饰上面,从这些现象中可以反映出一个人的思想修养和精神面貌,每个人的文明程度不仅关系到自己的形象,也影响着整个学校乃至社会的精神文明。俄国哲学家赫尔岑说:生活里最需要的是礼仪,它比最高的智慧,比一切学识都重要。

一、课堂文明礼仪

（一）上课铃响前 2～5 分钟,学生需进入教室安静端坐,准备好学习用品、本节课所需课本、笔记本等,等候老师上课,上课铃响,即进入上课状态。

（二）迟到的同学应在教室前门先喊"报告",经老师批准后方能进入教室。

（三）上课期间,有特殊情况需离开教室,需经老师同意后,从后门走出教室。

（四）上课期间,不接听手机或收发短信、玩游戏,不翻阅与本课无关的书、报、杂志,不说闲话,发言先举手示意,不随意移动课桌和换座,不吃东西或做其他妨碍教学的事情。

（五）上课期间,不穿拖鞋,不只穿背心、短裤进入教室。

（六）课间休息,不得在教室内追逐打闹,禁止大声喧哗与起哄,不得损坏公物。

（七）尊敬老师,珍惜老师的劳动,自觉遵守课堂纪律,在违反纪律时,要虚心接受老师的批评,不顶撞老师。

（八）不随地吐痰,不乱扔纸屑,不在教室打扑克,不在教室与异性做出过分亲昵的行为等。

二、宿舍文明礼仪

（一）遵守学校的规章制度

遵守学校学生宿舍的管理制度,按时洗漱和就寝,不做学校禁止的事,如吸烟、酗酒、赌博等。

（二）爱护公物

1. 要爱护一切公共设施和公物,不要损坏宿舍区的公共设施,如无意造成了损坏,应主动报告并自觉赔偿。

2. 要养成节约用水、用电，随手关水龙头、关灯、关门窗的好习惯。

3. 不为个人方便，私安、私接电源和使用超功率灯泡、电熨斗以及电炉，不在宿舍做饭、使用明火等。

4. 使用公共设施时应遵循先后顺序，有序使用，有特殊情况时应先向其他同学解说缘由，获得同意后再行使用，并表示感谢。对于有特殊情况的同学，要给予特殊的关心与照顾，主动礼让，先人后己。

（三）保持宿舍卫生

1. 值日生自觉按时打扫寝室卫生，包括地面、桌椅、橱柜和门窗等。清理的垃圾及时倒入垃圾桶内，不要堆放在走廊或过道处。其他人要自觉保持卫生，爱护集体荣誉。

2. 不向窗外、走廊泼水，不乱扔果皮杂物，不往水池、便池内倒剩菜剩饭。

（四）内务及物品摆放

1. 被褥要折叠得整齐美观，并统一放在一定位置上，蚊帐钩挂好，床单不许露出床边，床上不许放置其他物品，床上用品要保持干净、整洁。不经允许，不要随便在他人床上坐卧。

2. 搞好个人卫生，衣服要勤换洗，床铺勤打扫，换下的脏衣服、脏鞋袜等必须及时洗干净，以免时间长了影响宿舍里的空气质量。

3. 书、行李箱、衣服、桶、盆、水杯等，要统一整齐地放在规定的地方。

（五）与室友相处

1. 自觉遵守宿舍生活秩序，按时就餐、起床；上下床动作轻，拿东西声音要小，上铺翻身要轻，下铺要多给上铺同学方便。

2. 有事晚归，要先跟室友打声招呼，免得大家担心；回来晚了应先说一声"对不起"。

3. 对有困难和生病的同学要多关心照顾，同学间有小矛盾要互谅互让，严于律己，宽以待人。

4. 不可以私翻、私看、私拆别人的日记和信件。

5. 不可以打探同学的隐私。有的学生对自己的某种情况或家中的某件事，不愿告诉别人，也不愿细谈。这属于个人隐私，他有权保密，应受到尊重。当同学有亲友来访，谈一些私事时，其他同学要适当回避，决不要在一旁偷听，更不要插嘴、询问。有同学离校去处理个人私事，也没必要去打听，只要知道该同学向班主任或学校请了假就行了。

（六）宿舍区公共场所的礼仪

1. 进出宿舍门口，主动刷卡，上下宿舍楼梯，不要拥挤。

2. 不要随便把外人带入宿舍，更不要随意留宿外人。

3. 在宿舍区不能私自乱接电源、乱拉电线等；放假前应关闭所有电器，切断电源。

4. 禁止在宿舍区起哄、闹事、大声喧哗、放鞭炮等。

5. 禁止在宿舍内大声喧哗、打闹、跳舞、踢球、打羽毛球等，放录音机、收音机音量适宜，不要影响他人休息。

三、图书馆文明礼仪

图书馆是大学生学习和交流知识、获取信息的场所。大学生在获取知识的同时,也应遵守图书馆的文明礼仪。

（一）衣着整洁,不能穿背心、拖鞋进图书馆。

（二）进图书馆前应自觉关闭手机,保持环境安静。

（三）爱护图书馆的设施,维持图书馆的卫生,严禁吸烟,保持环境清洁。

（四）在图书馆学习时不要抢占座位,图书馆是公共学习场所,有空位人人可坐,但想坐在别人旁边的空位时,应有礼貌地询问他旁边是否有人。

（五）在图书馆借还图书、进行文献检索时,要按顺序排队。

（六）在图书馆,特别是在阅览室,走路要轻,最好不要穿钉铁跟的皮鞋。入座和起座要轻,翻书也要轻。与同学交谈时,应轻声细语,若需长时间讨论,应到室外交谈。

（七）在图书馆学习和阅览图书、报刊时,应自觉爱护图书馆的图书、报刊。阅览时不在图书、报刊上涂画。

（八）查阅资料时,若遇到自己解决不了的问题,可以有礼貌地向图书馆工作人员请教。

四、就餐文明礼仪

（一）自觉维护食堂秩序,排队购买饭菜,不宜大声喧哗。

（二）讲究礼貌礼节,遇有老师、长辈一同就餐,应主动打招呼。

（三）自觉保持餐厅卫生,不能出现随地吐痰,泼洒饭渣、菜汤等不文明行为,提倡节约,反对浪费,文明就餐。

五、体育运动场所礼仪

（一）进行体育运动时,要爱护公共设施,尊重体育馆管理人员。

（二）观看比赛时,应准时到场,以免入座时打扰别人。观看比赛时,不能因情绪激动而脚踩座位;不能乱扔果皮纸屑,最好不要吃零食。

（三）观看比赛时,你可以为你所喜爱、支持的班级、团队、运动员欢呼呐喊,但不要辱骂对方,以免和另一队的支持观众发生争执,更不要因不满赛况而向比赛场中投掷杂物、攻击裁判等。

第四节　常系家人有亲情

从小到大,从年轻到成熟,我们都视亲情为理所应当,只因我们身边挨着的人一直都在那里,不曾停止,亦不曾高调地宣扬着他们的爱。亲情是世界上最灿烂的阳光,无论我们走出多元,飞得多高,他们总在我们背后默默地支持着我们。大学新生虽然已经走进大学校园,远离父母,但是仍然要注意与父母密切相处,在内心深处为亲情留下一个神圣的位置,因为,无论你身处何境,身在何地,无论是什么时候,亲人永远是你最坚实的精神支柱和最理想的感情寄托。作为大学生,我们给不了父母更多的物质回报,但是我们能在精神上多孝敬父母,做自己力所能及的事情。

一、充分尊重父母,多理解父母

由于年龄等关系,父母与子女之间存在代沟是必然的。我们的父母可能会有些固执、唠叨,甚至有些敏感、多疑、情感承受力差等。作为子女,一定要多体谅他们,不要与父母顶嘴,重要的是要听取父母的意见,不要因此而不耐烦或者说一些伤害父母的话。遇事要经常与父母交流,不要觉得父母的观念太陈旧,甚至对此表现出不屑的态度,这种情形都会伤害到父母的内心和情感。

二、尽己所能,帮父母承担一些责任

如果这个世界上只有一种永恒不变的爱,那只能是父母对子女的爱。这种爱永远都无法偿还,我们要做的,只有不断地回报他们。当家里出现什么不好的境况或遭遇时,应该体恤父母,并发挥自己的作用帮助解决问题。让父母感觉到进入大学的你和之前的你相比是有变化的,是在成长的,是能够替父母分忧的。

三、多关心父母

有空的时候多与父母进行交流与沟通,也可以在节假日给他们买些小礼物,对父母表示慰问,做些贴心的事。我们的父母其实要求并不多,也许你只是一句"天亮了,多加衣服,多注意身体",父母就会开心很久,虽然这样的话父母对我们说过无数次了。所以,要时刻想着父母,多向他们表达你爱的问候和关怀。

四、多和父母联系

刚步入大学校园时,浓浓的思家情绪,让你很想天天都听到父母关怀的声音。而当你适应大学生活之后,想家期结束了,你说你长大了,独立了,不用爸妈操心了,有些事情可以自己处理了,不必告诉他们了。但是你可知道,父母想你的时期确实永远不会结束的。在父母眼里,儿女不管多大,永远也只是个孩子。或许他们不在你身边,不能在生活上为你付出多少,但他们始终惦记着你,衣服是不是穿得够暖,饭菜是不是可口,和老师、同学相处得好不好……他们在家里默默地关心着你,那条无线电波串联着他们多少的期盼和牵挂。因此,要多与父母联系,经常沟通。主动给父母打电话,倾听他们的唠叨,不要觉得厌烦,他们只是关心你、爱你才会对你啰嗦。不管大学生活多么忙碌紧张,都别忘了往家里打个电话,分享你的欢乐,倾诉你的烦恼,同时在电话里还要懂得表达你对父母的关爱。

第五节　同学相处有友情

友情对于人生具有十分重要的价值,可以毫不夸张地说,没有朋友的人,就是孤立无援的人和可悲的人。在一定意义上说,人生在世,最不能缺失的人际关系,就是友情。友情对于青年大学生来说,有着特别重要的价值。这是因为从人的发展来看,青年时期内心世界迅速形成,成人感增强,逐渐减弱了对父母、师长等成人的感情依赖,而把感情依赖的方向转向同龄人,再加上大部分同学远离家乡、父母,因此,同龄人之间的友谊成为青年人最为珍贵的感情之一。那么,作为一名大学生,我们应当如何建立良好的人际关系,如何培育友谊的花朵呢?

一、要正确认识自己,相信自己,要有自信

一个做什么事都缩手缩脚的人不可能博得他人的好感。自信的人才能让人眼前一亮,给别人留下好的第一印象。自信的人敢于主动与人交往,而自卑的人总是躲在自己的世界里,不敢给自己机会,也不给别人机会。要如何才能使自己更加自信呢? 正确评价自己,认识自己。我们常与身边的人做比较,但是往往是拿自己的缺点去与别人的优点比,越比越觉得自己什么都不是,什么都不行,也就更没有信心了。正确认识自己,就是要拿自己的优点去和别人比,看到别人身上不具有而自己却有的优势,这样就能让自己在人际交往中表现出自信。

二、对人要真挚、热诚,乐于助人

在人际交往中,我们要有一颗真挚热诚的心,让他人感到我们是真挚地想与之交往。真诚、热情待人,常能得到别人的热情相待;坦诚地面对他人、信任他人,他人也同样会把自己当作信任的人。"精诚所至,金石为开"。再难以相处的人也会因为我们的真诚而感动,再难办的事也会因为我们的真诚而成功。

与人建立良好的关系,给人帮助是很重要的。这种帮助,不是简单地指金钱、物质上的帮助,更重要的是出于真心的感情上的交流、精神上的慰藉,以及对痛苦的分担、对困难的解决。我们都有这样的体会,在你生病的时候,同学陪你去医院,或者在你学习上有困难的时候,有人帮你耐心地讲解,你对这个人的接纳程度将远远高于其他人。纪伯伦说过:"和你一同笑过的,你可以把他忘掉;和你一起哭过的,你却永远忘不掉。"帮助别人,锦上添花易,雪中送炭难,其基础还是一颗真诚的心。

三、要学会尊重他人

《论语》有云:"敬而无失,与人恭而有礼,四海之内,皆兄弟也。"没有尊重的基石,牢固的人际关系就难以建立,四海之内的兄弟也就难以寻觅。尊重朋友,就是要尊重他的人格和意见,在两个人出现分歧的时候,能够静下心来认真反思自己的不足之处,考虑对方意见的可行性;要明白再好的朋友也会有缺点,不要求全责备,应正确对待朋友的缺点,不要去讥笑、讽刺;要尊重他身边的人,不要随意去评价、更不要轻视他的朋友。尊重朋友,就是不要让朋友去做让他为难的事情,多为朋友着想;不要在任何场合都过分地强调你们的朋友关系,否则,会让别人觉得和你的朋友很难建立友谊……一句话,尊重朋友就是多从朋友的角度考虑问题,尊重朋友的人格和选择。

第六节　师生相处有恩情

老师和父母一样伟大,老师不仅传授给我们丰富的科学文化知识,更给我们指明了人生的方向。他们以身作则,影响我们,在学习上、生活上,给我们一次又一次的启示。在与老师的交往中,我们不断积累文化知识及社会经验,调整自己的行为,修正和提高自我认知。因此,大学新生要学会感恩,建立与老师之间的良好关系。

一、以学为主,努力提高科学文化素养

学习是学生的首要使命和义务。作为学生一定要以自己的学习为主,兢兢业业,不怕吃苦。只有这样,学生肚子里才有"货",才有能力与教师共同探讨问题,一起翱翔于知识的海洋之中,才能在师生交往中得到教师的指导与启迪。

二、尊师重教,弘扬中华民族的美德

尊师重教是我们中华民族的优良传统。在现代社会,尊师重教对于良好师生关系的建立依然起着非常重要的作用。当代大学生应该懂得并做到尊师重教,要怀着一颗感恩的心尊重教师,尊重教师的人格、学识和劳动,要把独立思考、标新立异建立在尊师重教的前提之下,防止以自我为中心的我行我素。尊师重教还要求学生要正确对待老师的过失,要掌握好向老师提意见的时机和方法,避免挫伤老师的自尊心。

三、换位思考,理解和支持教师的工作

大学生已是成年人,要学会经常换位思考,不断反思自己,对教师的思想、情感和行为应该给予理解,而非责难和苛求。大学生应该认识到教师并非"圣人",而是常人,同样有着血肉之躯,同样有着社会压力、职业压力、家庭压力,也可能存在知识的局限性甚至人格上的缺陷,不可能完美无瑕,万事精通。但不能因此而贬低教师的作用和地位,而是要经常换位思考,对教师的工作给予理解和支持,理解教师文化对教师的约束和规范。我们的大学生有了这种认识,就能够发现教师身上的闪光点,发现教师的长处,尊重、信任教师,并虚心向教师请教,拉近师生之间的距离,使师生关系更趋融洽。

四、加强与辅导员的沟通

辅导员担负着大学生的思想教育、日常管理等任务,不仅要做好日常管理工作,还要加强对学生做人、做事、做学问的培养,给学生思想、学习、生活上的指点,帮助你们规划好大学生活。与学生面对面交谈是辅导员常用的工作方式之一。因此,你可以和老师深谈心中的烦恼、忧伤、顾虑,也可以和老师分享你的成长和梦想,而其他任课教师可能无法与你进行这样深入地谈话。辅导员会更清楚学校有什么样的资源可以推荐给你,在必要的时候,帮助你认识和分析你的心里困惑,能够有效地帮助你结合一些问题,在你需要的时候伸处援助之手。

第七节　男女交往有底线

漫步在菁菁校园,我们总会看到成双成对的大学生恋人。也许你会想,我会在大学校园中找到我寻觅的那个影子吗?也许你会想,学生以学业为主,我坚决不谈恋爱。可是当爱情真正来临时,又有哪个人真的能一点都不心动呢?爱情,是大学生活永恒的话题之一,如果有一天,当爱情来到我们身边的时候,我们该怎么办呢?

一、树立正确的恋爱观

首先,我们提倡志同道合的爱情。在恋人的选择上最重要的条件应该是志同道合,思想品德、事业理想和生活情趣等大体一致。一般情况下,异性感情的发展是沿着熟人－朋友－好朋友－知己－恋人这一线索发展的。在分享快乐和痛苦、共同成长的过程中,爱情就会产生和发展。其次,要摆正爱情与学业的关系。大学生应该把学业放在首位,要明白学业是大学生价值观的主要支柱,不能把宝贵的时间都用于谈情说爱而放松了学习。最后,要懂得爱情是一种相互理解,是相互信任,是一份责任和奉献。理解对方是为个人和对方营造一种轻松和快乐的氛围,相互信任是自信的表现,责任和奉献则意味着个人道德的修养,它是获得崇高的爱情的基础。

二、发展健康的恋爱行为

恋爱言谈要文雅,讲究语言美,行为大方。交谈中要诚恳坦率自然,不要为了显示自己而装腔作势,矫揉造作;不能出言不逊,污言秽语,举止粗鲁;相互了解,不要无休止地盘问对方,使对方自尊心受损。亲昵动作要高雅,避免粗俗化。高雅的亲昵动作发挥爱情的愉悦感和心理效应,而粗俗的亲昵动作往往引起情感分离的消极心理效果,有损于爱情的纯洁与尊严,有损于大学生的形象,同时对旁人也是一种不良的心理刺激。要善于控制感情,理智行事。一方面要注意克制和调节,另一方面要注意转移和升华,参加各种文娱活动,与恋人多谈谈学习和工作,把恋爱行为限制在社会规范内,不致越轨,要使爱情沿着健康的道路发展。

三、培养爱的能力与责任

大学生要有迎接爱的能力。要懂得爱是什么,有健康的恋爱价值观,知道自己喜欢什么,需要什么,适合什么。对万事保持敏感和热情,主动关心他人。当别人向你表达爱时,能及时准确地对爱的信息做出判断,坦然地做出选择。能承受求爱拒绝或拒绝求爱所引起的心理扰乱。大学生还要有拒绝爱的能力。自己不愿或不值得接受的爱应有勇气加以拒绝。拒绝爱要注意两个方面:一是在并不希望得到的爱情到来时,要果断,勇敢地说"不",因为爱情来不得半点勉强和将就。如果优柔寡断或屈服于对方的穷追不舍,发展下去对双方都是不利的。二是要掌握恰当的拒绝方式,虽然每个人都有拒绝爱的权力,但是珍重每一份真挚的感情是对他人的尊重,也是一种自珍,同时是对一个人道德情操的检验。不顾情面,处理方法简单轻率,甚至恶语相加,结果使对方的感情和自尊心受到伤害,这些做法都是很不妥当的。

四、提高恋爱挫折承受能力

大学生的恋爱受多种因素的制约,因而在追求爱情的过程中遇到各种挫折是在所难免的。如果承受能力较强,就能较好地应付挫折,否则就有可能造成不良后果。因此,提高恋爱挫折承受能力对大学生的心理健康是非常重要的。当爱情受挫后,用理智来驾驭感情,通过增强理智感,分析原因,总结经验教训,通过适当的情绪调节、宣泄和转移,来减轻痛苦。在新的追求中确认和实现自己的价值,从而提高自己的心理承受能力和思想水平。

第八节　网络人际有文明

21 世纪是信息化的时代,网络已越来越深入人们的学习和生活中。对于大学生来说,网络正逐渐改变着我们的生活方式、生活习惯和行为模式,成为其学习生活中不可或缺的重要工具和载体。我们应自觉、合理地使用好网络,使其成为有益社会发展、有益相互沟通的工具,绝不能将其作为扰乱社会秩序、损害他人利益的首段。总之,我们要做健康、文明、守法的上网人,肩负起对现代通信传播与交易的应有责任。

一、提倡健康上网,防止沉迷网络

大学生迷恋网络会影响人的身心健康。长时间注视电脑或手机屏幕会引起视觉疲劳,可导致暂时性近视和继发性头疼。网络成瘾会使生理、心理过度重负,从而产生神经衰弱、头部酸胀、多梦、免疫力下降。同时会影响人的心智健康,让人智力下降,上网时精神亢奋,平时就会焦虑忧郁、烦躁不安。迷恋网络会影响人际关系交往。长期生活在"一人一机"的封闭环境中,必然减少与他人、与社会接触的机会,造成人际关系的淡化和对现实社会的疏远、逃避。

为了对自己、对他人、对社会负责,我们要养成健康上网的习惯。不要为了打发时间而泡在网上,其实生活中打发时间的方式很多,比如和朋友聊天、打球、多参加一些户外活动等都是很不错的娱乐方式。上网要有明确的目的,有选择地浏览自己所需要的内容,不要漫无目的。上网过程中应保持平稳的心态,消除猎奇心理,不宜过分投入。上网时间要适度,不要一泡网吧就是连续几个小时,不要深更半夜上网,这样会搅乱自己的生物钟,影响第二天的课业。上网打游戏要适度,不要玩不良、盗版游戏,要善于转移兴趣。

提高网络行为控制能力。增强判断能力,要学会明辨是非,注重识别、过滤、防范,保持清醒的头脑。规范网上行为,要有效控制自己的网上行为,明白网络并非法外之地,违法同样会受到法律惩罚。

二、提倡文明上网,防止受骗上当

网络虽然是一个虚拟世界,但进入这个世界如同现实的社会交往一样也要文明守规。在网上交流时,我们要注意语言文明。谩骂、言辞过激或者带有人身攻击的言论,不仅会招来众人的反感与反击,激发矛盾,而且也暴露了其文化素质与文明素养存在严重问题。要对网上言论负责,切勿在网络上发表一些不负责任的言论。不实的言论可能会导致众多网友在阅读和传播时产生思想混乱,引发矛盾,有时甚至会导致社会秩序的破坏。

网络虚拟环境中存在着形形色色的陷阱,在网上交友我们要谨记:待人真诚,要以真诚换友情,不可欺诈欺骗他人,使网友招致身心损害。增强防范意识,不要轻易相信虚拟网络中的任何承诺,防止上当受骗。拒绝网恋,网恋只是情感上、精神上的沟通,真正现实中的许多问题在网络上根本无法体现出来。网络的虚幻性太强,仅凭梦境般的想象,将来很难接受现实中的不契合。爱情要在现实中才能得到发展,否则不过是空中楼阁。另外,网恋还隐藏着由于对方交友动机不纯,最终酿成惨剧的潜在风险。

网上交易要诚实守规。现在网售网购越来越频繁,它在给人们提供方便快捷服务的同时,也给人们带来了烦恼,如出现网骗、假冒伪劣商品等现象。因此网上交易,无论是交易的哪一方都要讲诚信、讲规则,多为对方着想,信守网上承诺与交易规则,做诚实守信的网民。

三、提高警惕,防止网络犯罪与侵害

大学生要正确用好网络技术。掌握网络技术是件好事,无论是实现个人发展,还是促进国家的现代化,都不能没有网络技术。但我们不能为了炫耀自己掌握的网络技术而去刻意地攻击无辜的对象,造成对社会利益的影响;更不应该崇拜黑客技术,以盗窃账号,制造散布木马、病毒,去违法犯罪危害社会。要加强自我情操修养,不能为了满足自己的某种心理和需要,生好奇之心、贪财之念、非分之想,传播危害社会的事件。要知道,邪念、歪主意会把自己带上不归路。

要注意网络安全。上网时,不要发出能确定自己身份的信息,主要包括:电子信箱、家庭地址、家庭电话号码、父母姓名、银行卡号、照片等,以防信息泄露导致不法侵害。不要在父母、老师不知道的情况下,单独出去和网友会面,即使得到父母的同意,也要选择公共场所,并由父母或成年人陪同前往。如果在 QQ、微信、贴吧等网站里遇到挑衅性的信息或者脏话、攻击、淫秽、威胁等使自己感到不安的信息时,不要回应也不要反驳,当然,也不必惊慌失措,但要立即告诉自己的父母或老师。不要轻信网上朋友的姓名、性别、年龄、职业、兴趣爱好和甜言蜜语,未经确认的网上信息都不可轻信。

还有一点要特别注意的是,拒绝校园贷。大学生要以学业为重,积累知识,切不可以铺张消费、创业资金周转等为理由进行网贷,既影响学业又加重家庭负担。如果实在需要贷款,一定要和家长商量好再做决定,可选择生源地、校园地国家助学贷款,或到正规银行机构、信用社机构办理贷款,并且要仔细阅读贷款合同,如果有不合理的地方要及时间清楚,以免造成不必要的麻烦。不参与、不宣传"校园贷"违规违法活动;不鼓动、不胁迫他人在"校园贷"中借款;不张贴、不转发"校园贷"违规违法信息;不冒用、不顶替他人身份进行校园贷款。

第九节 做臻美幼专人选文

选文(一) 做臻美幼专人

学前教育学院 王可欣

盐幼专,梦开始的地方,学校特色之路认为坚持走"美"这条道路,但此"美"不是单纯形式上的美,我们要赋予"美"更多的含义,然而这一步路,需要我们共同的努力,努力提高自身的修养和气质,做一名臻美幼专人!

但丁说过,爱为美德的种子。你可曾知道,讲究礼貌是爱,注意环境卫生是爱,生活的每一点点小细节,铸就起来,可以把爱的宝塔搭得很高很牢。

其实,生活方方面面都是美。

"启智以明德,笃行以致远。"

先说明德，"德"是做臻美少年必不可少的一点。其实美德很简单，先从小事情做起。在学校，看到老师问个好，多对老师说"辛苦了"。看到同学有困难，伸出你的援助之手，做到得理让人，失礼道歉，相互信任，多说"谢谢你"在家里孝敬和尊敬长辈。爷爷、奶奶年纪大了，多陪他们聊聊天，说说话，多和父母讲讲你在学校里的趣事，让她们和你一起快乐。在外面，遵守交通规则，尊老爱幼，多给孕妇和老年人让座，保护环境卫生，不乱扔果皮纸屑。其实做到这么几点，你就已经向"美"跨出了一大步。

再说致远。在盐幼专，你可以学习各种各样的专业技能，你努力了，你就会成功，当你在弹钢琴时，美妙灵动的琴声从指间流泻而出，似丝丝细流淌过心间，你有没有感觉到柔美恬静，舒软安逸呢？当你在舞蹈房，看着自己里面的自己轻步曼舞像燕子伏巢、疾飞高翔像鹊鸟夜惊，你是否为自己的风情万种而倾倒呢？当你拿起油画棒，在课堂上涂鸦时，你是否看到了孩子们天真烂漫的笑脸！没错，开启智慧用来彰显美德，踏实努力致力于远大理想。

其实，卫生也是美德的一方面。有句古话说得好，"一屋不扫何以扫天下?"是啊，我们每个人自己的卫生要是做的不美，又怎么使这个学校变美呢？我们要做一个讲究卫生的同学，当你看到校园的操场上飞着各色的食品袋，校园的楼梯间躺着片片碎纸屑时，你有没有想过要让它回到他的家？古人有云：勿以善小而不为，勿以恶小而为之，同学们，我们播下一个动作，便会收获一个习惯，我们播下一个习惯，便会收获一种品格。再想想，当每个清晨，第一缕阳光照进教室，那干净的地面，整齐的桌椅，想必，你是非常愉悦的吧。当我们每个人心底都有这么一份小小爱心的时候，那么恭喜，我们离"美"又更近一步了。

我们应该树立榜样，从微不足道的小事做起，从一点一滴做起，只有这样，才能成为一名合格的臻美少年。

选文(二) 潮起学子湖 盐幼纵飞歌

学前教育学院 沈 伟

今天是一个平凡的日子，它没有承载历史的伟大，也没有昭示未来的辉煌；但今天又是一个特殊的日子，我想来给你们讲讲我们的盐幼专。

花开的日子里，我们走进盐幼专这个充满爱的地方。六月落笔的刹那间就为来到这里悄悄埋下了伏笔。七月底鼠标点击确认提交的时候就与盐幼专血脉相连。志愿的选择，让素不相识的我们相聚在盐幼专这个温暖的家。

阳光明媚的教室，我们书声琅琅；广播站清脆悦耳的铃声，我们珍惜时光；宽阔平坦的操场，我们身影矫健。在学子湖旁，一句谆谆的叮嘱，一声热情的鼓励，一个温馨的眼神，一次轻轻地抚摸，都给了我们无穷的力量。

亲爱的盐幼专，感谢您，社团活动有声有色，我们是成长的独体，个性张扬；感谢您，校园文化艺术节丰富多彩，我们是活动的主角，生命绽放；感谢您，两思一线思维课堂，我们做学习的主人，梦想起航！我庆幸，我是盐幼专学子，我们在铁军文化的滋养下苗壮成长；我庆幸，我是盐幼专学子，做具有国际视野和民族情怀的未来公民，做具有创新精神和批判意识的当代少年，做具有实践能力和决断意识的新型学子是我们努力的方向。

在校园里，不仅充满了鸟语花香，绿树成荫，而且错落有致的教学楼更是平添了一份美景。

一进校园,便可以看见我们经常出入的图文信息中心,在这里,同学们的身影比比皆是,他们在认真地翻阅着书本,以此来充实他们知识,拓展他们的思维,陶冶他们的情操。在盐幼专,还有红色文化的铁军艺苑,种满了茁壮成长的花卉,待到时机成熟,就会竞相绽放,争奇斗艳,把浓郁铁军情怀连同无限的生命力撒向大地。

当然还少不了我们学习的舞蹈房、电脑室、教学室和练琴房,简直就是应有尽有,在这么优美学院中读书,可以说是一种享受呢!

我喜欢海洋路校区里鲁艺舞台上每个人的风采,学子湖旁翩跹起舞的身影,我喜欢学海路校区里实训场上每个人为未来拼搏的汗水,教学楼旁奔走上课的风姿!

清晨,快乐的鸟儿唱着歌,伴随着我们一路走过洒满花香的小路,目送着我们走进校园,眼里全是笑意。阳光铺在写有"盐城幼儿师范高等专科学校"的石头上,又把柔和的晨光反射到我们身上,我们笑吟吟地接受了这份光芒,朝气蓬勃地迈进校园。在去教学楼的路上,我们每天都能看见学子湖,挺拔的槐树与婀娜的垂柳。当微风轻柔地托起一丝丝柳絮的时候;当太阳把它金色的光辉悄然披在一棵棵俊俏的樱花树上的时候;当美丽的花瓣在空中悠悠地飘几个圈儿,再轻轻落地的时候,我们正幸福地享受着烂漫的校园生活。

每月初的时候,我们站在操场上,静静地等待国旗冉冉升起,跟着国歌轻唱,看着国旗升起,看着我们对未来的希望。我们一起让青春飞扬。周围是那么宁静,薄薄的晨雾,如轻纱笼罩着校园,雄伟壮观的教学楼,隐没在淡淡的晨雾中,整个校园的黎明是那么温馨而美丽。

我们在学习中成长着。

我们在成长中学习着。

现在,我们微笑着在鹿鸣路上散步,撒下最快乐的时光。当我们离开校园的那一刻,再让我们回首看我们走过的路,我相信,我们有的是恋恋不舍的感情;有的是没有虚度年华的自豪;有的是对美好未来的憧憬!我相信,那难忘的校园生活一定会成为我们最美好的回忆……

这样的菁菁校园,怎能不使我们展翅高飞呢?怎能不使我们向往未来呢?

盐幼专,是你伴我走过了成长的时空,是你引我进入科学的殿堂,是你激励我奋发向上,也是你使我走向成熟。

盐幼专,一个低调的名称,默默地奉献。它的美,并不张扬。然而又如细水长流,缓缓地融化人的内心。我期盼你的明天,明天的你更加美好,更加欣欣向荣!

昨日的时光已随风飘逝,而今朝的花会开得更加鲜艳!

我爱盐幼专,爱这个给予我成长的地方。

第十一章

学会学习

第一节 大学的学习特点

一、什么是学习

学习有广义和狭义之分。广义的学习是指人和动物获取经验以适应环境的过程。狭义的学习是指学习者因经验而引起的行为、能力和心理倾向的比较持久的变化。学习分为知识的学习和技能的学习。知识的学习以获取旧有经验为主,创新思维为其派生。技能的学习以实际操作既有经验为主,手把手教是其常见的教学方式。

二、大学生的学习特点

在进入大学之后,无论是学习内容还是学习方式,都发生了很大的变化。中学阶段的学习方式显然与大学时期的不相一致,大学生的学习特点主要有以下几点:

(一)大学学习的自主性

自主性是指在学习过程中,大学生主观能动作用的增强,改变了中学时代学生对教师的依从观念,大学生学习才能完成从被动学习向主动学习的逐步转化,当然只有在教师正确指导下,这一过程才能顺利地完成。无论在学习内容、学习时间还是学习方式上,都应强调个体在学习活动中承担的角色。中、小学时期的学习,以教师组织教学为主,但大学学习是以教师为主导、学生为主体进行的。因此,大学生的学习应带有一定的创造性,即学生不仅要懂得举一反三,还要能提出自己的独到见解、能灵活应用所学的知识。

(二)大学学习的多元性

大学生学习的途径很多,课堂教学虽然仍是主要的学习途径,但已不像中学那样几乎是唯一的途径。除课堂教学以外,大学生可以通过多种渠道开展多方面的学习。例如,参加专题性讨论、社会调查、参观考察、查阅文献资料等,丰富多彩的教学和教辅活动为拓宽大学生知识面提供了良好的条件。

(三)大学学习的专业性

大学是专业教育阶段。学生首先按所选专业进行划分,所以大学生的学习是在确定基本的专业方向以后进行的,因此其学习的职业定向性比较明确,即大学生的学习是为将来走上工作岗位,适应社会需要所进行的学习活动。专业性是大学生学习与中学生学习的明显不同之处。

入学前后的一段时间内,大学生根据自己的兴趣、爱好以及特长选择专业,各专业之间在教学安排、课程设置、教学内容以及培养目标上存在较大差异。大学生一旦选定了专业，确定了主攻方向，必须对该专业知识进行深入的了解和掌握，以满足学校培养专门人才目标的需要。当然，专业性不等于单一性，不等于大学生的学习必须拘泥于某一学科或专业，那样也无法达到很好的效果。因为学科之间是有联系的，是相互渗透的。因此，大学生必须在侧重学习本专业知识的同时，广泛涉猎各学科领域，才能扩大自己的知识面，才能实现"一专多能"，更好地满足社会对人才的需求。

（四）大学学习的探索性

大学的学习具有研究和探索的性质。大学的课堂教学已从阐述既定结论，逐步转变为介绍各学派理论的争论、最新学术动态等。学生的学习和思维慢慢从死记硬背、正确再现教学内容逐渐向汇集众家之长、确立个人见解的方向转变，其中高年级学生学习活动的探索性特点更为突出。

知识的学习与能力、素质的培养同等重要。目前正在进行的高等教育改革一再强调知识技能的学习与智慧能力的培养。无知必然无能，因长期受应试教育的影响而忽视学生创造能力的培养、只重视书本知识学习的教学方式，必须摒弃。

第二节　大学的学习方法

掌握科学的学习方法，"学会学习"不仅是大学学习成功的保证，也是大学学习的重要任务。大学的学习方法因大学学习的专业性、阶段性、自主性、探索性等特点而有别于中学的学习方法。大学生必须结合自己的实际情况，寻求适合大学学习特点的学习方法，避免因学习方法不当而产生学习疲劳。

一、集中与分散学习法

集中学习法是指用较长时间进行学习活动，学习的次数相对较少。一次学习时间的长短取决于学习材料的性质及其他因素。一般来说，对于复杂难懂的材料采用集中学习法比较合适，这样可以保证学习者在一定时间内集中注意力，有利于理解并掌握那些抽象难懂的材料。但集中学习的时间不宜过长，否则容易引起疲劳，使学习效率下降。至于多长时间为宜，要视个人的体力与脑力情况而定。分散学习法与集中学习法不同，它是指将学习时间分成几个阶段，每学习一段时间就休息一会儿。实验证明，假如分散学习的时间不是太短，这种方法是比较有效的。至于每次分散学习的时间多久为好，也要视学习材料的性质以及个人的具体情况而定。

二、整体与部分学习法

整体学习法是指将学习材料从头到尾反复学习的方法。学习过程中，将材料从头至尾反复学习，以获得对材料的总体印象和了解，进而掌握一些较为具体的内容。部分学习法是指将学习材料分成几个部分或几个具体的概念，每次集中学习其中一部分或一个具体概念。对每个具体的部分或概念根据其难易程度的不同，具体安排学习的时间或次数。

整体学习法与部分学习法各有利弊。整体学习法使人比较容易把握学习材料的全貌，但不利于掌握具体的材料内容；而部分学习法则能使学习者较好地掌握每一具体部分，但却难以对材料形成一个总体印象，从而使具体学习的各部分内容不能很好地融会贯通起来。要使这两种方法更好地发挥作用，可以将两者结合起来使用。具体做法是：首先，采用整体学习法对所学材料进行大概了解，形成一个较为清晰的轮廓；其次，用部分学习法对学习材料进行"各个击破"，并重点学习那些较难或较重要的部分；最后，再采用整体学习法将已仔细学习过的材料作为一个整体重新复习一遍，让各部分的具体内容前后联系起来，从而在头脑中形成一个更为清晰、全面的印象。实践证明，两者相互结合的方法比单独采用其中一种更有效。

三、要科学用脑

（一）注意劳逸结合

根据大脑神经活动兴奋——抑制交替进行的规律，张弛有度、劳逸结合是预防心理疲劳的有效方法。保证充足的睡眠，在学习一段时间后，休息片刻，放松一下；或者在学习之余，参加一些文体活动，可以使身心都得到放松和调节。通常，脑力劳动者最好采用活动的方式缓解疲劳，即在一定的脑力耗费之后，做一些不太剧烈的活动，如散步、慢跑等。

（二）善于科学用脑

现代科学已揭示了大脑两半球的不同功能，大脑的左半球与逻辑思维有关，右半球则与形象思维有关。此外，大脑活动还有一种"优势现象"，即当大脑某一功能区的活动占优势时，可使其他功能区的活动相对处于休息状态，所以不同学科尤其是文、理科穿插进行学习可有效地预防心理疲劳。此外，进行某种脑力劳动之后，可以采用"换脑筋"的方式，翻阅一些与刚看过的内容截然不同的东西，或者看一些消遣性的书籍，听听音乐等，这些都有助于消除大脑的疲劳。

第三节　图书馆等资源利用

深厚的人文素养和学术底蕴主要是通过读书形成的，奇思妙想往往产生于读书之中。那么怎么读书？如何读书？这在很大程度上取决于大学生对图书馆的自主利用。在网上，一项对大学生"床头书"种类的调查发现：现在大学生看的书除了专业课本外，就只是外语、电脑、经济类书籍和如何面试、如何社交等方面的书。这样的图书借阅现状，无疑暴露出大学生目前阅读中存在的一些问题。好不容易摆脱了应试教育的大学生，在大学校园里几乎只有很少一部分人能够有计划、有组织地进行人文经典阅读，理工科学生的"必修"课程除了大学语文以外，基本都是专业课的理论与技能培养，经典意识的匮乏和学校教育"实用化"的倾向，使得大学生普遍对于优秀文学作品知之甚少。

在大学期间更需要的是学生的自主学习，自主学习非常重要的一个方面就是要学会利用图书馆的资源。一般在校生对图书馆的发展只有一个模糊的印象，比如纸质资源和数字资源都在不断增加，但很多学生可能根本不知道这些资源的存在。所以对于学生来讲，第一要对图书馆的资源进行充分了解，得到这些信息的时候要重视起来；第二要学会利用图书馆的资源，因为图书馆在资源的选择上还是下了一番功夫的，在配置资源的时候会充分考虑到学科的设置、学科的建设以及学科的发展,所以图书馆的资源应该说是学科资源利用过程当中的精华部分,学生应该充分利用起来。

大学生必须要注重自身阅读能力的培养,在应对考试与提高自身素质方面实现平衡。在阅读方式上,可实现纸质图书与电子资源的结合,充分利用图书馆的资源,不断充实与提高自己。

总之,随着信息时代步伐的推进,我国现在正处在传统图书馆向数字图书馆过渡的时期。当代的大学生应珍惜在校期间的机会,多多关注自己身边的图书馆,不断积累知识,储蓄自己的精神财富。

附:

盐城幼儿师范高等专科学校图书馆各室开放时间

	星期一至星期四	星期五	星期六和星期日
学生阅览室	8:00～11:30 14:00～17:30 19:00～21:00	8:00～11:30 14:00～17:00	
教师阅览室	8:00～11:30,14:00～17:30		
过刊过报室	8:00～11:30,14:00～17:30		
书　库	8:00～11:30,14:00～17:30		
市图书馆幼专分馆	8:00～11:30,14:00～17:30		
电子阅览室	8:00～11:30,14:00～17:30		

第四节　我的赛场故事

故事(一)　你给我的梦想插上翅膀
——致我亲爱的技能大赛

盐城幼专　学前教育学院　2011级　吴红霞

毕业已有小半年,突然接到主任来电,倍感荣幸!为此晚上回到家中再次打开电脑,翻看曾经参加比赛的视频,感触良多。从第一次参加技能大赛到最后一次,历经三年,奋战了三年,收获颇丰,获两次舞蹈组一等奖,一次二等奖;并代表盐城市参加江苏省技能大赛两次。没有迈进学校前从未学习过舞蹈的我没有想过我的人生因技能大赛的舞台而改变。

2011年,初中毕业我选择了读师范专业,默默无闻的我在学校学习着各项专业技能,2012年机缘巧合遇到了人生中的伯乐,参加了技能大赛舞蹈组的集训,那段时光我可以用"痛苦"来形容,没有基本功,没有比赛经验的我迷茫而又彷徨,日复一日的训练使我一度崩溃。2012年10月23日,第一次站在技能大赛的舞台上,我与舞伴十分紧张。那一年我17岁,圆满地完成任务获得一等奖,当比赛成绩公布的那一刻我喜极而泣,那一段时间的"痛苦"没有白费。这是你第一次磨炼了我,从此我爱上了舞蹈,爱上了你。我被你送上了更高的舞台——江苏省技能大赛。虽然我不是专业艺校毕业,但能见识到高水平的比赛我十分满足。又是历经了三个月的魔鬼训练,在市领导、校领导、指导老师的关怀与指导下,2013年3月31日我登上了南艺的舞台,这一刻我从未想过,犹如做梦般。从此你为我插上了梦想的翅膀。这一年我18岁。为了能与你再次相遇,无论是枯燥的基训,还是剧目的排练我都能咬牙坚持。忘记了多少次在舞蹈房里忍着疼痛撕腿,耗叉,练技巧。忘记了多少次夜里翻身也会疼醒,忘记了几个春夏秋冬,节假日我依旧在舞蹈房为你奋斗着。是你告诉了我坚持与热爱的最后结果最终将在舞台上绽放。获奖的喜讯在学校传开,这让我受宠若惊,先后参加了其他市级、校级的比赛取得了优异的成绩。可你却让我学会了荣辱不惊,感谢你我亲爱的技能大赛。

2013年12月1日再次如期相遇,我单枪匹马,经历了一年,你见证了我的成长。即便是二等奖我也很满足,但我下定决心来年一定要用最好的状态来见你,我仍旧勇往直前。2014年12月13日,我四年级了19岁,我明白这将会是最后一次与你相遇,依旧是独舞,这一次我完成了一年前的心愿,如愿获得一等奖,再次参加省技能大赛。但是与两年前相比,你不仅磨炼了我的能力,还磨炼了我的心态。2015年3月28日,我满二十岁的第二天我登上了省技能大赛的舞台,这是你送给我的最好的生日礼物。三年来,看着大屏幕上的分数,我心满意足,这是一个质的飞越。从第一次的懵懂、紧张到最后一次的驾驭、坦然。你督促我从17岁到20岁,完成一次美丽的蜕变。记得别人总问我为什么每件事你都能坚持做完做好,我总是笑笑,因为我知道没有什么比我赛前训练、舞蹈房里的日复一日更苦了,与这相比那些都不算什么。你改变了我从舞蹈的能力到对事的心态,让我从幼稚走向成熟。

2016年我毕业了,参加面试招聘舞蹈总能取得优异的成绩,我考上了本科,获得了工作。这些都离不开你对我的磨炼,如果不是你或许我还默默无闻,如果不是你或许我不懂得什么是坚持与目标,如果不是你我将不会体会到舞台的魅力,如果不是你我将不会取得今天的成绩。感谢你我亲爱的技能大赛,你为我插上梦想的翅膀!

故事(二)　大赛点亮人生　技能改变命运

盐城幼专　动漫13　陈银佳

鲜花与掌声,光荣与梦想。

一年一度的全国职业院校技能大赛,已经成为我国职业教育改革发展成果展示的平台、职业教育教学效果检验的平台和职业院校学生事业启动的平台。今年,动画片制作组共有4名同学代表我校参加2016年职业院校学生专业技能大赛动漫项目的激烈角逐。

这次的比赛比的不仅仅是我们的理论知识、动手能力和专业水平,更考验我们的团队精神,一滴水只有放进大海里才永远不会干涸,一个人只有当他把自己和集体融合在一起的时候才最有力量。一个人的力量是微弱的,只有团队结合在一起,才会爆发出无比的力量。我们的指导老师,不断为我们出赛题、搜资料,给予我们细心的指导,尽职尽责,并且尽一切可能地为我们解决各种困难。正因为老师的辛勤培养和付出,我们在这次比赛中除专业能力提升之外更收获了一份珍贵的师生之情。我们深知一天不练便会生疏,我们利用课余时间相约不断地进行软件的操作,有时直到晚上宿舍关灯才会停止,而且不断地模拟比赛环境。不会的地方,查漏补缺。在这期间大家默契不断地提升,在每一次的练习过程中,我们都会遇到各种各样的难题,在一次次解决了难题后,不仅提升了我们专业知识,而且激发了我们的斗志。虽然老师常跟我们说,不要有太大的压力,正常发挥就好,可是一想到我们是代表学校出赛,那种使命感和荣耀感油然而生。

技能大赛,赛的不只是技能,更是一次各方面能力的展现,是在大赛中学到的东西。这次比赛我们最大的收获不是最后输赢,而是在相互切磋的过程中,学习到对手的优点,发现自身的不足,从中获得新的知识和经验。这对我们以后走向社会也有很大的帮助,我们相信在以后的生活和学习中,会因为此次的大赛而变得不同。

总之,这次技能竞赛我们已经跨步,我们学习了,见识了,锻炼了,有经验了,希望通过我们不断的努力,在比赛中会有好的成绩!

第十二章

学会生活

第一节　松弛并进的大学生活

经历过紧张而高强度的高中生活,通过高考"千军万马过独木桥"的考验,首先恭喜你成为一名大学生了!跨进大学校门,并不意味着我们就是一名合格的大学生,只是表明我们是一名"有待考验的大学在校生"。大学生活的显著特点是学生必须独立自主,不论衣食住行、学习、交友、认识社会和人生,都需要更多地依靠自己的知识、能力与思考、判断、选择和行动。了解大学生活的特点,将有助于我们较快地学会在大学中生活。

一、大学生活的特点

(一)学习上的自主性

从中学到大学,教与学的内容都发生了变化,学习方法也随之而发生变化。作为大学生,既要学习科学文化基础知识,又要学好专业知识和掌握专业实践技能,同时还要了解专业发展并时刻洞察科技最新动向。需要学习的内容多、任务重、要求高。这些一方面靠老师引导,而更重要的是要克服依赖性,依靠学生自己去主动学习、思考和探索。只有这样,才能尽快地把自己培养成为一名能够独立解决实际问题的合格的专业人才。

(二)生活上的独立性

中学时不少学生吃住都在家,生活起居、衣食住行、看病就医等一切都由父母安排妥当,学生本人既不干家务,也不会花钱,生活不需要自理,当然也就不可能培养出自理能力。而在大学则是过集体生活,上述所有的事情都要自己去安排和处理,要想将学习、生活、保健都安排得很满意,就必须培养较强的独立生活能力。

(三)人际交往的广泛性

大学生源分布是五湖四海,为了一个共同的目标而走到一起成为同窗,要在一起共同渡过三到五年。由于学习、生活、工作以及各种各样的文体娱乐活动等,同学之间、各班之间、年级之间、不同院系、不同专业之间需要相互交往,有的同学还要参与一些社团活动。通过参加不同形式的活动,增加了同学之间的交往,大大拓宽了视野。各自都结识了一些新的朋友,增进了同学之间的友谊,同学之间的文化交流相互取长补短,各自也都会学到很多知识,这些对一个人的成长会产生很大影响。

(四)管理上的制度性和自律性

大学规章制度一般都比较健全,学校要通过这些规章制度来规范学生的行为。大学管理既强调严格的制度,同时在日常管理中更注重培养学生的自我管理、自我教育、自我服务和自我约束的意识和能力。大学新生要认真学习学校的各项规章制度,自觉遵守校纪校规,既不要在学习上被罚黄牌,又不要在纪律方面闯红灯。制度是用来规范人们行为的,带有一定的强制性,而作为大学生更重要的是要树立自律意识。

二、如何有意义地度过大学生活

(一)关于学习

1. 习得一技之长

如果喜欢自己的专业,建议上课好好学习并钻研自己的专业知识,除了课本上的知识外可以自学一些本专业的一些软件和知识。

2. 注重阅读

关于思想提升、视野开阔、能力提升等,一个喜欢看书善于思考的年轻人一定能获得更多资源和信息,提升自己的内涵、修养和境界,年轻人一定要多看书!

3. 掌握一门外语

可以是自己喜欢的一门外语,抑或是大众化英语,这样能帮助你以后提升职场竞争力或是在自己选择的时候能有更多的选择!

(二)关于生活

1. 坚持锻炼

大学是一个年轻人成长最宝贵的时期,在这期间不要沉迷于网络游戏、社交媒体而使身体素质下降,建议坚持锻炼,每天早上可以坚持跑跑步或是健身,提升自己的身体素质。

2. 养成良好的作息习惯

这个听起来很简单,但是养成好习惯是需要不断的坚持的,这样有助于后期的不断成长!

(三)关于个人能力提升

在大学期间除了会学习、会读书外,能力锻炼和提升也是很重要的,在大学期间可以多参加一些社团活动和社会兼职锻炼自己的能力,如沟通能力、协调能力、表达能力,尽量能找到一批能和你志同道合一起努力的人,为自己以后的成长打下基础!

(四)关于学会感恩

学着做一个感恩的人,感恩生活中每一个帮助过你的人,感恩老师感恩父母,生活一定会回馈你更多的美好!

第二节　日渐提高的生活技能

上大学后,对大学生来说最大的变化就是生活环境方面,没有了父母、长辈每日悉心的照料,许多事情需要独自处理,真正的独立生活开始了。另一方面,从单处一室的"独立王国"到数人"群居"的集体宿舍,这一生活环境和习惯的适应、磨合,对没有过住校经历的同学来说,真的是一次考验。不少大二、大三的"过来人"介绍了他们独立生活的几点经验。

一、掌管好自己的"小金库"

虽然进入大学只有几个月的时间,但大学新生的生活费却是成倍地增长。有同学以前在高中的时候每月零花钱只有几十元,上大学时家里都要给几千元的生活费(供一学期用),这对他们来说简直是一笔"巨款"。刚入高校时,同学们都没有太多"理财"的经验,有的同学在最初的时间里大手大脚,逛街、旅游、聚餐……两个月就把钱花得差不多了,以后的日子只好节衣缩食或向父母索要。

在大学里不少同学因为不会理财,日子过得"前松后紧",甚至到学期末要借债生活。因此,大学新生要树立"理财"观念。在刚入学的两三个月中,有计划地进行消费:在生活中,哪些开支是必须的,哪些开支是完全不必要的,哪些是可有可无的。钱要花在刀刃上,避免完全不必要的消费,可花可不花的尽量少花。尤其要根据父母的经济能力和自己"勤工俭学"的能力来进行日常消费,切不可盲目攀比。

"过来人"介绍,大学新生"理财"一个比较有效的方法是每个月初都制定一个切实可行的"消费计划",并且要尽量按照计划执行,多余的钱可以存入银行,以备不时之需。

二、养成良好的生活习惯

良好的生活习惯是确保顺利、成功度过大学阶段的一个重要基础。为了让大学生活过得充实,从一进大学起,就该切实重视这个问题,培养良好的生活习惯,并防止不良生活习惯的形成。

首先,按时作息,养成早睡早起的习惯。不少同学深夜两三点钟睡觉是常见之事,结果第二天上课时非常疲惫,根本无心听课,有时干脆旷课,在宿舍里补足睡眠。长期如此,不仅影响课业,还容易引起失眠,还影响同宿舍的其他同学。晚睡的同学大都会晚起,一个直接的影响是饮食不规律,很多人早晨起床较晚,来不及吃早饭便去上课,有的索性取消了早饭,有的则在课间随便吃些零食,时间一长,身体肯定受到影响。

其次,坚持体育锻炼。"文武之道,一张一弛",学习之余参加一些文体活动,不但缓解刻板紧张的生活,还可以放松心情,有助于提高学习效率。听音乐、跑步、做广播体操、踢足球等都有助于增强体质,提高对疾病的抵抗力,这是一种积极的休息。大学里有丰富的运动设施,同学们可千万不要浪费。

再次,远离不良生活方式。由于没有监督,有的同学一进大学就开始放松对自己的要求,沾染上吸烟、酗酒等不良生活行为,其实大学并不是学习的终点,而是一个新的起点,这些不良行为将成为大学生求学道路上的一大障碍。

三、利用好课余时间

大学校园与中学校园一个显著的区别就是大学的课余生活丰富多彩。除了日常的教学活动之外,还有各种各样的讲座、讨论会、学术报告、文娱活动、社团活动、公关活动等。这些活动对于大学新生来说,的确令人眼花缭乱,因此对于如何安排课余时间,大学新生常常心中没谱。

要合理地安排课余时间,首先对自己在近期内的活动要有一个理智的分析。看看自己近期内要达到哪些目标,各种活动对自己发展的意义又有多大等。然后做出最好的时间安排,并且在执行计划中不断地修正和发展。大学新生要善于利用课余时间,开展一些有益的文娱活动,如唱歌、跳舞、下棋等;尽量培养自己多种兴趣爱好,陶冶情趣,使生活充实丰富。大学时最好拥有一项或多项自己有兴趣而又擅长的爱好,不仅有利于建立自信心,还能增强社会适应能力。

第三节　学会作息有规律

古人云:日出而作,日落而息。可见良好的作息规律是自古就有的。然而,现在许多大学生熬夜现象严重,到了凌晨零时,他们的夜生活才刚开始,有时候并不是因为学业繁重,相反,在大学学业往往是比较轻松的,只是用忙来作为熬夜的借口,因此合理分配好时间也是很重要的,拥有良好的作息规律是为革命的基本做铺路。

一、充分认识到没有良好作息规律的严重性

没有良好的作息规律,会使人整天无精打采,做事的效率上不去。相信很多人都会有这样的感觉,前一天晚上没睡好,第二天则是整个人浑身乏力,睡眠对我们来说,是非常重要的,睡眠可以缓解大脑缺氧状态,让我们在疲惫的时候得到充分的休息。如果我们坚持良好的作息规律,按时起床,按时休息,体内的生理性物质到时候就会自动调节,让人轻松入睡。相反,如果一个人长期打乱睡眠规律,经常通宵熬夜,就会破坏原有的睡眠规律。等你想按正常作息时间睡眠时已经不可能了,因为习惯于夜间兴奋活动的人,身体的体内生理性物质已经适应了这种变化,想回到正常的睡眠节律需要重新调整、适应。在调整的过程中,少不了痛苦的失眠。

二、充分认识到大学生拥有良好作息规律的重要性

养成良好的作息规律是至关重要的。它是高效率的前提,大学生应该要懂得爱护身体的重要性,懂得不良作息造成的后果。合理调整好时间,坚持培养自己良好的作息规律。

其实,最好的规律就是按照学校的作息时间表来,因为学校的时间安排基本上考虑到了身体的调息规律,这样做既能不违反学校的规章制度,又可以形成良好的作息习惯,可以健康地生活。

第四节　注意饮食有健康

"民以食为天",饮食习惯关系到身体的健康。大学生是国家栋梁之材,是学习知识和培养能力的重要阶段,所以我们应该注意自己的健康问题。

一、早餐要吃好

往往有些大学生尤其是男生根本不吃早餐,有些人则吃得马虎,有些人看来重视,却又只喝牛奶,吃鸡蛋。

这些都不符合营养学的要求,吃好早餐的标准是,早餐的热量要占全天的 30%;早餐中的三大营养素也要搭配好,以淀粉类食品为主,配以一定量的脂肪和蛋白质,其比例以 5:2:1 为宜。不吃早餐,就会影响上午的课堂学习效果。

二、不要盲目节食以求体型美

这一点女大学生更应重视。女性在发育成熟后,生理上就要求有一定的皮下脂肪积存。如果用控制进食来减少皮下脂肪的积存,求得瘦体型,那将对身体产生严重的影响,比如往往造成营养缺乏,从而导致整个机体的抵抗能力低下。

三、不要贪吃零食

有些学生特别喜欢吃零食。也有的是因为晚自习睡得很晚,睡前有些饿,只好吃些零食充饥。吃零食好不好? 我们的医学家早已指出,零食吃得太多,就会造成营养素摄入的不平衡,往往是一方面营养素如蛋白质、无机盐、维生素进食偏少。此外,零食吃得太多还会影响正餐的进食量,更进一步造成营养不平衡。

四、注意某些营养素的缺乏或不足

我国膳食中比较缺乏的营养素是铁、钙、维生素 A、核黄素和维生素 C。这些营养素缺乏之后都会出现独特的症状,从而影响健康。

缺铁对于男生来说不是什么大问题,他们从目前一般膳食中摄取的铁质,基本上可以满足身体的需要。但缺铁对于女生则应该重视了。因经血的原因,加之她们又常节食,使铁的摄入量明显不足了。所以女生在饮食中要选择含铁高和铁吸收率也高的食物,如猪肝、木耳、海带等,必要时还可选择一些铁强化食物,如市售的铁酱油、宝宝福等。

维生素 A 和核黄素是我们膳食很难达到供应量要求的两种维生素,而这两种维生素与视力功能有关,由于大学生使用视力时间较长,所以必须重视这两种维生素的摄入,除猪肝、鸡蛋、牛奶富含这两种维生素外,黄绿色的蔬菜也可以。只要你每天吃 256 克以上的黄绿色蔬菜,就能使膳食中这两种维生素的摄入量明显增高,而达到营养要求。

在女大学生中,钙和蛋白质的营养也应该引起注意,解决这两种营养素的最好食物来源是牛奶和豆制品。有些学生在进食时常喜欢饮用汽水,我们建议用牛奶、豆浆和酸奶代替汽水,这样对健康更有益。

由于大学生的健康知识还不够完善,不知道什么样的饮食习惯才是健康的,也没有意识到身体健康的重要性;另一方面是由于大学生没有很好地控制自己,想吃什么就吃什么,从不考虑后果,须知"病从口入"。大学生应该增强健康知识的学习,控制自己的欲望,应该平衡膳食,多吃水果,多喝水,少吃零食。戒掉不良的饮食习惯,养成健康的饮食习惯。

第五节　参加校院(系)学生会

校学生联合会是高等、中等学校大中专学生的群众性组织。其任务是在学校共产党组织的领导和共青团组织的指导和帮助下,团结全体同学,使他们在德智体方面得到全面发展。

一、学生会基本概述

学生会是每个大中专院校不可缺少的部门,我校学生会分为校学生会和院学生会两级,它是提倡自我服务、自我管理、自我学习的学生组织,也是为学校学生和老师提供无偿服务的部门。

二、学生会的基本任务

遵循和贯彻党的教育方针,促进同学德、智、体全面发展,团结和引导同学成为热爱祖国、适应中国特色社会主义现代化建设事业要求的合格人才;发挥作为党和学校联系同学的桥梁和纽带作用,在维护国家和全国人民整体利益的同时,表达和维护同学的具体利益;倡导和组织自我服务、自我管理、自我教育和自我监督,开展健康有益、丰富多彩的课外活动和社会服务,努力为同学服务。

三、学生会的机构设置

校学生会以主席团为领导核心,包括学生会主席一人,副主席若干人。在主席团以下设数个职能部门,一般包括办公室(主席团与秘书部)、宣传部、组织部、学习部、实践部、文体部、生活部、纪检部(纪委、纪检部)、楼管部(男生内务部与女生管理部)、外联部(外宣部)、社团部、技术部等。各部门设部长一名、副部长 2 名,部门秘书 1 名,干事若干名。

四、参加学生会的意义

(一)扩展视野,提升交际能力

学生会是学校内的最大学生组织。在这里你可能会遇到在你今后人生指点一二受益终生的良师益友,也可能会遇到放弃宅宿舍,一起奋斗举办学生喜爱的各项活动的部门同仁,因此,在这里你可以认识更多的人,扩大社交圈子,拓展人脉关系,锻炼交际沟通能力。

(二)拥有展示自我的平台,锻炼组织、领导能力

作为学生组织群体的学生会,麻雀虽小,五脏俱全。学生会作为学生自我管理、自我服务和自我教育的组织,在活动策划、部门协调、成员素质引导上,都是需要学生干部花心思花精力去做好的,而且做好十分不易。一个活动从前期的筹划构思、头脑风暴、最终定型,举办时各方资源的统筹兼顾,举办现场的突发情况应变,甚至备好两套方案备用,活动结束后的反思总结、经验汲取,都体现出了学生会是一个展示自我的舞台,可以锻炼组织能力、策划能力、领导能力以及执行力。

(三)时间安排和自我管理的能力

因为加入了学生会,会有各种工作需要完成,而每一位同学同时也会有学习任务,所以如何兼顾学习和工作,对于一个学生会的成员来说是一个极大的考验。他们需要合理的安排好自己的学习和工作,需要很强的实践安排和自我管理的能力。否则就会出现抱怨因为工作而影响学习的情况。

（四）可以得到更多的资源

学生会里的成员会比一般的学生有更多评优评先的机会。而且有的奖项只颁发给"学生干部"。另外,大学里的人数比较多,而入党名额又比较少,所以入党相对比较困难,作为学生会的一名学生干部,由于在平时的工作中得到了更多的锻炼,入党的概率也比普通的同学更高一些。

第六节　妙趣横生的社团活动

一、学生社团的含义

学生社团是指学生为了实现会员的共同意愿和满足个人兴趣爱好的需求、自愿组成的、按照其章程开展活动的群众性学生组织。学生社团是我国校园文化建设的重要载体,是中国高校第二课堂的引领者。

学生社团是中国中等学校和高等学校学生在自愿基础上自发组织而成、按照章程自主开展活动的学生非营利性群众组织。这些社团可打破年级、院系以及学校的界限。团结兴趣爱好相近的同学,发挥他们在某方面的特长,开展有益于学生身心健康的活动。

二、我校现有主要社团简介

（一）行者悟道光影社简介

行者悟道光影社是由我校影视传媒爱好者于 2018 年 3 月成立的学生社团组织。社团紧紧围绕学校思政工作,以服务学生、服务学校、服务社会为宗旨,通过课程培训、素质拓展、公益服务三大途径提升社团成员的传媒技术水平和社会奉献意识。社团项目主要包括:微视频拍摄制作、综艺节目制作、剧本创作、艺术表演、播音主持、记者培训和传统礼仪七大类。社团秉承"修艺术之道　悟文化人生"的社团精神,全心全意为广大同学服务。

（二）"Special"街舞社

"Special"街舞社成立于 2016 年,现有成员五十多人。社团旨在将校园里所有热爱街舞以及街舞文化的同学聚集起来,给有基础有能力的同学提供一个继续进步发展和与外界交流的平台,也让基础不算好但热爱街舞的同学有机会对街舞文化有更深一步的了解和学习。既丰富了大学生的课余生活,又能让我们学到平时课堂和生活中学不到的文化与知识。

（三）青年志愿者社

青年志愿者社是一支由校团委领导,秉承"奉献　友爱　互助　进步"的宗旨,有力地组织校内各志愿者参加校内外志愿活动的团体。青年志愿者社成立于 2012 年,目前成员已逾百人。他们是一群热心公益的年轻人,他们用行动诠释了盐幼专人的精神——不畏艰难、无私奉献!

（四）风雅轩礼仪社

风雅轩礼仪社成立于 2011 年,是校级社团之一。随着校园文化层次的不断提升,校礼仪社团在各项活动中起到越来越重要的作用。每逢校内外有重大活动,礼仪社的同学们便成为一道青春靓丽的风景线,并受到了一致好评。

(五)星海文学社

星海文学社是我校历史最为悠久的老牌社团之一。目的在于丰富学生课外文化生活,给广大热爱文学和写作的同学提供一个展示自己文学风采的交流平台。社内根据不同分工,严格编制了不同负责部门。主要分为编辑、策划、宣传等。社团以"秀真我文学风采,造明日文学之星"为宗旨;以"明德、健行、思源、致远"的校训为文化。这里是同学们课余激扬文字,直抒胸臆的舞台!

(六)"绘彩"美术社

"绘彩"美术社成立于 2016 年,本着陶冶情操、启迪智慧、培养艺术修养和促进学生全面发展的原则,在日常美术课堂教学的基础上,利用课余时间指导对美术有兴趣的学生。社团的建立为喜爱美术的同学搭建了一个互相交流的平台,弘扬了美术文化,营造了校园艺术文化氛围,将学生的专长发挥到校园文化的建设中去,同时也给全校喜欢美术的学生提供一个交流和学习的机会。

(七)DC 舞社

DC 舞社成立于 2017 年,是由学生自愿组成的为发展共同的舞蹈兴趣爱好的学生组织。社团主要有爵士舞、中国风两大舞种。DC 舞社为学生的全面发展、展现自我才华提供了一个平台。社团成立至今一年来,在校内外各大晚会中获得了老师和同学们的高度评价与支持。

(八)私塾社

私塾社以说课的形式来讨论,并且根据自己的亲身感受大胆地说出自己的想法。说课能够最大限度地展现出教师在备课中的思维过程,能够展现出教师对大纲,教材等基本要求的理解程度,能够展现出教师对学生现代教育理论、教学方法备课、上课的理性认识。

(九)DIY 手工艺术社

DIY 手工艺术社成立于 2017 年,该社团的成立,得到了学生的积极响应。社团的特色之一就是变废为宝,社团成员利用课余时间,收集各种被大家丢弃但是有利用价值的材料。经过巧手们的加工,一件件被大家视为"废"的东西变成了令大家惊叹的宝贝,制作成各类精美的手工艺术品。手工社团的宗旨是,让学生在动手的过程中学习,在学习的过程中体会生活的乐趣。

(十)"书墨阁"书法社

"书墨阁"书法社是以学高班为主要成员的学高班社团,以继承和发扬我国优秀传统文化与书法艺术为基础,以为热爱书法艺术的幼专生发掘和培养书法才能为服务宗旨。社团通过开展各类书法培训、书法活动与书法展,加深同学们对书法、国画、篆刻等艺术形式的认识,在感受传统文化魅力的同时,熏陶高尚的艺术情操,帮助同学们提升其书法水平以及对国画、篆刻等艺术的了解。

（十一）馨光故事社

馨光故事社成立于 2017 年,旨在提高学前教育专业学生的课堂语言组织能力和整体的综合素质,加强幼师基本功训练、提高学生的语言教学技能,增强自身讲故事的感染力和表现力,促进学生在专业道路上快速成长。

（十二）子归汉服社

子归汉服社成立于 2017 年,社团积极培养社员的文化自觉,响应国家的文化自信和传统文化复兴热潮。以推广汉民族传统服饰(汉服)、传承汉民族礼仪、复兴汉民族文化、激发汉民族精神和增强民族凝聚力为宗旨,并在实践过程中提升学生的文化素养和精神内涵。

社团以活动为核心,其主要内容为:汉服节日活动、礼仪展演、古代战阵展示和汉服出行等。

（十三）SWEET DREAM 甜品社

SWEET DREAM 甜品社成立于 2017 年,是由一群对烘烤知识、专业知识及培养动手操作能力有强烈求知欲的学生组成的一个兴趣爱好型社团。旨在丰富学生们的课余生活,在亲手做甜品的过程中,了解甜品生产的具体环节,增加一些生活常识,让大家切实体验到甜品加工过程中的乐趣。

三、参加社团活动的好处

（一）增强社交能力

参加社团活动,不可避免地涉及与学校领导、老师、同学的交流与合作,在参加社团活动的同时,使你增加与其他人交流的机会,因为在中学时代,学业比较繁忙,很多的学生都局限在自己的小圈子里,缺少与人交流的经验,为人处事的方法也很不成熟的。在大学里,参加学校活动,可以打破局限,增广见闻。通俗地说,社交能力就是与人打交道的本领。

（二）培养兴趣,锻炼学习能力

一般情况下,大学的学校活动比较丰富,在大学一般的学校活动都是以社团活动为主,文学社团,音乐社团,舞蹈社团等,非常的丰富。通过参加这类的活动,不仅可以培养你的兴趣爱好,也便于在学校找到志同道合的朋友。

（三）锻炼领导能力

这一点是很重要的。在学校期间,通过参加社团活动,如果你有能力、有勇气的话,会在参加活动的时候脱颖而出,成为学生干部,这样你就在步入社会之前,具有了一些领导团队的体验,为你将来步入社会,提供了与众不同的能力。这是很好的经验!

第七节 参加志愿者活动

一、志愿服务的含义

志愿服务是指任何人志愿贡献个人的时间、精力、技能、资源,在不为任何物质报酬的情况下,为改善社会、促进社会进步而提供的非营利、无偿、非职业化援助的服务。

二、志愿者精神

联合国前秘书长安南曾指出,志愿精神的核心是服务、团结的理想和共同使这个世界变得更加美好的信念,从这个意义上说,志愿精神是联合国精神的最终体现,不仅仅是联合国精神的体现,更是人文精神的最高级表现形式。1994 年 12 月 5 日,胡锦涛同志在中国青年志愿者协会成立大会的贺词中指出,"使奉献、友爱、互助、进步的青年志愿者精神在青年一代中发扬光大"。当前,"奉献、友爱、互助、进步"的志愿者精神已广泛地为社会所接受。

三、志愿服务的范围

志愿服务的范围:扶贫济困、帮老助幼、帮残助弱、支教助学、医疗卫生、科技推广、环境保护、应急救援、治安防范、法律帮助、心理疏导、大型社会公益活动、应急救助、海外服务等。

四、大学生志愿者服务的意义

(一)满足心理需求

大学生作为特殊的青年群体,总体素质较高,有很强的责任心和使命感。大多数大学生都认为参与志愿服务是自己应尽的社会责任和义务,并希望能做一些有意义的事情来回报社会的培育,积极推动社会文明。志愿服务活动倡导的"奉献、友爱、互助、进步"的精神符合广大大学生的特点,满足了他们的心理需求,这也是许多大学生加入志愿者行列的最直接原因。

(二)丰富社会经验

大学生志愿服务活动的组织和开展大多以校外的社会需求为服务终端。积极参与各类志愿服务活动,已经成为当代大学生接触社会、积累社会经验的一条重要途径。时代在变迁,社会在发展。现在的大学生,已经不满足于校园内的故步自封、孤芳自赏,他们渴望接触社会、了解社会并在社会中实现自己的价值,使自己今后能够迅速地融入社会。

(三)提高道德评价

当代大学生主体意识普遍较强,他们内心崇尚自我激励、完善,以构建符合当今社会主流价值观的独立、健全的人格。志愿服务活动与志愿者精神符合现代的道德规范,获得了社会的积极评价。志愿服务虽然不计报酬,但收获了心灵的净化,提升了社会、集体和他人对自己的道德评价,这对大学生而言具有非常重要的意义。

(四)学习知识技能

随着志愿者行动的不断深化,志愿服务活动项目的专业化、知识化特点愈发明显。大学生开展志愿服务活动,能够充分运用所学业务知识,并在服务中巩固知识,提高分析和解决问题的能力。大学生特别注重对自己各方面能力和特长的培养,而在活动中获得专业培训,掌握实用技能,就成为大学生从事志愿者工作可期待的直接回报。

五、习近平给有关志愿者服务队回信内容

2013 年 12 月,在中国青年志愿者行动 20 周年时,习近平回信给华中农业大学"本禹志愿服务队",希望他们发挥志愿精神,"为实现中国梦作出新的更大贡献"。

回信全文如下:

"本禹志愿服务队"的同学们:

来信收悉。得知你们在徐本禹同志感召下,积极加入青年志愿者队伍,走进西部,走进社区,走进农村,用知识和爱心热情服务需要帮助的困难群众,坚持高扬理想、脚踏实地、甘于奉献,在服务他人、奉献社会中收获了成长和进步,找到了青春方向和人生目标,感到十分欣慰。值此中国青年志愿者行动实施 20 周年之际,我向你们以及全国广大青年志愿者,致以诚挚的问候和崇高的敬意!

当前,全国各族人民正在中国共产党领导下,全面贯彻党的十八大和十八届三中全会精神,满怀信心为实现中华民族伟大复兴的中国梦而奋斗。你们在信中表示,要勇敢肩负起历史赋予的责任,积极投身改革发展伟大事业,奉献社会,服务人民,说得很好。

历史和现实都告诉我们,青年一代有理想、有担当,国家就有前途,民族就有希望,实现中华民族伟大复兴就有源源不断的强大力量。希望你们弘扬奉献、友爱、互助、进步的志愿精神,坚持与祖国同行、为人民奉献,以青春梦想、用实际行动为实现中国梦作出新的更大贡献。

习近平

2013 年 12 月 5 日

第八节　学会理财　勤俭节约

新的时代,应该建立科学的消费观念。人们的消费可以分为三类——生存性消费、发展性消费、享乐性消费。每个家庭的经济情况不同,作为大学生,对如何把钱用在有利于发展上应该认真动动脑子。我们认为,不管花钱多少,都要符合三条重要的标准:一是高效益地使用金钱、财物,合理消费,用所当用;二是有利于发展——形成良好的品质素质、身体素质、心理素质和文化素质;三是杜绝奢侈浪和享乐主义。

一、财富是劳动所得,不可浪费

家里的物质财富不是从天上掉下来的,而是父母的辛勤劳动所得。父母给自己每个月的生活费,我们应不在乎钱的多少,无论钱多钱少,都是劳动所得,应该珍惜节约。

二、学会科学理财

我们和父母在一起时,可以向父母探讨花钱的一些学问,父母在这方面的经验比我们丰富多了,"当家才知柴米油盐贵"。购物怎样少花钱多办事呢?比如现在越来越多的人从淘宝、京东等网络上购物,既便宜又方便。

同时,我们可以去了解银行的存款利息,与父母商量怎样存款才能获得更多的利息。单一地把钱留在家里是不会下金蛋的,只有把余钱存到银行中去才会钱生钱的。当然,也

可以投到股市中去、或买债券等，不过后两种方式获利较多，但同时风险也大。

三、消费要有计划，有重点

可以学着记账，建一个每月生活开支统计表；把每天的"吃穿住行用"的支出项目都罗列出来，到月底再进行各项支出的汇总，会发现月支出是一个很大的数目。而且有些钱花得是必须的，而有些钱是可花可不花的，有些钱却是很冤枉的、是在浪费。比如过多地购买零食、饮料，还不利于健康。经常进行比较，会体会到"花钱如流水"，从而增强我们的理财意识。

第九节　参加社会实践、公益活动

一、学生社会实践介绍

学生社会实践是在校学生利用课余时间，步入社会进行社会接触，提高个人能力，触发创作灵感，完成课题研究，发挥自己的聪明才智以求和社会有更大的接触，对社会作出贡献的活动。用在学校学习到的理论知识进行社会实践活动是每个学生必须要上的一门课程。

学生社会实践作为高等院校实践教育的重要组成部分，目的在于弥补学校教育教学工作的不足，丰富和深化学生思想政治教育的实践内容，促进青年学生在理论和实践相结合的过程中增长才干、健康成长，从而优质成才、全面成才。

社会实践活动，有助于更新学生观念，增强学生服务意识，使其树立正确的世界观、人生观、价值观，促进学生健康成长。

学生社会实践活动的积极意义有以下几点：

第一，有利于学生了解社会，了解国情，增强社会责任感和使命感。现代学生，大多是在书本知识中成长起来的，对我国国情、民情知之甚少，而社会的复杂程度远不是读几本书，听几次讲座，看几次新闻就能了解的，社会实践活动则为他们打开了一扇窗。

第二，有利于学生正确认识自己，对自身成长产生紧迫感。通过广泛的社会实践活动，能让学生看到自己和市场需求之间的差距，看到自身知识和能力上的不足，比较客观地去重新认识、评价自我，逐渐摆正个人与社会、个人与人民群众之间的位置。

第三，有利于学生对理论知识的转化和拓展，增强运用知识解决问题的能力。在学校所学的理论知识往往难以直接应用于现实生活中，并不能代表学生的实际技能。社会实践使学生接近社会和自然，获得大量的感性认识和许多有价值的新知识，同时能够使他们所学的理论知识与接触的实际现象进行对比，把抽象的理论知识逐渐转化为认识和解决实际问题的能力。

第四，有利于增强学生适应社会、服务社会的能力。社会实践活动使学生广泛地接触社会、了解社会，不断地参与社会实践活动，在实践中不断动手、动脑、动嘴，直接和社会各阶层、各部门的人员打交道，培养和锻炼实际的工作能力，并且在工作中发现不足，及时改进和提高，使之更新知识结构，获取新的知识信息，以适应社会的需要。

第五，有利于发展学生的组织协调能力和创新意识。社会实践活动没有像课堂教学似的太多的束缚和校园生活的限制，学生们的积极性被充分调动起来，兴趣高涨，思维也空前的活跃起来，往往会产生一些创造性火花，在实践中勇于开拓、敢于创新。

第六，有利于提高学生个人素养，完善个性品质。社会实践活动现场是考验学生修养品性的好环境。在那些平凡而伟大的人民群众面前,学生养成的"娇、骄"二气会得到克服;在实践的困难和危险面前,要求学生们具有一定的牺牲精神和坚强的品质。这种实践活动多了,并且能深入下去,学生在积极参与的过程中,就会逐渐养成坚韧、顽强的优良品性,养成务实的学习态度和生活作风,不断提高自己、完善自己。

合理利用课余时间,积极投身于各类社会实践活动中,全面提高自身素质,为就业做好准备。学生社会实践是服务社群的一种方式,也是学生观察和研究社会的途径。经由这一渠道,有利于学生把专业知识应用到社会服务之中,拓展了青年学生的视野,也为社会公益事业带来了新的动力。学生社会实践活动具有自愿性、社会性、利他性、学习性以及多方联动性等多重属性,体现了青年学子接触社会、参与社会、改善社会的良好愿望。

二、我校学生参加公益活动掠影

我校举行"志愿者进社区"公益活动

我校沈慧敏同学 2017 年暑期参加"西藏那曲地区公益远征"支教项目

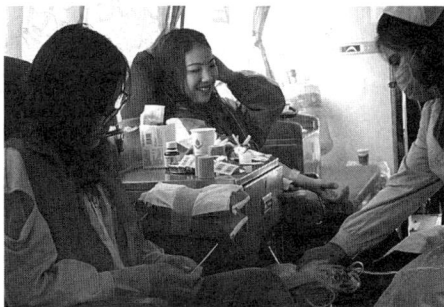

我校青年志愿者协会组织无偿献血活动

文明交通宣传

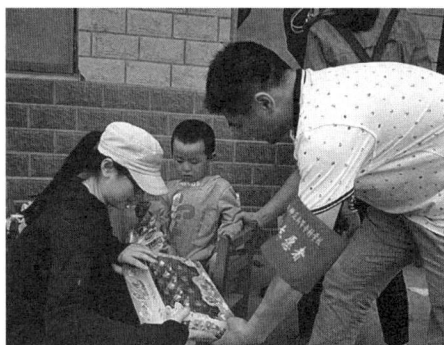

心系灾区 情系儿童——我校师生 2016 年赴阜宁灾区公益行动

第十节 我的志愿者经历

作为大学生志愿者,我时时刻刻为我是大学生志愿团中的一员而自豪。这次志愿者服务的经历也对我的人生产生了重大的影响。作为在学校里的学生、作为在社会里的个人,我们也应该学会服从、付出、充满热情。在接下来的日子里,我会继续努力,以党员的要求来要求自己,不断地完善自己,积极为人民服务。

青年志愿者活动倡导团结友爱、助人为乐、见义勇为的社会风气,是当代社会一项十分高尚的事业。它体现了中华民族助人为乐、扶贫济困的传统美德,是大有希望的事业。努力做好这项事业,有利于全社会树立奉献、友爱、互助、进步的时代新风范。这是当代大学生的行动指南,是当代青年志愿者的使命,也是我们学习"三个代表"的具体体现。

我一直想做一名志愿者,其实我参加志愿者就是希望能给社会带来多一点的爱。很多时候,我们生活在现代社会总会觉得缺少了爱,缺少了被关怀。尤其是随着人渐渐地长大,接触到更多的人与事的时候,我们的思想就越来越复杂。同时我们会对这个社会越发不满,觉得现代社会就是一个很虚伪的社会。但是其实我们每个人的心中都会有一份爱,是一种对弱势群体的一种无名的爱。我相信凭着这心中的一份爱的种子,从我做起,从我们年轻人做起,我们可以让自己、让别人看到这个社会始终还是温暖的。所以从这方面看,我觉得我们更应该让更多的年轻人加入我们当中。参加协会,我希望得到的只是一份体验。

作为一个志愿者,在助人的同时,也是自助。在使其他生命活出色彩的同时,志愿者也可以从中得到思想上的升华,学会与人沟通,学会关爱他人,也更深刻地领会到生命的意义。而且,志愿者的活动,也为我提供了一个接触社会的机会,提供了一个锻炼自己的机会。青年志愿者活动是微小的,因为它涉及的范围太有限。但它又是伟大的,因为他在有限的范围中让人们露出了笑容,让人们感受到了社会的温暖与自身的价值。同时,它也提升了现代青年的精神品质,培养了现代青年的助人为乐、团结互助的高尚品德,彰显了我们青年的时代风貌和精神风貌。让我们为这一事业来奋斗吧!

第十三章

经典链接

第一节 《中庸》节选

【概述】

《中庸》原是《小戴礼记》中的一篇。作者为孔子后裔子思,后经秦代学者修改整理。《中庸》是被宋代学者提到突出地位上来的,宋代探索中庸之道的文章不下百篇,北宋程颢、程颐极力尊崇《中庸》。南宋朱熹又作《中庸章句》,并把《中庸》和《大学》《论语》《孟子》并列称为"四书"。宋、元以后,《中庸》成为学校官定的教科书和科举考试的必读书,对古代教育产生了极大的影响。中庸就是既不善也不恶的人的本性,从人性来讲,就是人性的本原,人的根本智慧本性。实质上用现代文字表述就是"临界点",这就是难以把握的"中庸之道"。

节选一 《第十四章》

【原文】

君子素其位而行,不愿乎其外。素富贵,行乎富贵;素贫贱,行乎贫贱;素夷狄,行乎夷狄;素患难,行乎患难。君子无入而不自得焉。在上位,不陵下;在下位,不援上;正己而不求于人则无怨。上不怨天,下不尤人。故君子居易以俟命,小人行险以徼幸。子曰:"射有似乎君子。失诸正鹄,反求诸其身。"

【概义】

君子安于所处的地位去做应做的事,不生非分之想。处于富贵的地位,就做富贵人应做的事;处于贫贱的状况,就做贫贱人应做的事;处于边远地区,就做在边远地区应做的事;处于患难之中,就做在患难之中应做的事。君子无论处于什么情况下都是安然自得的。处于上位,不欺侮在下位的人;处于下位,不攀援在上位的人;端正自己而不苛求别人,这样就不会有什么抱怨了。上不抱怨天,下不抱怨人。所以,君子安居现状来等待天命,小人却铤而走险妄图获得非分的东西。孔子说:"君子立身处世就像射箭一样,射不中,不要怪靶子不正,要怪就怪自己箭术不行。"

【启示】

"素位而行"近于《大学》里面所说的"知其所止",换句话说,叫做安守本分,也就是人们常说的——安分守己。这种安分守己是对现状的积极适应、处置,是什么角色,就做好什么事,如著名漫画家蔡志忠先生所说:"自己是什么就做什么;是西瓜就做西瓜,是冬瓜就做冬瓜,是苹果就做苹果;冬瓜不必羡慕西瓜,西瓜也不必嫉妒苹果……"然后才能游刃有余,进一步积累、创造自己的价值,取得水到渠成的成功。

事实上,任何成功的追求、进取都是在对现状恰如其分的适应和处置后取得的。一个不能适应现状,在现实面前手足无措的人是很难取得成功的。大学生应该认清自己的身份,管好自己的身心,做符合学生身份的事,不怨天尤人,做到"行有不得反求诸己",努力提高自身的修养,大学生活才能恰然自得。

节选二　《第二十章》节选

【原文】

故君子,不可以不修身。思修身,不可以不事亲。思事亲,不可以不知人。思知人,不可以不知天。天下之达道五,所以行之者三,曰:君臣也、父子也、夫妇也、昆弟也、朋友之交也。五者,天下之达道也。知、仁、勇三者,天下之达德也。所以行之者一也。或生而知之;或学而知之;或困而知之:及其知之,一也。或安而行之;或利而行之;或勉强而行之:及其成功,一也。子曰:"好学近乎知。力行近乎仁。知耻近乎勇。"知斯三者,则知所以修身。知所以修身,则知所以治人。知所以治人,则知所以治天下国家矣。

......

博学之,审问之,慎思之,明辨之,笃行之。有弗学,学之弗能,弗措也。有弗问,问之弗知,弗措也。有弗思,思之弗得,弗措也。有弗辨,辨之弗明,弗措也。有弗行,行之弗笃,弗措也。人一能之,己百之。人十能之,己千之。

果能此道矣,虽愚必明,虽柔必强。

【概义】

所以,君子不能不修养自己。要修养自己,不能不侍奉亲族。要侍奉亲族,不能不了解他人。要了解他人,不能不知道天理。天下人共有的伦常关系有五项,用来处理这五项伦常关系的德行有三种。君臣、父子、夫妇、兄弟、朋友之间的交往,这五项是天下人共有的伦常关系。智、仁、勇,这三种是用来处理这五项伦常关系的德行。至于这三种德行的实施,道理都是一样的。有的人生来就知道它们。有的人通过学习才知道它们。有的人要遇到困难后才知道它们:但只要他们最终都知道了,也就是一样的了。又比如说,有的人自觉自愿地去实行它们。有的人为了某种好处才去实行它们。有的人勉勉强强地去实行它们:但只要他们最终都实行起来了,也就是一样的了。孔子说:"喜欢学习就接近了智。努力实行就接近了仁。知道羞耻就接近了勇。"知道这三点,就知道怎样修养自己。知道怎样修养自己,就知道怎样管理他人。知道怎样管理他人,就知道怎样治理天下和国家了。

......

广泛学习,详细询问,周密思考,明确辨别,切实实行。要么不学,学了没有学会绝不罢休;要么不问,问了没有懂得绝不罢休;要么不想,想了没有想通绝不罢休;要么不分辨,分辨了没有明确绝不罢休;要么不实行,实行了没有成效绝不罢休。别人用一分努力就能做到的,我用一百分的努力去做;别人用十分的努力做到的,我用一千分的努力去做。

如果真能够做到这样,虽然愚笨也一定可以聪明起来,虽然柔弱也一定可以刚强起来。

【启示】

在新时代和新形势下,党和国家将高校思想政治工作摆在了非常重要的位置。党的十九大指出,"要全面贯彻党的教育方针,落实立德树人根本任务,发展素质教育,推进教育公平,培养德智体美全面发展的社会主义建设者和接班人",习近平总书记也多次在讲话中强调"高校立身之本在于立德树人"。大学生若要"立德"必须"修身"。其中,"三德""五伦"是根本。试想：一个人若是连自己的父母都不尊重、对自己的兄弟姐妹都不友爱、对朋友都没有诚信，又何谈立德树人？

学习没有捷径可走，每位大学生都应该加强自身修养，确立学习目标，找到适合自己的学习方法，广泛学习、深入思考、勤奋刻苦，不懂就问，明辨事理，学以致用，定能在美丽的大学时代学有所成。这些都对以后走上工作岗位、走上社会非常有用。

第二节 《礼记·学记》节选

【概述】

《礼记·学记》是《礼记》中的一篇，由西汉戴圣编纂。汉代的郑玄对《礼记·学记》的解释是："《学记》者，以其记人学教之义。"

节选一

【原文】

君子既知教之所由兴，又知教之所由废，然后可以为人师也。故君子之教，喻也。道而弗牵，强而弗抑，开而弗达。道而弗牵则和，强而弗抑则易，开而弗达则思。和易以思，可谓善喻矣。

学者有四失，教者必知之。人之学也，或失则多，或失则寡，或失则易，或失则止。此四者，心之莫同也。知其心，然后能救其失也。教也者，长善而救其失者也。

【概义】

立志从事教育的人如果既懂得了教育成功的经验，又懂得了教育失败的原因，然后就可以胜任教师的工作了。所以教师的教学就是让学生明白道理。引导而不威逼，劝勉使学生增强意志力而不严加管教，适当启发而不将结论和盘托出。引导而不威逼则师生关系融洽，劝勉而不严加管教则学生会感到学习是件轻松愉快的事，适当启发而不将结论和盘托出则学生会用心思考。如果能做到师生关系融洽、学生学得轻松愉快并且能够用心思考，这样的教师就可以称得上一个善于教书育人的教师了。

学生在学习上经常有四种过失，教师一定要清楚地知道。这四种过失是：或者失于贪多而不求甚解；或者失于不求进取，知识面狭窄；或者失于把学习看得太容易，一遇到问题就问师长，从来不深入思考，结果就像没有学过一样无知；或者失于遇到问题从来不问师长，只是停下来独自冥思苦想，而最终仍然迷惑不解。产生这四种过失的根源，在于学生的心理特点各不相同。懂得了学生的心理特点，然后才能补救学生的过失。教学，就是发扬学生的优点，补救学生的过失。

【启示】

教师是一份职业，更是一项事业，是一种专业。除了父母至亲与朋友，我们大多数人更多的教导是来自老师。作为一名幼专生，可能大部分同学将来会走上教师的工作岗位，因而，认知教师、了解教育、理解学生，意义非凡。作为一名教师，如果能善于引导学生积极上进，激发学生学习兴趣，帮助学生解除迷惑，顺利成长，善莫大焉。俗话说，师者父母心，作为一名学生，如果能把老师当朋友一样去交流，当亲人一样去信赖，一定能比较顺利地解决大学里遇到的挫折困惑，健康成长。

节选二

【原文】

善歌者使人继其声,善教者使人继其志。其言也,约而达,微而臧,罕譬而喻,可谓继志矣。

君子知至学之难易,而知其美恶,然后能博喻。能博喻然后能为师,能为师然后能为长,能为长然后能为君。故师也者,所以学为君也。是故择师不可不慎也。记曰:"三王四代唯其师。"此之谓乎!

【概义】

擅长唱歌的人,能使人情不自禁地跟着他唱;擅长教学的人,能使人不由自主地继承他的志向(如今人继承周、孔志向)。如果一个教师的语言简洁而透彻,含蓄而妥帖,很少用比喻而且容易明白,这样的教师可算是善于让人继承他的志向了。

教师知道了学生学有所成在什么情况下最困难,在什么情况下最容易,而且知道怎样讲解效果好,怎样讲解效果差,知道了这四点,然后就能够触类旁通全面明白教育教学的方法了。能全面明白教育教学的方法,然后就能够成为一名优秀的教师,能做一名优秀的教师,然后就能够做好官长,能做好官长然后就能做好一国之君。所以从师学道,就是要通过学习使自己具有君德。正是这个缘故,选择老师不可不谨慎。《礼记》中说:"三王四代没有一个选择老师不谨慎的。"这就是它所要表达的意思呀!

【启示】

作为一名将来的教师,如果在大学期间就尽可能做好将来从教的准备,将来走向工作时岗位就不会束手无策,无所适从。一名优秀的教师,一定是了解学生心理,善于调动学生学习的积极性和兴趣的,也一定是能运用各种灵活的教学方法,达到最高效的学习效果的。教育是一门科学,一个人,如果能做好一名教师,那么将来就有可能成长为一名优秀的管理者。因而,同学们不要小瞧教师这个职业,它是科学,也是艺术,同学们一定要在大学时代就要勤奋虚心向老师们学习,为将来的从教工作做好准备。

第三节 《了凡四训》节选

【概述】

《了凡四训》是一本种德立命、修身治世类教育书籍。作者为明代袁黄,字坤仪,后改名了凡,作于六十九岁,全文分四个部分。作者以自己的亲身经历,讲述了改变命运的过程。原本为教训自己的儿子,故取名《训子文》;后为启迪世人,遂改今名。了凡先生以自己改造命运的经验来"现身说法",读了可以使人心目豁开,信心勇气倍增。

节选一 《立命之学》

【原文】

务要日日知非,日日改过;一日不知非,即一日安于自是;一日无过可改,即一日无步可进;天下聪明俊秀不少,所以德不加修,业不加广者,只为因循二字,耽阁一生。

【概义】

一个人必须要每天知道自己有过失,才能天天改过;若是一天不知道自己的过失,就一天安安逸逸地算自己无过失；如果每天都无过可改，就是每天都没有进步；天底下聪明俊秀的人实在不少，然而他们道德上不肯用功去修，事业不能用功去做，就只为了因循两个字，得过且过，不想前进，所以才耽搁了他们的一生。

【启示】

孔子的得意门生曾参曾说："吾日三省吾身——为人谋而不忠乎？与朋友交而不信乎？传不习乎？"人一定要善于反省。在这个世界上，聪明人不少，但善于每天反省自己的人不多，所以，很多人尽管聪明，但却一事无成。作为一名新时代的大学生，我们每天睡觉之前都要想一想自己一天学到了什么知识，有没有说错话，做错事，如果有，就要勇于改过，每天改变一点点，我们才能真正成长，就会朝着"君子"前进一大步，万不可得过且过，因循之前的做法，否则我们就会止步不前。

节选二 《改过之法》

【原文】

但改过者，第一，要发耻心。思古之圣贤，与我同为丈夫，彼何以百世可师？我何以一身瓦裂？耽染尘情，私行不义，谓人不知，傲然无愧，将日沦于禽兽而不自知矣；世之可羞可耻者，莫大乎此。孟子曰：耻之于人大矣。以其得之则圣贤，失之则禽兽耳。此改过之要机也。

第二，要发畏心。天地在上，鬼神难欺，吾虽过在隐微，而天地鬼神，实鉴临之，重则降之百殃，轻则损其现福，吾何可以不惧？

……

第三，须发勇心。人不改过，多是因循退缩；吾须奋然振作，不用迟疑，不烦等待。小者如芒刺在肉，速与抉剔；大者如毒蛇啮指，速与斩除，无丝毫凝滞，此风雷之所以为益也。

具是三心，则有过斯改，如春冰遇日，何患不消乎？然人之过，有从事上改者，有从理上改者，有从心上改者；工夫不同，效验亦异。

【概义】

改过的方法，第一要发"羞耻心"。想想古时候的圣贤，和我一样，都是男子汉、大丈夫，为什么他们可以流芳百世，大家还要以他们作为师表榜样？而我为什么这一生就搞得身败名裂呢？这都是因为自己过分贪图享乐，受到种种坏环境的污染，偷偷做出种种不应该做的事，自己还以为旁人不知道，目无国法，毫无惭愧之心，就这样天天地沉沦下去，同禽兽一样了，自己却还不知道。世界上，令人可羞可耻的事情，没有比这个更大的了。孟子说：一个人最大的、最要紧的事情就是这个耻字。为什么呢？因为晓得这个耻字，就会把自己的过失尽量改掉，就可以成为圣贤，若不晓得这个耻字，就会放肆乱来失掉人格，便和禽兽相同了。这些话都是改过的真正秘诀。

改过的第二个方法，是要发戒慎恐惧的心。要知道天地鬼神，都在我们的头上。我们的过错虽然微小隐蔽，但对天地鬼神来说，实在是明察秋毫，严重的就降下各种灾祸，较轻的就折损现有的福报，我怎么可以不害怕呢？

……

第三，一定要发一直向前的勇猛心。一个人之所以有了过失还不肯改，都是因为得过且过，不能振作奋发和堕落退后的缘故；要知道若是要改过，一定要起劲用力，当下就改，绝对不能够拖延疑惑，也不可以今天等明天，明天等后天，一直拖下去。小的过失，像尖刺戳在肉里，要赶紧挑掉拔掉；大的过失，像毒蛇咬到手指头一样的厉害，要赶紧切掉手指头，不可有丝毫的犹疑延迟的念头，否则蛇毒在身中散开，人就会死。就像易经中的益卦所讲，风起雷动，万物都生长起来，利益是这样的大。这是比喻人若能够改过迁善，其利益是最大的。

　　一个人改过，如果能具备以上所说的羞耻心、敬畏心和勇猛心这三种心，那么就能有过立刻改了，就像春天的薄冰，碰到太阳光一样，还怕不融化吗？但要改过，有三种方法，一种是从事实上改，一种是从道理上改，一种是从心念上改；方法不同，效果也会有所不同。

【启示】

　　人非圣贤，孰能无过？大学生也不例外。过而能改，善莫大焉。改过要具备羞耻心、敬畏心、勇猛心。要以有错为耻，要敬畏天地、敬畏法律制度，要勇敢不延误。从事上改，比较痛苦，不好坚持；从道理上改，明理缺不易做到；我们每个人一定要从心里真正改错，这才是彻底的改过。可能有的同学说，我也知道不该懒惰、不该沉迷手机、迷恋游戏、电视剧，应该好好学习，可是我就是控制不了自己，怎么办？其实，所谓的无法自控，都是借口。希望每个人都能有自我控制的能力，抵制住形形色色的诱惑，始终选择一条光明灿烂健康正能量的大学之路，成人成才。

护梦篇

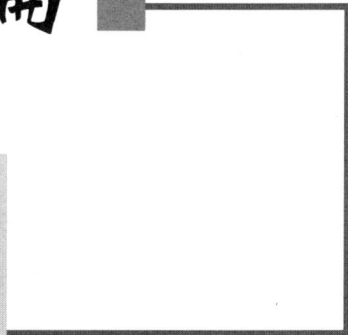

第十四章

关注安全

学校安全工作,是全社会安全的重要组成部分,是学校所有工作的有力保障,是构建和谐稳定校园的基本条件。它直接关系到学生能否安全、健康地成长,关系到学生家庭的幸福和社会的稳定。加强校园安全教育,提高学生的安全意识和自我保护防范能力,对确保学生安全、顺利完成学业,维护校园稳定,有着举足轻重的作用。

第一节　交通安全知识

衣、食、住、行,是人们生活中最基本的内容,其中的"行",要涉及交通问题。同学们平日里上学、放学,节假日外出、旅游,除了步行以外,还要骑自行车、乘公共汽车,路程更远的要乘火车、乘船。所以,交通安全问题是我们必须重视的,要从小树立交通安全意识,掌握必要的交通安全知识,确保交通安全。

一、行走时怎样注意交通安全?

同学们上学和放学的时候,正是一天中道路交通最拥挤的时候,人多车辆多,必须十分注意交通安全。

(一)在道路上行走,要走人行道;没有人行道的道路,要靠路边行走。

(二)集体外出时,最好有组织、有秩序地列队行走;结伴外出时,不要相互追逐、打闹、嬉戏;行走时要专心,注意周围情况,不要东张西望、边走边看书报或做其他事情。

(三)在没有交通警察指挥的路段,要学会避让机动车辆,不与机动车辆争道强行。

(四)在雾、雨、雪天,最好穿着色鲜艳的衣服,以便于机动车司机发现目标,提前采取安全措施。

二、怎样避免坠入下水管道竖井的危险?

街道上设置有许多下水管道竖井(还有用于安装、检修煤气、通信、供水管线的竖井),在这些竖井的井盖损坏、丢失的情况下,常会发生行人坠入竖井的事故,造成人身伤亡。怎样才能避免这种危险呢?

(一)在街道上行走,应精力集中,随时观察路面情况,夜晚路黑或路灯光线不足时更要加倍小心。

(二)下雨天道路积水会漫过井口,所以行路时要格外注意,避免意外伤害。

(三)发现井盖损坏、丢失,存在潜在危险的情况,可以报告巡逻警察或有关管理人员,以及时排除危险。

三、横穿马路应该注意什么？

横穿马路,可能遇到的危险因素会大大增加,应特别注意安全。

（一）穿越马路,要听从交通警察的指挥,要遵守交通规则,做到"绿灯行,红灯停"。

（二）穿越马路,要走人行横道线。在有过街天桥和过街地道的路段,应自觉走过街天桥或地下通道。

（三）穿越马路时,要走直线,不可迂回穿行,在没有人行横道的路段,应先看左边,再看右边,在确认没有机动车通过时才可以穿越马路。

（四）不要翻越道路中央的安全护栏和隔离墩。

（五）不要突然横穿马路,特别是马路对面有熟人、朋友呼唤,或者自己要乘坐的公共汽车已经进站,千万不能贸然行事,以免发生意外。

四、骑车时要注意哪些安全事项？

无论是骑自行车,还是骑电瓶车外出,比起走路来不安全的因素增加了,需要注意的安全事项如下：

（一）要经常检修自行车、电瓶车,保持车况完好。

（二）自行车、电瓶车的车型大小要合适自己。

（三）骑车在非机动车道上靠右边行驶,不逆行。转弯时不抢行猛拐,要提前减慢速度,看清四周情况,以明确的手势示意后再转弯。

（四）经过交叉路口,要减速慢行、注意来往的行人、车辆,不闯红灯。

（五）校园内不骑快车,不骑车带人。

五、在雨雪天气里骑车,应该注意什么？

（一）骑车途中遇雨,不要为了免遭雨淋而埋头猛骑。

（二）雨天骑车,最好穿雨衣、雨披,不要一手持伞,一手扶把手骑车。

（三）雪天骑车,自行车轮胎不要充气太足,这样可以增加与地面摩擦,不易滑倒。

（四）雪天骑车,应与前面的车辆、行人保持较大的距离。

（五）雪天骑车,要选择无冰冻、雪层浅的平坦路面,不要猛捏车闸,不急拐弯,拐弯的角度也应尽量大些。

（六）雨雪天气,道路泥泞湿滑,骑车时要精力更加集中,随时准备应付突发情况,骑行的速度要比正常天气时慢些才好。

六、乘坐机动车应该注意什么？

（一）乘车时,要排队候车,按先后顺序上车,不要拥挤。上下车均应等车停稳以后,先下后上,不要争抢。

（二）不要把汽油、爆竹等易燃易爆的危险品带入车内。

（三）乘坐时不要把头、手、胳膊伸出窗外,以免被对面来车或路边树木等刮伤;也不要向车窗外乱扔杂物,以免伤及他人。

（四）乘车时要坐稳扶好，没有座位时，要双脚自然分开，侧向站立，手应握紧扶手，以免紧急刹车时摔倒受伤。

（五）乘坐小轿车、微型客车时，在前排乘坐时应系好安全带。

（六）不要在机动车道上招呼出租汽车。

七、乘坐火车(地铁)时怎样保证安全？

长途旅行需要乘坐火车，乘坐火车时应注意下列几点：

（一）按照车次的规定时间进站候车，以免误车。

（二）在站台上候车，要站在站台一侧安全线以内，以免被列车卷下站台，发生危险。

（三）列车行进中，不要把头、手、胳膊伸出车窗外，以免被沿线的信号设备等刮伤。

（四）不要在车门和车厢连接处逗留。那里容易发生夹伤、扭伤、卡伤等事故。

（五）不带易燃易爆的危险品(如汽油、鞭炮等)上车。

（六）不向车窗外扔废弃物，以免砸伤路边行人和铁路工人，同时也避免造成环境污染。

（七）乘坐卧铺列车，睡上、中铺要挂好安全带，防止掉下摔伤。

（八）保管好自己的行李物品，注意防范盗窃分子。

八、乘船时要注意哪些安全事项？

我国水域辽阔，人们外出旅行，会有很多的机会乘船，船在水中航行，本身就存在遇到风浪等危险，所以乘船旅行的安全十分重要。

（一）为了保证航运安全，凡符合安全要求的船只，有关管理部门都发有安全合格证书。外出旅行，不要乘坐无证船只。

（二）不乘坐超载的船只，这样的船安全没有保证。

（三）上下船要排队按次序进行，不得拥挤、争抢，以免造成挤伤、落水等事故。

（四）天气恶劣时，如遇大风、大浪、浓雾等，应尽量避免乘船。

（五）不在船头、甲板等地打闹、追逐，以防落水。不拥挤在船的一侧，以防船体倾斜，发生事故。

（六）船上的许多设备都与保证安全有关，不要乱动，以免影响正常航行。

（七）夜间航行，不要用手电筒向水面、岸边乱照，以免引起误会或使驾驶员产生错觉而发生危险。

（八）一旦发生意外，要保持镇静，听从有关人员指挥。

九、发生交通事故的处理办法

大学生如果发生交通事故或者发现交通事故，要拨打122或者110报警。大学生交通事故的处理主要有以下几种办法：

（一）发生交通事故要及时报案。发生交通事故后，大学生要及时报案，这样做不仅有利于事故的公正处理，而且可以避免与肇事者私了时造成的不必要伤害。如果是在校外发生交通事故除了及时向相关部门报案外，还应该及时与学校取得联系，由学校出面处理有关事宜。

（二）事故发生后要保护好现场。相关部门对事故现场的勘查结论是划分事故责任的重要依据之一，如果事故现场没有被保护好，这不仅会给交通事故的处理带来困难，而且会导致大学生在交通事故处理中不能依法维护自己的合法权益，同时也给了肇事人逃脱处罚的机会。切记，发生交通事故后要保护好事故现场，防止肇事人故意破坏。

（三）事故发生后要控制住肇事者。如果肇事者想逃脱，一定要设法加以制止，自己不能制止的可以发动周围的人帮忙，如果实在无法制止，就必须记住肇事车辆的车辆特征和车牌号码，以及肇事者的个人特征。

（四）及时救助伤员。交通事故发生过程中有人员伤亡的要及时拨打120进行救助，救助的同时要保护好现场，防止因救助而破坏了原始现场，为抢救伤者，必须移动现场肇事车辆、伤者等，应在其原始位置做好标记。这时要特别注意现场伤情的处置，防止造成其他损伤。

（五）依法解决交通事故损害赔偿。交通事故发生时，当事人不能自行协商处理，要依据法律进行处理，报警之后，要协助交通警察收集各种现场证据，做好交通事故认定书。当事人收到交通事故认定书后，对交通事故损害赔偿如有争议，可请求公安交通管理部门协商调解，也可直接向人民法院提起民事诉讼。

第二节　消防安全知识

消防安全十分重要，消防工作包括两个方面：一是火灾的预防；二是灭火。对此，同学们都应该有所了解，并掌握一些基本知识。

一、预防火灾应该注意什么？

预防火灾的措施很多，同学们首先要从日常生活的小事做起：

（一）不玩火。玩火时，一旦火势蔓延或者留下未熄灭的火种，容易引发火灾。

（二）不吸烟。吸烟危害身体健康，又容易诱发火灾，要遵守学生守则和学校的规章制度，坚决杜绝吸烟。

（三）爱护消防设施。为了预防火灾，防止火灾事故，公共场所都设置了消防栓、灭火器、消防沙箱等消防设施，还留有火灾发生时供人员疏散的安全通道，要自觉爱护消防设施，保证安全通道的畅通。

二、在学校如何注意防火？

（一）禁止在宿舍使用液化炉、酒精炉等灶具。

（二）不在楼道堆放杂物，不焚烧垃圾。

（三）不在宿舍存放易燃易爆物品。

（四）不使用蜡烛等明火照明用具。如果需要小范围的照明可以选择使用台灯，但禁止使用充电台灯。因为普通的台灯关灯即关闭了电源，就是完全断电了。而充电台灯要充电使用，而充电就很可能引起过热而引发火灾。这是安全隐患。同学们一定会问，手机也要充电啊，怎么不禁止？相对来说，手机充电的电流很小，一般不会出现过热现象。而台灯充电用电量大，就存在安全隐患。

（五）不在教室、宿舍以及公共场所吸烟，不乱丢烟头、火种。在学校中不要随意地丢弃烟头等火种，预防火灾的发生。《公共场所控制吸烟条例》明确规定所有室内公共场所一律禁止吸烟。此外，体育、健身场馆的室外观众座席、赛场区域，公共交通工具的室外等候区域等也全面禁止吸烟。

（六）不使用电吹风、热得快等大功率电器。大功率电器是引发安全隐患的主要问题之一，此前很多大功率电器引发的火灾等灾害无时无刻不在警示着我们。

（七）注意用电安全，不违章用电，不乱拉电线、使用禁用电器，用电安全对于学生来说是最应该注意的，用电不仅可以间接地威胁学生生命，同时还会间接地引发火灾等非自然灾害，若发现用电隐患，每个同学都有责任向学校报告。

三、发生火灾时应如何报警？

如果发现火灾发生，最重要的是报警，这样才能及时扑救，控制火势，减轻火灾造成的损失。

（一）火警电话的号码是119。这个号码应当牢记，在全国任何地区，向公安消防部门报告火警的电话号码都是一样的。

（二）报警时，要向消防部门讲清着火的单位或地点，还要讲清是什么物品着火，火势怎样。

（三）报警以后，最好安排人员到附近的路口等候消防车，指引通往火场的道路。

（四）大声呼喊或采取其他方法引起他人注意，协助灭火或报警。

四、遭遇火灾时如何正确脱险？

遭遇火灾，应采取正确有效的方法自救逃生，减少人身伤亡损失：

（一）一旦身受火灾危险，千万不要惊慌失措，要冷静地确定自己所处位置，根据周围的烟、火光、温度等分析判断火势，不要盲目采取行动。

（二）发现火情不要盲目打开门窗，否则有可能引火入室。

（三）不要盲目乱跑，更不要跳楼逃生。紧闭门窗，隔断火路，等待救援。有条件的，可以不断向门窗上浇水降温，以延缓火势蔓延。

（四）逃生不可使用电梯，应通过防火通道走楼梯脱险，因为失火后电梯竖井往往成为烟火的通道。并且电梯随时可能发生故障。

（五）因火势太猛，必须从楼房内逃生的，可以从二层处跳下，但要选择不坚硬的地面，同时应从楼上先扔下被褥等增加地面的缓冲，然后再顺窗滑下，要尽量缩小下落高度，做到双脚先落地。

（六）在有把握的情况下，可以将绳索（也可用床单等撕开连接起来）以头系在窗框上，然后顺绳索滑落到地面。

（七）逃生时，尽量采取保护措施，如用湿毛巾捂住口鼻、用湿衣服包裹身体。

（八）如身上衣物着火，可以迅速脱掉衣物，或者就地滚动，以身体压灭火焰，将身上的火熄灭，总之要尽量减少身体烧伤面积，减轻烧伤程度。

（九）火灾发生时，常会产生对人体有毒有害的气体，所以要预防烟毒，应尽量选择上风处停留或以湿的毛巾或口罩保护口、鼻及眼睛，避免有毒有害烟气侵害。

五、在紧急疏散时如果出现拥挤踩踏的情况怎么办？

（一）应及时联系外援，寻求帮助。例如，拨打 110、119、120 等。

（二）如果在行进中，发现慌乱的人群朝自己的方向拥过来，应快速躲避到一旁，或者蹲在附近的墙角下，等人群过去后，再离开。

（三）如果身不由己被人群拥着前进，要用一只手紧握另一手腕，双肘撑开，平放于胸前，要微微向前弯腰，形成一定的空间，保证呼吸顺畅，以免拥挤时造成窒息晕倒。同时护好双脚，以免脚趾被踩伤。

（四）如果自己被人推倒在地上，这时一定不要惊慌，应设法让身体靠近墙根或其他支撑物，把身子蜷缩成球状，双手紧扣置于颈后，虽然手臂、背部和双腿会受伤，却保护了身体的重要部位和器官。

第三节 运动安全知识

国家提倡每天阳光体育一小时，运动是促进身体健康的有力法宝。运动中需要注意哪些安全呢？

一、体育运动项目安全注意事项

体育运动是锻炼身体、增强体质的重要课程。安全上要注意的事项也因训练的内容、使用的器械不同而有所区别。

（一）短跑等项目要按照规定的跑道进行，不能串跑。这不仅仅是竞赛的要求，也是安全的保障。特别是快到终点时，更要遵守规则，因为这时人身体的冲力很大，精力又集中在竞技中，思想上毫无戒备，一旦相互绊倒，就可能导致受伤。

接力跑及迎面接力跑时，要注意传接力棒的方式，避免伤害；迎面接力时，跑动学生要相互错开位置，避免冲撞；其余学生不得站在运动学生的跑动路线上，注意自我保护。

（二）跳远时，必须严格按老师的指导助跑、起跳。起跳前前脚要踏中木制的起跳板，起跳后要落入沙坑之中。这不仅是跳远训练的技术要领，也是安全保护的必要措施。

（三）在进行投掷训练时，如投掷实心球、铅球、铁饼、标枪等，一定要按老师的口令进行，令行禁止，不能有丝毫的马虎。这些体育器材有的坚硬沉重，有的前端装有尖利的金属头，如果擅自行事，就有可能击中他人或者是自己被击中，造成受伤，甚至发生生命危险。未掌握好技术的学生，不得擅自练习。非练习学生要站在安全区域。

（四）在进行单、双杠和跳高训练时，器械下面必须准备厚度符合要求的垫子，如果直接跳到坚硬的地面上，会伤及腿部关节或后脑。做单、双杠动作时，要采取各种有效的方法，使双手握杠时不打滑，避免从杠上摔下来，使身体受伤。

（五）在做跳马、跳箱等跨跃式训练时，器械前要有跳板，器械后要有保护垫，同时要有老师和同学在器械旁站立保护。

（六）前后滚翻、俯卧撑、仰卧起坐等垫上运动的项目，要注意保护头部。做动作时要严肃认真，不能打闹，以免发生伤害。要认真学习保护与帮助方法，在老师指导下使用。

（七）参加篮球、足球等项目的活动时，要学会保护自己，不要在争抢中蛮干而伤及他人。在这些争抢激烈的运动中，自觉遵守竞赛规则对于安全是很重要的。

二、运动会安全注意事项

运动会的竞赛项目多、持续时间长、运动强度大、参加人数多，安全问题十分重要。

（一）报名参加比赛，应征得家长的同意认可，确保身体状况能适应比赛项目。

（二）要遵守赛场纪律，服从调度指挥，这是确保安全的基本要求。

（三）没有比赛项目的同学不要在赛场中穿行、玩耍，要在指定的地点观看比赛，以免被投掷的铅球、标枪等击伤，也避免与参加比赛的同学相撞。

（四）穿着运动服装参加比赛，赛前充分做好准备活动，以使身体适应比赛。未掌握的运动项目，不要盲目参加比赛。

（五）在临赛的等待时间里，要注意身体保暖，春秋季节应当在轻便的运动服外再穿上防寒外衣。

（六）在临赛前不可吃得过饱或者过多饮水。临赛前半小时内，可以吃些巧克力，以增强热量。

（七）比赛结束后，不要立即停下来休息，要坚持做好放松活动，例如慢跑等，使心脏逐渐恢复平静。

（八）剧烈运动以后，不要马上大量饮水、吃冷饮，也不要立即洗冷水澡。

第四节　人身安全知识

人身安全是健康生活的保障，是度过校园生活的基本前提条件。人身安全是1，其他的都是0，没有了1的存在，0再多也没有用。这里主要说说校园纠纷导致的人身安全问题。

一、大学生纠纷与打架斗殴

大学生纠纷与打架斗殴是校园普遍存在的现象之一，大多纠纷与打架斗殴易发生在学生宿舍、食堂、教室、图书馆、阅览室、酒吧、网吧等场地。表现形式主要有两种：一是争吵斗嘴，互相攻击、谩骂；二是由谩骂发展为推搡，最后大打出手。两种形式，联系紧密，以口角开始，以打架、甚至造成伤害伤亡告终。还有其他一些形式，如写恐吓信，背后进行造谣、污蔑。毕达哥拉斯说过："愤怒以愚蠢开始，以后悔告终。"

二、大学生纠纷与打架斗殴的发生原因

（一）不拘小节容易发生纠纷。

（二）不尊重别人、开玩笑过分，或刻意地挖苦别人容易发生纠纷。

（三）猜疑、妒忌他人容易发生纠纷。

（四）不谦虚，目中无人容易发生纠纷。

（五）极端利己，不容他人容易发生纠纷。

（六）狂妄自大，争强好胜容易发生纠纷。

事实上，发生在校园内外的纠纷和打架斗殴的直接导火索常常是在公众场所的偶然摩

擦处理不当,但究其根本,应归结为大学生个体的心理原因,包括虚荣心理、报复心理、空虚心理、从众心理、人格障碍等。

三、大学生纠纷与打架斗殴防范原则

防止发生纠纷的总的原则是:各守本分,互谅互让,求同存异,理解万岁。具体原则是:

(一)冷静克制,切莫莽撞。

(二)诚实谦虚,宽容他人。

(三)措辞文雅,互相尊重。

四、遇到别人打架怎么办?

(一)不围观,不起哄,不参与。

(二)应当先问明情况,如是校外人员寻衅滋事殴打学生,应立即向保卫部门报告或拨110报警,以防事态扩大。

(三)打架的一方如果是你的同学或熟人,在劝解时要主持公道,不可偏袒。

(四)当学校有关部门调查打架真相时,现场目击人要勇于出来提供线索和证据,以保护受害人的合法权益,使肇事者受到惩处。

五、打架斗殴的代价

(一)受到纪律法律惩处,断送美好前程

1. 打架斗殴行为要受到学校规章制度的惩罚,包括警告、严重警告、记过、留校察看、开除学籍。许多人因此断送学业,断送前途。

2. 打架斗殴情节严重者构成犯罪,包括"故意伤害罪"和"故意杀人罪",承担刑事责任。"故意伤害罪"分为故意伤害致人"轻伤""重伤""死亡"。案底一旦录入计算机就不能删除了,在全国任何一台接入公安专网的计算机都能查到,这样必然对升学、工作及从事经济活动产生影响,因为按中国的传统观念,哪个单位也不愿和有案底的人员打交道,贻误终生。

(二)既害人又害己

1. 人的生命和健康是无价的,任何人无权剥夺他人的健康和生命。打架会造成受害人身体受到伤害后,心理往往受到压抑,性格变得烦躁、沉闷,从而诱发各种心理问题。

2. 打人者害怕同学、老师和家人的指责、制度的制裁而过度担心和焦虑,从而形成心理障碍,严重影响学习和生活。打人者会被同学冷眼相看,从而得不到同学的尊重、帮助和关心,使自己孤立于集体之外,真正是损人不利己。

(三)给家人造成巨大的精神伤害和经济损失

1. 殴打他人根据不同情况判处罚款、罚金和赔偿。赔偿的项目包括医药费、护理费、营养费、误工费、交通费等。

2. 据权威部门统计,全国大中专院校殴打他人造成伤害的平均成本是 3 589.65 元,故意伤害的平均成本是 23 451.14 元。

3. 凡打架事件都要通知家长,往往打人者的家长要到校协商、调解、奔波,做打架事件

的善后处理等各项工作。因此耗费大量的精力并耽误工作，影响家庭正常生活，有的甚至因此家破人亡。

第五节　财产安全知识

开学之时，很多同学初次离开父母独立生活，临行前父母会给不少的钱和贵重的物品。财产安全，关系到每位同学的切身利益，大家都应该加强防范意识，保护自己的财产不受损害。

一、防盗窃损失财产

（一）校园盗窃的现象及特征

1. 大学盗窃案件及发案重点部位

大学盗窃案件是指以大学生的财物为侵害目标，采取秘密的手段进行窃取并实施占有行为的案件。盗窃犯罪是高校中常见的一种犯罪行为，其危害是不言而喻的。我们以大学生宿舍为重点，简要介绍高校盗窃案件的表现形式、主要特征以及预防措施，以提高大学生特别是新生的防范意识，加强对自身财物的保管，不给犯罪分子可乘之机，从而减少盗窃发案，避免财产损失。

2. 大学盗窃案件的主要形式

（1）内盗。内盗是指盗窃作案分子为学生内部人员及学校内部管理服务人员实施的盗窃行为。根据有关资料统计，在高校发生的盗窃案件中，内盗案件占一半以上。作案分子往往利用自己熟悉盗窃目标的有关情况，寻找作案最佳时机，因而易于得手。这类案件具有隐蔽性和伪装性。

（2）外盗。外盗是相对于内盗而言的，是指盗窃作案分子为校外社会人员在学校实施的盗窃行为。他们利用学校管理上的漏洞，冒充学校人员或以找人为名进入校园内，盗取学校资产或师生财物。这类人员作案时往往携带作案工具，如螺丝刀、钳子、塑料插片等，作案时不留情面。

（3）内外勾结盗窃。内外勾结盗窃是指学校内部人员与校外社会人员相互勾结，在学校内实施的盗窃行为。这类案件的内部主体社会交往关系比较复杂，与外部人员都有一定的利害关系，往往结成团伙，形成盗、运、销一条龙。

3. 大学盗窃案件的主要特征

一般盗窃案件都有以下共同点：实施盗窃前有预谋准备的窥测过程；盗窃现场通常遗留痕迹、指纹、脚印、物证等；盗窃手段和方法常带有习惯性；有被盗窃的赃款、赃物可查。由于客观场所和作案主体的特殊性，高校盗窃案件还有以下特点：

（1）时间上的选择性。作案人为了减少违法犯罪风险，在作案时间上往往进行充分的考虑，因而其作案时间大多在作案地点无人的空隙实施盗窃。

上课时间。学生以学习为主，每天都有紧凑的课程安排，没有上课的学生大部分也上图书馆学习或进行课余活动。因此在上课期间，特别是上午一、二节课，学生宿舍里一般无人，盗窃分子一般都深知此规律，并抓紧这一时间作案，因此这一期间是外盗作案的高峰期。

课间时间。课间休息仅 10 分钟,学生在下课后一般都会走出教室轻松,很少有同学回寝室,作案分子特别是内盗作案人员会利用此时机,在盗窃得手后继续回教室上课,给人以没有作案时间的假象。

夜间熟睡后。经过一天的学习、活动,大家都比较疲惫,而且学校一般都有规定的熄灯时间,所以上床后很快入睡。盗窃分子趁夜深人静,室内人员熟睡之际行窃,特别是学生睡觉时不关寝室门窗,这更是给小偷创造了有利条件。

新生入校时。新生刚入校时,由于彼此之间还不太熟悉,加之防范意识较差,偶尔有陌生人到寝室来也会以为是其他同学的老乡或熟人,不加盘问,这给作案分子以可乘之机。

还有军训、学校举办大型活动等期间,学生宿舍活动人员少,易被盗;校园发生和处置突发事件时,往往人们注意力集中到某一点上而无暇顾及其他,盗窃分子往往是乘虚而入,浑水摸“鱼”。

(2)目标上的准确性。高校盗窃案件特别是内盗案件中,作案人的盗窃目标比较准确。由于大家每天都生活、学习在同一个空间,加上同学间互不存在戒备心理,东西随便放置,贵重物品放在柜子里也不上锁,使得作案分子盗窃时极易得手。

(3)技术上的智能性。在高校盗窃案件中,作案主体具有特殊性,高智商的人为多,有的本身就是大学生。在实施盗窃过程中对技术运用的程度较高,自制作案工具效果独特先进,其盗窃技能明显高于一般盗窃作案人员。

(4)作案上的连续性。“首战告捷”以后,作案分子往往产生侥幸心理,加之报案的滞后和破案的延迟,作案分子极易屡屡作案从而形成一定的连续性。

(5)手段上的多样性。盗窃分子往往针对不同的环境和地点,选择对自己较为有利的作案手段,以获得更大的利益。

① 顺手牵羊,是指作案分子趁人不备将放在桌椅上、床铺上等处的钱物信手拈来而占为己有。

② 乘虚而入,是指作案分子趁主人不在、房门抽屉未锁之机行窃。较之“顺手牵羊”,其手段更为毒辣,行窃胃口更大,往往造成的损失更惨重。

③ 窗外钓鱼,是指作案分子利用竹竿、铁丝等工具,在窗外或阳台处将室内衣物、皮包钩出,有的甚至利用钩到的钥匙开门入室进行盗窃。

④ 翻窗入室,是指作案分子利用房屋水管等设施条件翻越窗户入室行窃。作案人窃得钱物后往往是堂而皇之从大门离去。

⑤ 撬门扭锁,是指作案分子利用专用工具将门上的锁具撬开或强行扭开入室行窃,入室后作案分子又用同样的方法撬开抽屉、箱柜等。这是外盗分子惯用的主要手段,他们下手毒辣、毫不留情,只要是值钱的东西都不放过。

⑥ 盗取密码,是指作案分子有意识地获取他人存折与信用卡密码并伺机到银行盗取现金。这类手法常见于内盗案件,并且以关系相好的同室或“朋友”作案较多。

(二)防盗的基本方法

1. 要牢固树立防盗意识,克服麻痹思想

千万不要以为大学校园是太平世界,是“保险箱”。盗窃分子的眼光时时盯着大学校园,特别是盯着缺乏经验的大学生。大学校园里时常有盗窃分子出入,身边的大学生中极个别人也有盗窃行为。因此,在防止盗窃时,既要防外贼,也要防内贼。

2. 妥善保管好现金、存折、汇款单等

现金最好的保管办法是存入银行,尤其是数额较大的要及时存入,绝不能怕麻烦。要就近储蓄,储蓄时加入密码。密码应选择容易记忆且又不易解密的数字,千万不要选用自己的出生日期做密码。这样,即使存折或现金卡被盗,犯罪分子也不容易取走钱,事主也有时间到银行挂失。身份证是最有效的证件,存折丢失,可以凭身份证去挂失,凭身份证去取款。因此,存款单据、汇款单据、存折及现金卡要同身份证、学生证分开存放,防止被犯罪分子同时盗走。因购买贵重物品而需要大额现金时,应当天取当天用,因故不能当天购物时,应将钱再存入银行,不要怕麻烦。

3. 保管好自己的贵重物品

贵重物品不用时,不要随便放在桌子上、床上,防止被顺手牵羊或溜门盗走或窗外钓鱼给盗走,要放在抽屉、柜子里,并且锁好。寒暑假离校时应将贵重物品带走或托给可靠的人保管,不要放在宿舍里,防止撬锁盗窃。贵重物品、衣物最好做些特殊记号,一旦被盗,报案时好说明,认领时也有依据,这样,即使被盗,找回的可能性也大一些。

4. 养成随手关窗锁门的好习惯

上课、参加集体活动、出操、锻炼身体等外出离开宿舍时,要关好窗、锁好门,包括关好玻璃窗,因为仅仅一层窗纱不足以防盗。一个人在宿舍时,即便上厕所、上水房洗衣服,几分钟、十几分钟的时间即可回来,也要锁好门,防止被犯罪分子溜门盗窃。

5. 不随身携带昂贵物品

在教室、图书馆看书,在食堂吃饭时,不要用书包占座,不在书包里放现金、贵重物品、钥匙,防止书包被盗或书包内的现金、贵重物品、钥匙被盗。不带较多的现金和贵重物品到公共浴池去洗澡,这些场所往往是犯罪分子行窃的地方。

6. 关于自行车防盗

高校里自行车被盗案时有发生,规模大的高校每年发生数百上千起,规模小的院校每年也会发生数百起。要养成随手锁车的好习惯,尤其好车要严锁严管,最好存放在有人看管的车棚里。

7. 公共场所防盗

(1) 图书馆

① 严格遵守图书馆的规章制度。我校图书馆制定有内部规定或专门的防盗制度,自觉遵守图书馆的规章制度,有利于保持图书馆的有序、整洁,对于预防盗窃也有着至关重要的作用。

② 衣服装有现金或贵重物品需暂时离开时,应衣随人走,要做到现金、贵重物品不离身。或将物品交代同伴代管。不能随意搭在椅子上,以防盗贼顺手牵羊。

③ 不可用书、衣服等物品占座。因占座而发生的盗窃案在图书馆被盗的案件中占了很大比重。

(2) 食堂

① 排队时,应把书包放在身前。

② 随身贵重物品、饭卡等不要随意置于餐桌上,离开时应把物品带走。若发现饭卡丢失,应立即到食堂挂失。

（3）体育场(馆)

① 有保管处的,应将物品存入保管处保管,若无保管处,应找专人看管集中放置在显眼处。

② 尽量不带现金、贵重物品去体育场。这样做可以避免和减少损失。

③ 对于那些东张西望或把注意力只集中到别人物品或在物品周围徘徊的人应提高警惕。

④ 离开前应清点查看物品。以防丢失、遗忘物品。

（4）逛街购物

① 尽量少带现金,不要露财。

② 试衣时,背包和手袋应交同伴照管。没有同伴的背包和手袋应掌控在自己手中。

③ 在超市购物时,不要将背包和手袋放在手推车或篮子里,以防犯罪分子趁机拎包。

④ 如果有陌生人总在身边,就要留意背包和手袋。如果在街上不小心被人撞了下,要及时查看钱物。

（5）乘公交车

① 无论上车、下车还是乘车过程中背包和手袋尽量放到胸前,或一只手注意保护好随身携带的背包和手袋。不要挤在车门口。

② 对一些手中持有衣服、报纸、杂志等物品的人多加注意,犯罪分子有可能在利用手中持有的衣服、报纸、杂志等掩护其盗窃行为。

③ 提前备好坐车的零钱,尽量不要在公共场所翻钱包。

（6）银行存取款

① 取钱时,遇到问题向银行工作人员询问,不要与周围的陌生人搭讪。

② 输入密码时,要观察周围,用手臂等部位挡住其他人的视线。

③ 不要独自一人深夜取钱。

（三）遭遇盗窃后的处理

1. 保护现场,及时报案

一旦发生被盗案件以后,不要惊慌失措,应迅速组织在场人员保护好现场,并及时向学校保卫部门报告,不得先翻动、查看自己掉了什么东西,否则将现场有关的痕迹物证破坏了,不利于调查取证。

2. 发现可疑,及时控制

如果自己发现可疑人员,一定要沉着冷静,应主动上前询问,一旦发现其回答有疑问,要设法将其稳住,必要时组织学生围堵,及时向有关部门报告。在当场无法抓获盗贼的情况下,应记住盗贼的特征,包括年龄、性别、身高、胖瘦、相貌、衣着、口音、动作习惯、佩戴首饰等,以便向公安保卫部门提供破案线索。在撞见盗贼正在作案,要头脑冷静,急而不乱。一面拿起手边可以用以自卫的工具,同时大叫"捉贼"招呼同学,在援兵未到之前要和盗贼保持一定的距离,谨防其狗急跳墙行凶伤人,以控制盗贼防止其逃窜。

3. 及时报失,配合调查

如发现存折被盗,应当尽快到银行挂失。知情人员应当积极配合公安保卫部门的调查取证工作,有的人对身边发案采取事不关己,高高挂起,不愿多讲的态度;有的人在调查人员询问时不敢提供有关情况,怕别人打击报复,怕影响同学的关系等,这些都是错误的,给侦查破案工作带来许多困难,往往也贻误了破案的最好时机,使犯罪分子逍遥法外继续害人。

二、防诈骗损失财产

大学生思想单纯,缺乏社会经验,缺乏防范意识,容易感情冲动,有求于人时,往往轻率行动,极易遭遇到诈骗行为。

(一)日常诈骗

犯罪分子通常利用大学生简单单纯的心理,采用欺骗的手法引诱大学生上当受骗。常用的诈骗方式有如下几种:

1. 伪装身份,骗钱骗色

诈骗分子往往利用假名片、假身份证行骗。冒充老板、公司经理,以招聘为名,骗取学生的钱财。有的骗子假冒成功人士,骗取一些涉世未深的大学生的感情。骗子为了不露马脚,通常采用打游击方式流窜作案,财物到手后即逃离。还有人以骗到的钱财、名片、身份证、信誉等为资本,再去诈骗他人、重复作案。

2. 真实身份,虚假合同

一些骗子利用学生经验少、法律意识差、急于赚钱补贴生活的心理,利用假合同或无效合同进行诈骗。如常以公司名义,让学生为其推销产品,或做一些文字工作,事后却不兑现诺言和酬金而使学生上当受骗。

3. 投其所好,引诱上钩

一些诈骗分子往往利用被害人贪图小便宜的心理,施以被害人小恩小惠或承诺帮助被害人就业、出国等,投其所好,施展诡计而骗取财物。

4. 招聘为名,设置骗局

一些学生为了减轻家庭负担,或增长一些实践经验,希望开展一些勤工俭学活动到校外找一些兼职。诈骗分子往往利用这一机会,以招聘的名义设置骗局,骗取介绍费、押金、报名费等。

5. 以次充好,恶意行骗

一些骗子以物美价廉为借口,到宿舍向学生推销各种产品而使学生上当受骗,更有一些到学生宿舍推销产品的人,一旦发现室内无人,就会顺手牵羊,偷走学生的随身听、钱包、衣物等。

6. 借贷为名,骗钱为实

有的骗子,以高利集资为诱饵,使部分学生上当受骗。有些品德不好的学生常以"急于用钱"为借口向其他同学借钱,然后挥霍一空,要债的追紧了就再向其他同学借进行补洞,拖到毕业一走了之。

7. 骗取信任,寻机作案

诈骗分子常利用青少年单纯、容易接近的特点,寻找机会与学生拉关系、套近乎,称兄道弟,表现出相见恨晚的热情,并表现得十分慷慨,骗取信任后就寻机作案。

8. 以假乱真,拾物分赃

骗子故意在路上丢下假钱包、假手机、假首饰等物品,待路过的学生捡拾后,便立即以目击者的身份上前,声称看见了捡拾财物的事情,要求与学生分利,并大方地表示自己只要少部分的,大头留给学生。而这些"财物"都是无法分割的,于是骗子就表示干脆给他多少钱算了,有些学生一想,自己捡了大便宜,最终导致上当受骗。

9. 手机短信,引君入瓮

骗子冒充银行工作人员发手机短信告知用户在外购物刷卡消费,要求核对。学生深感疑惑,与所谓的"银行工作人员"联系时,骗子要么套取密码,要么让学生转账到指定账户,结果钱就被骗子异地取走。

10. 危言耸听,浑水摸鱼

骗子自称是老师、医生、警察等人,打电话给学生家长称其子女在外遇到了紧急意外情况,如突发疾病、车祸等,人已昏迷,十分危险,急需用钱。然后要求学生家长将钱汇到他指定的账号,用于医治,家长心急如焚,马上汇去钱款。待醒悟后联系子女时,才知已上当受骗。

11. 天降馅饼,信以为真

学生上网浏览、玩网络游戏或 QQ 聊天时,骗子谎称是网络公司、客服中心等权威部门,通知你抽中幸运大奖,以高额奖金、贵重奖品或游戏装备为诱饵,要学生汇款来领奖。当学生信以为真,汇去第一笔钱款后,骗子又以还需汇缴个人所得税、领奖手续费、会员费、资料档案费等为由继续哄骗,学生迫于已汇去的部分钱款无法退回,于是越陷越深,最终蒙受较大的经济损失。

(二)预防日常的诈骗勒索

1. 常见诈骗案件的预防措施

骗子行骗基本上都是抓住了人们心理上的某种弱点,或以利相诱,或危言耸听,最终目的就是骗取财物。虽然各种骗术层出不穷,花招屡屡翻新,但"莫贪小便宜""天上不会掉馅饼"等警语,仍是最有效的防骗格言。只要大家增强防骗意识,坚决不贪意外之财,再"精明"的骗子也无法得逞,只是揭穿时间长短的问题罢了。对于学生来说,只有提高自己的防范意识和识别骗术的能力,才能及早揭穿骗子,不受或少受损失。一般说来,应从骗子的伪装、反常及多变的致命弱点入手来揭穿骗局。

(1)善于揭穿骗子的伪装。骗案的本质决定了骗子离不开伪装,伪装包括身份伪装、语言伪装、表情伪装及行为伪装等。这就要求学生在与他人交往及经济来往中谨慎从事,认真审查、验证身份以及其言行、衣着是否与其身份相称。

(2)善于观察骗子所流露出的种种反常现象。骗案中最经典的就是"诺言"反常。这就要求学生注意对方的承诺是否合乎常理。其诺言与常理的差距越大,越证明诺言的虚假。

(3)善于从骗子的多变中把握矛盾。骗子在行骗中常常显得多变,反复无常,一会儿东一会儿西,没有稳定的言行,遇到不同的人,表现也不同,他们时不时改变姓名、年龄、身份、住址等。

2. 日常生活中做到以下几点

(1) 保持健康心态，树立防骗意识。社会环境千变万化，大学生必须尽快适应社会环境，学会自我保护。大学生在日常生活中要多学习法律法规，积极参加学校组织的法制和安全防范教育活动，掌握一些预防受骗的基本知识及技能，善于辨别真假。对自己要洁身自好、严格要求，作为大学生，要树立正确的人生观、价值观，时刻加强自身理想、道德、情操的陶冶，自觉拒绝金钱、名利的诱惑，不贪私利、不图虚荣，增强抵御诱惑的能力。在提倡助人为乐、奉献爱心的同时，要提高警惕性，不能轻信花言巧语；不要把自己的家庭地址等情况随便告诉陌生人，以免上当受骗；不能用不正当的手段谋求择业和出国；发现可疑人员要及时报告，上当受骗后更要及时报案、大胆揭发，使犯罪分子受到应有的法律制裁。

(2) 交友要谨慎，避免以感情代替理智。大学生在与陌生人的交往中，要认真审查对方的来历，保持清醒的头脑，理智处事，观其行辨真伪，三思而后行。如果只凭感情用事、一味"跟着感觉走"，往往容易上当受骗。交友最基本的原则有两条：一是择其善者而从之。真正的朋友应该建立在志同道合、高尚的道德情操基础之上，是真诚的感情交流而不是简单的利益关系，要学会了解、理解和谅解。二是严格做到"四戒"。即戒交低级下流之辈，戒交挥金如土之流，戒交吃喝嫖赌之徒，戒交游手好闲之人。与人交往要区别对待，保持应有的理智。对于熟人或朋友介绍的人，要学会"听其言，查其色，辨其行"，而不能"一是朋友，都是朋友"。对于"初相识的朋友"，不要轻易"掏心窝子"，更不能言听计从，受其摆布利用。对于那些"来如风雨，去如微尘"的上门客，态度要热情，处事要小心，尽量不为他们提供单独行动的时间和空间，以避免给犯罪分子创造作案条件。

(3) 克服主观感觉，避免以貌取人。作为大学生，在各种交往活动中必须牢牢把握交往的原则和尺度，克服一些主观上的心理感觉，避免以貌取人。具体地说，不能单凭对方的言谈举止、仪表风度、衣着打扮等第一印象即"首因效应"妄下判断，轻信他人；不能只认头衔、只认身份、只认名气，而不认品德、不认才学、不辨真假，应更多地实质考察和分析，不被表面现象蒙蔽。

(4) 同学之间要相互沟通、相互帮助。在大学里，无论哪个学院、哪个专业，班集体总是校园中一个最基本的组织形式。在这个集体中，大家有着同一个学习目标，生活和学习是统一的、同步的，同学间、师生间的友谊比什么都珍贵，因此相互间应该加强沟通、互相帮助。有些交往关系，在自己认为适合的范围内适当透露或公开，更符合安全需要，特别是在自己觉得可能会吃亏上当时，与同学有所沟通或许就会得到一些帮助并避免受害。

(5) 服从校园管理，自觉遵守校纪校规。为了加强校园管理，学校制定了一系列管理制度和规定。制度总是用来约束人们行为的，在执行过程中可能会给同学们带来一些不便。但是制度却是必不可缺的，况且，绝大多数校园管理制度都是为控制闲杂人员和犯罪分子混入校园作案，以维护学生正当权益和校园秩序而制定的。因此，同学们一定要认真执行有关规定，自觉遵守校纪校规，积极支持有关部门履行管理职能，并努力发挥出自己应有的作用。

三、防校园贷损失财产

（一）什么是校园贷

校园贷指的是一些网络贷款平台面向在校大学生所开展的一种贷款业务。它的贷款对象是校园里一些喜欢超前消费的同学，通过贷款平台宣传低利息、高额度、无抵押的一种方式，鼓励大学生使用校园贷借款，当借款学生到还款日期未能如数归还时，便会采取各种极端恶毒手段进行催债。

（二）校园贷的手段

1. 利用兼职学生展开地推

校园贷平台会在高校里通过"零门槛、高提成"的方式招聘想做兼职的同学，采取在校园里各种明显的地方张贴小广告、同学们口口相传的形式吸引校园里"欲望很饱满，钱包很骨感"的同学。

2. 十分便捷的贷款形式

校园贷与传统信用卡贷款不同的是，它不需要贷款者提供收入证明等可以证明偿还能力的凭证，仅仅凭一张学生证便可实现"当天审核隔天放贷"的快速便捷贷款。

3. 大肆提倡大学生超前高额消费

"借款 6 888，给女友买个 iPhone7，24 期还款无压力""借款 30 000，24 期低利息还款，轻松助你创业梦"等铺天盖地的小广告宣传语无一不在鼓励大学生进行提前消费。面对诱惑，很多大学生缺乏抵抗力，便选择了校园贷。

4. 无力偿还后的"翻脸"

当超过还款日期未如数还款时，便会产生"利滚利"的高额违约金，少则每天 1%，多则每天 7%～10%，正是这些高额的违约金给没有固定经济来源的学生造成了压力，才发生了如新闻报道中的多起因校园贷而跳楼自杀的惨案。

（三）校园贷的危害

1. 校园贷实际上具有高利贷性质

高校学生社会认知能力较差，防范心理较弱，不法分子正是利用了这一特点，对高校大学生进行时间短、额度小的放贷行为。这种看似"薄利多销"的行为，实际上却能让不法分子获取比银行高出 20～30 倍的利率。

2. 校园贷会滋生借款学生的恶习

高校学生的经济来源主要是父母，而当有限的生活费不能满足自己的金钱欲望的时候，一部分同学就会通过校园贷这一方式获取资金。这不仅助长了学生的攀比心理，容易引发赌博、酗酒等不良恶习，更为严重的则会引起因无法还款而逃课、辍学的现象。

3. 若未及时还款，放贷人会采取各种手段向学生讨债

放贷时，放贷人会要求学生提供具有一定价值的物品进行抵押，并且收取学生的学生证、身份证，因此他们对于学生的信息十分清楚，一旦学生未在规定期限进行还款，便会采取恐吓、威胁殴打等方式进行催债。对学生及家人的人身安全造成危害，也打乱了高校的校园秩序。

4. 不法分子利用校园贷进行其他犯罪

有不少放贷人会诈骗放贷前收取的抵押物、保证金，或利用学生的个人信息来进行电话诈骗等。

（四）面对校园贷，大学生应该如何应对

1. 要树立正确的消费观，不攀比，不追求超出家庭支付能力的物品，树立理性的消费观念。自觉抵制物质享受，抵制超前消费。大学生应该学会规划每月的生活费，若有大型开销应和父母沟通，理性消费，向校园贷"Say no"。

2. 要提高个人信息保护的意识，警惕将自己的重要信息泄露。与前面所讲到的电信诈骗不同，校园贷是在本人知情的情况下产生的，有的同学主动选择校园贷，而有部分的同学是将自己的个人信息告诉给做校园贷代理的同学，帮他们完成业绩，更有甚者是为了所谓的兄弟姐妹情，用自己的信息帮同学贷款。不泄露自己的个人信息不仅是保护自己免受校园贷危害最简单的方式，也能在一定程度上缓冲校园贷的滋生。

3. 要正确认识兼职，守住职业底线。为减轻家庭经济压力，很多大学生会选择利用课余时间做兼职。校园贷高额的提成吸引着大学生们，而高提成的背后伴随着高度的业绩压力。在业绩完成不了的时候很多大学生都会把目标转向自己身边的同学。作为在校大学生，应该认清学习和兼职的关系，做兼职的时候应该仔细筛选兼职平台，切勿为了短期利益耽误学习更甚是触犯法律。

4. 要学习投资与消费相关的金融知识，提高识别各种非法借贷的意识和能力。由于不少大学生缺乏金融知识，对校园贷利息、滞纳金、违约金等收费项目的来历和计费方式并不知晓。正是因为对金融知识的不了解，才容易出现因校园贷而背负巨额的还款债务，甚至出现"拆东墙补西墙"的连续借贷局面。

5. 要警惕消费陷阱，提高风险防范能力。大学生要理性分析校园贷平台所宣传的低利息、高额度、无抵押的借贷产品，天上不会掉馅饼，若选择了校园贷，虽有了一时的经济宽裕，但也会伴随长时间的高压力偿还，得不偿失。

第六节　大学生性健康教育

一、性健康概念

1974 年，世界卫生组织（WHO）在一次关于性问题的研究会上，对性健康的概念做了如下论述："所谓健康的性（Sexual health），它融合了有关性的生理面、情绪面、知识面及社会面，可以提升人格发展，人际沟通和爱等。"由此可见，性心理健康是指个体具有正常的性欲望，能够正确认识性的有关问题，并且具有较强的性适应能力，能和异性进行恰当的交往，在免受性问题困扰的同时，还能使之增进自身人格的完善，促进自身身心健康的发展。

二、大学生性健康教育的目标和内容

大学生青春期发育已经成熟，即将走向社会，在进行性健康教育时要明白在对他们进行性生理、性心理、性道德、性伦理的教育，教育他们懂得性行为既是本能，又受社会和伦理道德的制约，以及自我控制的意义和方法；懂得正确性行为对计划生育和性传播疾病防治的重大意义；懂得正确性行为是社会主义精神文明建设的重要组成部分，教育他们树立正确的恋爱观、人生观、价值观和道德观。

三、艾滋病及其预防

（一）认识艾滋病

1. 艾滋病的起源

艾滋病起源于非洲，后由移民带入美国。1981 年 6 月 5 日，美国疾病预防控制中心在《发病率与死亡率周刊》上登载了 5 例艾滋病病人的病例报告，这是世界上第一次有关艾滋病的正式记载。1982 年，这种疾病被命名为"艾滋病"。不久以后，艾滋病迅速蔓延到各大洲。1985 年，一位到中国旅游的外籍人士患病入住北京协和医院后很快死亡，后被证实死于艾滋病。这是我国第一次发现艾滋病病例。

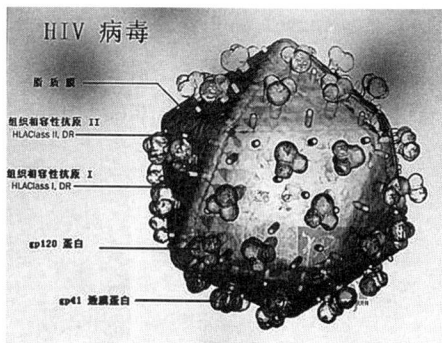

艾滋病是一种危害性极大的传染病，由感染艾滋病病毒（HIV 病毒）引起。HIV 是一种能攻击人体免疫系统的病毒。它把人体免疫系统中最重要的 CD4T 淋巴细胞作为主要攻击目标，大量破坏该细胞，使人体丧失免疫功能，因此，人体易于感染各种疾病，并可发生恶性肿瘤，病死率较高。HIV 在人体内的潜伏期平均为 8～9 年，患艾滋病以前，可以没有任何症状地生活和工作多年。

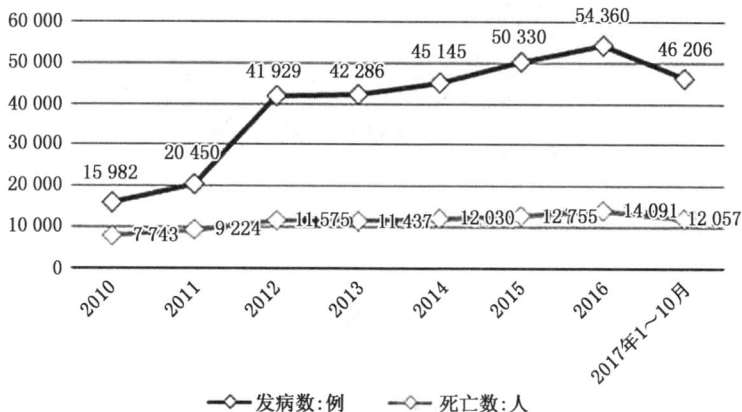

2010～2017 年中国艾滋病发病数及死亡数走势
（资料来源：公开资料整理）

2. 艾滋病的危害

发病以青壮年较多，发病年龄 80％在 18～45 岁，即性生活较活跃的年龄段。在感染艾滋病后往往患有一些罕见的疾病如肺孢子虫肺炎、弓形体病、非典型性分枝杆菌与真菌感染等。

HIV感染者要经过数年、甚至长达10年或更长的潜伏期后才会发展成艾滋病病人,因机体抵抗力极度下降会出现多种感染,如带状疱疹、口腔霉菌感染、肺结核,特殊病原微生物引起的肠炎、肺炎、脑炎,念珠菌、肺孢子虫等多种病原体引起的严重感染等,后期常常发生恶性肿瘤,并发生长期消耗性疾病,以至全身衰竭而死亡。虽然全世界众多医学研究人员付出了巨大的努力,但至今尚未研制出根治艾滋病的特效药物,也还没有可用于预防的有效疫苗。艾滋病已被我国列入乙类法定传染病,并被列为国境卫生监测传染病之一。

3. 艾滋病的早期症状

艾滋病是一种非常可怕的不治之症,接下来看看早期症状有哪些。

(1) 持续广泛淋巴结肿大,特别是颈、腋和腹股沟淋巴结。淋巴结肿大直径1厘米左右,坚硬、不痛、可移动,时间超过三个月。

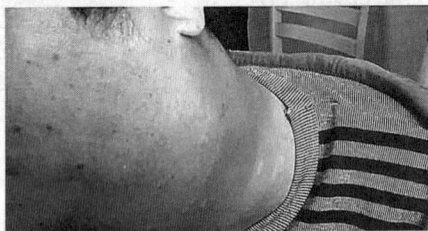

(2) 数周以来不明原因发热和盗汗。

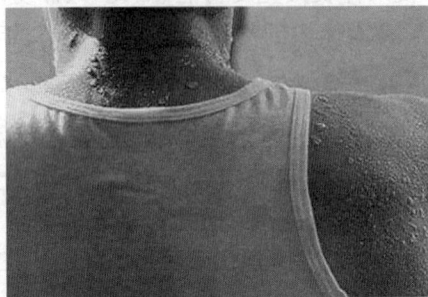

(3) 数周以来出现难以解释的严重疲乏。

（4）气促、干咳数周。

（5）皮肤、口腔出现平坦或隆起的粉红、紫红色大斑点，不痛不痒。

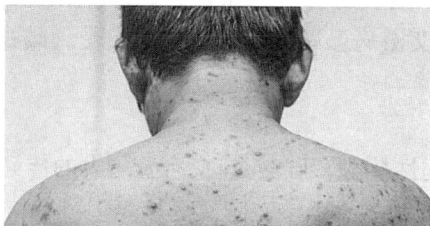

（6）咽、喉部出现白膜。男性阴部出现鳞屑性斑，痒；女性肛门瘙痒、阴道痒、白带多按妇科病治疗久治不愈。

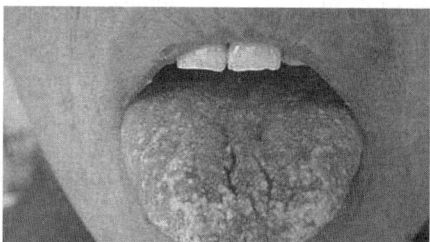

（7）头痛、视线模糊查不出其他病因。

（二）艾滋病的传播途径

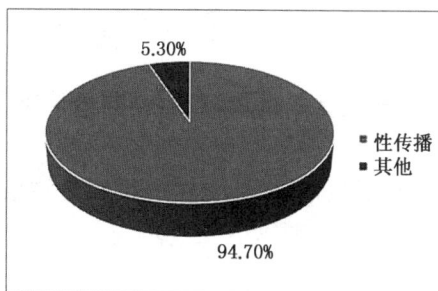

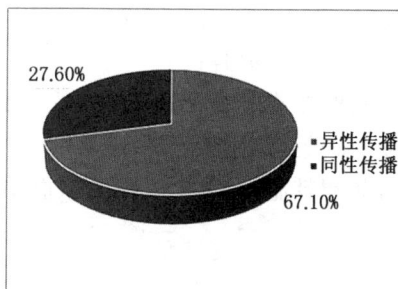

本病主要通过性接触传播,高危人群有:同性恋者、性乱者和有多个性伙伴者、静脉药瘾者、接受输血以及血液制品者、血友病患者、父母是艾滋病病人的儿童。最近认为性病患者,特别是有生殖器溃疡者(如梅毒、软下疳、生殖器疱疹)也应列为艾滋病的高危人群。

无论是同性、异性、还是两性之间的性接触都会导致艾滋病的传播。艾滋病感染者的精液或阴道分泌物中有大量的病毒,在性活动(包括阴道性交、肛交和口交)时,由于性交部位的摩擦,很容易造成生殖器黏膜的细微破损,这时,病毒就会乘虚而入,进入未感染者的血液中。值得一提的是,由于直肠的肠壁较阴道壁更容易破损,所以肛门性交的危险性比阴道性交的危险性更大。

已经证实的艾滋病传染途径主要有三条,其核心是通过性传播和血液传播,一般的接触并不能传染艾滋病,所以艾滋病患者在生活当中不应受到歧视,如共同进餐、握手等都不会传染艾滋病。

1. 性接触传播

包括同性及异性之间的性接触。肛交、口交有着更大的传染危险。

2. 血液传播

包括:①输入污染了 HIV 的血液或血液制品。②静脉药瘾者共用受 HIV 污染的、未消毒的针头及注射器。③共用其他医疗器械或生活用具(如与感染者共用牙刷、剃刀)也可能经破损处传染,但罕见。④注射器和针头消毒不彻底或不消毒,特别是儿童预防注射未做到一人一针一管危险更大;口腔科器械、接生器械、外科手术器械、针刺治疗用针消毒不严密或不消毒;理发、美容(如纹眉、穿耳)、纹身等的刀具、针具、浴室的修脚刀不消毒;和他人共用刮脸刀、剃须刀、或共用牙刷;输用未经艾滋病病毒抗体检查的供血者的血或血液制品,以及类似情况下的输骨髓和器官移植;救护流血的伤员时,救护者本身破损的皮肤接触伤员的血液。

3. 母婴传播

也称围产期传播,即感染了 HIV 的母亲在产前、分娩过程中及产后不久将 HIV 传染给了胎儿或婴儿。可通过胎盘,或分娩时通过产道,也可通过哺乳传染。

(三)艾滋病的预防

1. 洁身自好,性生活不洁、杂乱,是导致染上艾滋病的主要原因之一,所以要预防艾滋病,必须要避免不洁的性生活。

2. 正确使用避孕套,减少感染艾滋病、性病的危险。

3. 生病时到正规的医院看病,避免被使用未经消毒的医疗器械;注意输血安全,不使用非正规医疗单位的来历不明的血液。

4. 输液时要确保输液针头是一次性的,如果输液针头乱用,很容易导致沾染艾滋病。艾滋病通过血液传染很快。

5. 如果想献血,必须找正规的献血单位,否则卫生条件无法达标,很容易沾染艾滋病

毒。即使正规的献血部门，也要看好是否用一次性针头抽血。

6. 远离毒品，更不能共用注射器吸毒。

7. 不共用可能会刺破皮肤的用具，如剃须刀、修脚刀等；尽量避免接触他人的体液、血液；不用未消毒的器具穿耳孔、纹身、美容。

8. 尽量不纹身，纹身用的刺针很难保证充分消毒，多次重复使用的刺针，往往是艾滋病毒的传播媒介。因此要避免去纹身。

9. 避免不洁净的针灸治疗。针灸用的针反复使用，如果不彻底消毒容易传染艾滋病，因此在针灸时一定要确保针经过高温彻底消毒。

10. 有艾滋病的妇女不能怀孕，如果怀孕应立即引流，否则会带给孩子艾滋病毒，因为体液传播艾滋病毒非常快。

四、安全套和避孕

安全套是以非药物的形式阻止受孕，主要用于在性交中阻止人类的精子和卵子结合，防止怀孕。避孕套是目前应用最为普遍的一种男用避孕工具，长度约为 19 厘米，远端有一个约 2 厘米长的贮精囊，是性交时贮存精液的地方；近端开口部(套口)有一个略有松紧的橡皮圈，将其套在阴茎上具有紧束阴茎的作用。作为避孕工具，安全套和其他避孕方法相比，使用方便，没有副作用，避孕成功率一般为 85％，受过专门训练的使用者则可使避孕成功率达到 98％。

（一）安全套和预防性病

正确使用安全套可使感染艾滋病的概率降低 85％，感染淋病的概率则可降低 85％。但却无法有效防止人类乳头状瘤病毒(简称 HPV，可引起生殖器官附近皮肤和黏膜上的人类寻常疣、尖锐湿疣)、阴部单纯疱疹(HSV)、梅毒和软下疳的传播，因为性病可通过安全套无法覆盖的部位接触传播。

（二）安全套可能造成的健康损害

使用表面涂有添加剂的安全套时，部分添加剂(如滑石粉)可能在性交中通过女性阴道进入其腹腔，并可能造成慢性损害。在有些安全套上使用的杀精剂，可能使安全套的预防性病功能受到影响。有些人群会对乳胶过敏，有些则对安全套的添加物过敏。

（三）正确使用安全套注意 10 个细节

安全套是使用非常普遍的避孕方式，避孕成功率也较高，但在使用中要多注意细节，以保证避孕的效果。

1. 使用前应查看生产日期和有效期，过期的避孕套已经变质，容易破裂，不宜使用。

2. 避孕套必须保存在阴凉、干燥和不接触酸、碱、油的环境中。如接触上述条件后变得发黏、发脆，即使在保质期内也不应再使用。

3. 避孕套有不同的规格，应根据阴茎勃起时的大小选择适当型号，否则过紧易破裂，过松易滑脱，都会影响使用效果。

4. 避孕套不宜事先展开，而应在勃起的阴茎头上自龟头部分顺势向下展开。

5. 套上龟头前应捏瘪避孕套顶端供贮存精液用的小气囊，以防止气囊中的空气遇热膨胀,促使射精时精液向阴茎根部溢出。

6. 避孕套只能使用水基润滑剂。凡士林、液体石蜡、搽脸油、食油等均可在短时间内增加避孕套的脆性,加速其破裂。

7. 避孕套如在使用中发现裂孔或滑脱,只更换避孕套仍是不安全的,应该立刻停止性交,使用消毒剂清洗生殖器。

8. 射精后应在阴茎疲软前用手指按住避孕套底部连同阴茎一起抽出。

9. 取下避孕套时不可让精液流出,也不要让避孕套外面的阴道分泌物接触身体。每个避孕套只能使用一次,用过的避孕套应装入塑料袋扔进垃圾筒。

10. 取下避孕套的手指不可能不接触精液和阴道分泌物,因此必须立刻在流动水下用肥皂水洗手。

第七节　珍爱生命　远离毒品

一、什么是毒品

这里所说的毒品并不是指砒霜、氰化钾之类的能够致人死命的有毒物质,而是指鸦片、海洛因、甲基苯丙胺(冰毒)、吗啡、大麻、可卡因以及国家规定管制的其他能使人形成瘾癖的麻醉药品和精神药品。

二、几种常见的毒品

(1)鸦片——鸦片又称阿片。鸦片是从罂粟中提炼出来的一种天然制品。

(2)海洛因——俗称"白粉",学名二乙酰吗啡,是吗啡的合成品,使用几分钟后,人进入昏睡状态,造成感觉迟钝,记忆力减退,反应能力降低,瞳孔收缩等,极易成瘾并难以戒断。

(3)冰毒——化学名称为甲基苯丙胺,因其外观与冰极相似,故称之为"冰毒"。由于冰毒的刺激性强,持久力强,使用一次就会上瘾,因此被称为"毒品之王"。

(4)大麻——大麻为桑科的一年生草本植物,雌雄分株。这种植物的花枝顶端、叶、种子及茎中含有一种脂样物质,主要毒性成分为四氢大麻粉,具有致幻作用。

(5)摇头丸——又称"甩头丸",服用后会产生强烈的兴奋作用。听到音乐即摇头不止,可长达6~8小时,且引起幻觉和激动,易造成疯狂、狂喜、忘我行为的失控表现。

(6)吗啡——它是1803年德国药学家赛特纳斯从鸦片中分离出来的生物碱。

(7)可卡因——可卡因又名古柯碱。是一种极强烈的局部麻醉药品。

(8)杜冷丁——它是根据吗啡的化学结构衍生出来的一种合成麻醉药品。

三、毒品的危害

毒品的危害,可以概括为"毁灭自己、祸及家庭、危害社会"12个字。

(一)吸毒对社会的危害

(1)对家庭的危害:家庭中一旦出现了吸毒者,家便不称其为家了。吸毒者在自我毁灭的同时,也破坏自己的家庭,使家庭陷入经济破产、亲属离散、甚至家破人亡的境地。

（2）对社会生产力的巨大破坏：吸毒首先导致身体疾病，影响生产，其次是造成社会财富的巨大损失和浪费，同时毒品活动还造成环境恶化，缩小了人类的生存空间。

（3）毒品活动扰乱社会治安：毒品活动加剧诱发了各种违法犯罪活动，扰乱了社会治安，给社会安定带来巨大威胁。无论用什么方式吸毒，对人的身体健康都会造成极大的伤害。

（二）吸毒对身心的危害

（1）吸毒对身体的毒性作用：毒性作用是指用药剂量过大或用药时间过长引起的对身体的一种有害作用，通常伴有机体的功能失调和组织病理变化。中毒的主要特征有：嗜睡、感觉迟钝、运动失调、幻觉、妄想、定向障碍等。

（2）戒断反应：是长期吸毒造成的一种严重和具有潜在致命危险的身心损害，通常在突然中止用药或减少用药剂量后发生。许多吸毒者在没有经济来源购毒、吸毒的情况下，或死于严重的身体戒断反应引起的各种并发症，或由于痛苦难忍而自杀身亡。戒断反应也是吸毒者戒断难的重要原因。

（3）精神障碍与变态：吸毒所致最突出的精神障碍是幻觉和思维障碍。它们的行为特点围绕毒品转，甚至为吸毒而丧失人性。

（三）吸毒对人体的危害

由于反复用药所造成的一种强烈的依赖性。

（1）生理依赖性：毒品作用于人体，使人体体能产生适应性变化，形成在药物作用下的新的平衡状态。一旦停掉药物，生理功能就会发生紊乱，出现一系列严重反应，称为戒断反应，使人感到非常痛苦。用药者为了避免戒断反应，就必须定时用药，并且不断加大剂量，使吸毒者终日离不开毒品。

（2）精神依赖性：毒品进入人体后会作用于人的神经系统，使吸毒者出现一种渴求用药的强烈欲望，驱使吸毒者不顾一切地寻求和使用毒品。一旦出现精神依赖后，即使经过脱毒治疗，在急性期戒断反应基本控制后，要完全康复原有生理机能往往需要数月甚至数年的时间。更严重的是，对毒品的依赖性难以消除。这是许多吸毒者一而再，再而三地反复吸毒的原因，也是世界医、药学界尚待解决的课题。

（3）毒品危害人体的机理：我国目前流行最广、危害最严重的毒品是海洛因，海洛因属于阿片药物。在正常人的脑内和体内一些器官，存在着内源性阿片肽和阿片受体。在正常情况下，内源性阿片肽作用于阿片受体，调节着人的情绪和行为。人在吸食海洛因后，控制了内源性阿片肽的生成，逐渐形成在海洛因作用下的平衡状态，一旦停用就会出现不安、焦虑、忽冷忽热、起鸡皮疙瘩、流泪、流鼻涕、出汗、恶心、呕吐、腹痛、腹泻等。这种戒断反应的痛苦，反过来又促使吸毒者为避免这种痛苦而千方百计地维护吸毒状态。冰毒和摇头丸在药理作用上属于中枢兴奋药，毁坏人的神经中枢。

四、大学生如何预防和抵制毒品

（一）不要认为毒品是一种"时尚"的"食品"而去接触它。要接受毒品基本知识和禁毒法律法规教育，了解毒品的危害，懂得"吸毒一口，掉入虎口"的道理。

（二）不要有太强的好奇心，比如：有的人会想："毒品是什么味道？我要去尝一尝。"同学们千万不能抱有这样的好奇心。坚决不吃第一口。

（三）不要接受陌生人的饮料和食品，进歌舞厅要谨慎，决不吸食摇头丸、K粉等兴奋剂。

（四）不听信毒品能治病，毒品能解脱烦恼和痛苦，毒品能给人带来快乐等各种花言巧语。

（五）不要贪图虚荣，认为只有有钱的人家才吸得起毒而去吸毒。树立正确的人生观，不盲目追求享受，寻求刺激，赶时髦。

（六）不结交有吸毒、贩毒行为的人。如发现亲朋好友中有吸、贩毒行为的人，一定要劝阻，二要远离，三要报告公安机关。

（七）即使自己在不知情的情况下，被引诱、欺骗吸毒一次，也要珍惜自己的生命，不再吸第二次，更不要吸第三次。

第十五章

遵守法纪

第一节　大学生应知法律节选

当今社会需要具备各种素质的人才,法律素质是现代公民必不可缺少的一种素质,现代法治社会要求每个社会成员都应该学法、知法、守法,依照法律从事生产和生活,一切活动必须纳入法制的轨道。大学生不仅要了解法律知识,更要增强法制观念和法律素质,其法律素质的高低对于国家的长治久安、实现依法治国、建设社会主义法治国家具有特别重要的意义。

一、我国社会主义法律的分类

(一)宪法

宪法是由全国人民代表大会依特别程序制定的具有最高效力的根本法。宪法是集中反映统治阶级的意志和利益,规定国家制度、社会制度的基本原则,具有最高法律效力的根本大法,其主要功能是制约和平衡国家权力,保障公民权利。

(二)法律

法律是指由全国人民代表大会和全国人民代表大会常务委员会制定颁布的规范性法律文件,即狭义的法律,其法律效力仅次于宪法。法律分为基本法律和一般法律两类。基本法律是由全国人民代表大会制定的调整国家和社会生活中带有普遍性的社会关系的规范性法律文件的统称。

(三)行政法规

行政法规是国家最高行政机关国务院根据宪法和法律就有关执行法律和履行行政管理职权的问题,以及依据全国人大的特别授权所制定的规范性文件的总称。其法律地位和法律效力仅次于宪法和法律,但高于地方性法规和法规性文件。

(四)地方性法规

地方性法规是指依法由有地方立法权的地方人民代表大会及其常委会就地方性事务以及根据本地区实际情况执行法律、行政法规的需要所制定的规范性文件。

(五)规章

国务院各部、委员会、中国人民银行、审计署和具有行政管理职能的直属机构,以及省、自治区、直辖市人民政府和较大的市的人民政府所制定的规范性文件称规章。内容限于执行法律、行政法规、地方法规的规定,以及相关的具体行政管理事项。

（六）自治条例和单行条例

根据《宪法》和《民族区域自治法》的规定,民族自治地方的人民代表大会有权依照当地民族的政治、经济和文化的特点,制定自治条例和单行条例。其适用范围是该民族自治地方。

（七）经济特区的经济法规

宪法规定"国家在必要时得设立特别行政区"。特别行政区根据宪法和法律的规定享有行政管理权、立法权、独立的司法权和终审权。

（八）国际条约与协定国际条约

指我国与外国缔结、参加、签订、加入、承认的双边、多边的条约、协定和其他具有条约性质的文件。

二、应知法律知识节选

（一）《中华人民共和国宪法》

第一条　中华人民共和国是工人阶级领导的、以工农联盟为基础的人民民主专政的社会主义国家。

社会主义制度是中华人民共和国的根本制度。中国共产党领导是中国特色社会主义最本质的特征。禁止任何组织或者个人破坏社会主义制度。

第二条　中华人民共和国的一切权力属于人民。

人民行使国家权力的机关是全国人民代表大会和地方各级人民代表大会。

第四条　中华人民共和国各民族一律平等。国家保障各少数民族的合法的权利和利益,维护和发展各民族的平等团结互助和谐关系。禁止对任何民族的歧视和压迫,禁止破坏民族团结和制造民族分裂的行为。

各民族都有使用和发展自己的语言文字的自由,都有保持或者改革自己的风俗习惯的自由。

第五条　中华人民共和国实行依法治国,建设社会主义法治国家。

一切法律、行政法规和地方性法规都不得同宪法相抵触。

第十条　城市的土地属于国家所有。

农村和城市郊区的土地,除由法律规定属于国家所有的以外,属于集体所有;宅基地和自留地、自留山,也属于集体所有。

第十九条　国家发展社会主义的教育事业,提高全国人民的科学文化水平。

国家举办各种学校,普及初等义务教育,发展中等教育、职业教育和高等教育,并且发展学前教育。国家推广全国通用的普通话。

第三十三条　凡具有中华人民共和国国籍的人都是中华人民共和国公民。

中华人民共和国公民在法律面前一律平等。

第三十四条　中华人民共和国年满十八周岁的公民,不分民族、种族、性别、职业、家庭出身、宗教信仰、教育程度、财产状况、居住期限,都有选举权和被选举权;但是依照法律被剥夺政治权利的人除外。

第三十五条　中华人民共和国公民有言论、出版、集会、结社、游行、示威的自由。

第三十六条　中华人民共和国公民有宗教信仰自由。

任何国家机关、社会团体和个人不得强制公民信仰宗教或者不信仰宗教，不得歧视信仰宗教的公民和不信仰宗教的公民。

国家保护正常的宗教活动。任何人不得利用宗教进行破坏社会秩序、损害公民身体健康、妨碍国家教育制度的活动。

宗教团体和宗教事务不受外国势力的支配。

第三十七条　中华人民共和国公民的人身自由不受侵犯。

任何公民，非经人民检察院批准或者决定或者人民法院决定，并由公安机关执行，不受逮捕。

禁止非法拘禁和以其他方法非法剥夺或者限制公民的人身自由，禁止非法搜查公民的身体。

第三十八条　中华人民共和国公民的人格尊严不受侵犯。禁止用任何方法对公民进行侮辱、诽谤和诬告陷害。

第三十九条　中华人民共和国公民的住宅不受侵犯。禁止非法搜查或者非法侵入公民的住宅。

第四十条　中华人民共和国公民的通信自由和通信秘密受法律的保护。除因国家安全或者追查刑事犯罪的需要，由公安机关或者检察机关依照法律规定的程序对通信进行检查外，任何组织或者个人不得以任何理由侵犯公民的通信自由和通信秘密。

第五十一条　中华人民共和国公民在行使自由和权利的时候，不得损害国家的、社会的、集体的利益和其他公民的合法的自由和权利。

第五十二条　中华人民共和国公民有维护国家统一和全国各民族团结的义务。

第五十三条　中华人民共和国公民必须遵守宪法和法律，保守国家秘密，爱护公共财产，遵守劳动纪律，遵守公共秩序，尊重社会公德。

第五十四条　中华人民共和国公民有维护祖国的安全、荣誉和利益的义务，不得有危害祖国的安全、荣誉和利益的行为。

第五十五条　保卫祖国、抵抗侵略是中华人民共和国每一个公民的神圣职责。

依照法律服兵役和参加民兵组织是中华人民共和国公民的光荣义务。

（二）《中华人民共和国教育法》

第四条　教育是社会主义现代化建设的基础，国家保障教育事业优先发展。

全社会应当关心和支持教育事业的发展。

全社会应当尊重教师。

第五条　教育必须为社会主义现代化建设服务、为人民服务，必须与生产劳动和社会实践相结合，培养德、智、体、美等方面全面发展的社会主义建设者和接班人。

第六条　教育应当坚持立德树人，对受教育者加强社会主义核心价值观教育，增强受教育者的社会责任感、创新精神和实践能力。

国家在受教育者中进行爱国主义、集体主义、中国特色社会主义的教育，进行理想、道德、纪律、法治、国防和民族团结的教育。

第七条　教育应当继承和弘扬中华民族优秀的历史文化传统,吸收人类文明发展的一切优秀成果。

第八条　教育活动必须符合国家和社会公共利益。

国家实行教育与宗教相分离。任何组织和个人不得利用宗教进行妨碍国家教育制度的活动。

第十二条　国家通用语言文字为学校及其他教育机构的基本教育教学语言文字,学校及其他教育机构应当使用国家通用语言文字进行教育教学。

民族自治地方以少数民族学生为主的学校及其他教育机构,从实际出发,使用国家通用语言文字和本民族或者当地民族通用的语言文字实施双语教育。

国家采取措施,为少数民族学生为主的学校及其他教育机构实施双语教育提供条件和支持。

第二十二条　国家实行学业证书制度。

经国家批准设立或者认可的学校及其他教育机构按照国家有关规定,颁发学历证书或者其他学业证书。

第二十三条　国家实行学位制度。

学位授予单位依法对达到一定学术水平或者专业技术水平的人员授予相应的学位,颁发学位证书。

第二十九条　学校及其他教育机构行使下列权利:

(一)按照章程自主管理;

(二)组织实施教育教学活动;

(三)招收学生或者其他受教育者;

(四)对受教育者进行学籍管理,实施奖励或者处分;

(五)对受教育者颁发相应的学业证书;

(六)聘任教师及其他职工,实施奖励或者处分;

(七)管理、使用本单位的设施和经费;

(八)拒绝任何组织和个人对教育教学活动的非法干涉;

(九)法律、法规规定的其他权利。

国家保护学校及其他教育机构的合法权益不受侵犯。

第三十条　学校及其他教育机构应当履行下列义务:

(一)遵守法律、法规;

(二)贯彻国家的教育方针,执行国家教育教学标准,保证教育教学质量;

(三)维护受教育者、教师及其他职工的合法权益;

(四)以适当方式为受教育者及其监护人了解受教育者的学业成绩及其他有关情况提供便利;

(五)遵照国家有关规定收取费用并公开收费项目;

(六)依法接受监督。

第四十三条　受教育者享有下列权利:

(一)参加教育教学计划安排的各种活动,使用教育教学设施、设备、图书资料;

（二）按照国家有关规定获得奖学金、贷学金、助学金；

（三）在学业成绩和品行上获得公正评价，完成规定的学业后获得相应的学业证书、学位证书；

（四）对学校给予的处分不服向有关部门提出申诉，对学校、教师侵犯其人身权、财产权等合法权益，提出申诉或者依法提起诉讼；

（五）法律、法规规定的其他权利。

第四十四条 受教育者应当履行下列义务：

（一）遵守法律、法规；

（二）遵守学生行为规范，尊敬师长，养成良好的思想品德和行为习惯；

（三）努力学习，完成规定的学习任务；

（四）遵守所在学校或者其他教育机构的管理制度。

第七十二条 结伙斗殴、寻衅滋事，扰乱学校及其他教育机构教育教学秩序或者破坏校舍、场地及其他财产的，由公安机关给予治安管理处罚；构成犯罪的，依法追究刑事责任。

侵占学校及其他教育机构的校舍、场地及其他财产的，依法承担民事责任。

（三）《中华人民共和国治安管理处罚法》

第十条 治安管理处罚的种类分为：

（一）警告；

（二）罚款；

（三）行政拘留；

（四）吊销公安机关发放的许可证。

对违反治安管理的外国人，可以附加适用限期出境或者驱逐出境。

第十一条 办理治安案件所查获的毒品、淫秽物品等违禁品，赌具、赌资，吸食、注射毒品的用具以及直接用于实施违反治安管理行为的本人所有的工具，应当收缴，按照规定处理。

违反治安管理所得的财物，追缴退还被侵害人；没有被侵害人的，登记造册，公开拍卖或者按照国家有关规定处理，所得款项上缴国库。

第十二条 已满十四周岁不满十八周岁的人违反治安管理的，从轻或者减轻处罚；不满十四周岁的人违反治安管理的，不予处罚，但是应当责令其监护人严加管教。

第十五条 醉酒的人违反治安管理的，应当给予处罚。

醉酒的人在醉酒状态中，对本人有危险或者对他人的人身、财产或者公共安全有威胁的，应当对其采取保护性措施约束至酒醒。

第十九条 违反治安管理有下列情形之一的，减轻处罚或者不予处罚：

（一）情节特别轻微的；

（二）主动消除或者减轻违法后果，并取得被侵害人谅解的；

（三）出于他人胁迫或者诱骗的；

（四）主动投案，向公安机关如实陈述自己的违法行为的；

（五）有立功表现的。

第二十条 违反治安管理有下列情形之一的，从重处罚：

（一）有较严重后果的；

（二）教唆、胁迫、诱骗他人违反治安管理的；

（三）对报案人、控告人、举报人、证人打击报复的；

（四）六个月内曾受过治安管理处罚的。

第二十一条　违反治安管理行为人有下列情形之一，依照本法应当给予行政拘留处罚的，不执行行政拘留处罚：

（一）已满十四周岁不满十六周岁的；

（二）已满十六周岁不满十八周岁，初次违反治安管理的；

（三）七十周岁以上的；

（四）怀孕或者哺乳自己不满一周岁婴儿的。

第二十二条　违反治安管理行为在六个月内没有被公安机关发现的，不再处罚。

第二十三条　有下列行为之一的，处警告或者二百元以下罚款；情节较重的，处五日以上十日以下拘留，可以并处五百元以下罚款：

（一）扰乱机关、团体、企业、事业单位秩序，致使工作、生产、营业、医疗、教学、科研不能正常进行，尚未造成严重损失的；

（二）扰乱车站、港口、码头、机场、商场、公园、展览馆或者其他公共场所秩序的；

（三）扰乱公共汽车、电车、火车、船舶、航空器或者其他公共交通工具上的秩序的；

（四）非法拦截或者强登、扒乘机动车、船舶、航空器以及其他交通工具，影响交通工具正常行驶的；

（五）破坏依法进行的选举秩序的。

聚众实施前款行为的，对首要分子处十日以上十五日以下拘留，可以并处一千元以下罚款。

第二十五条　有下列行为之一的，处五日以上十日以下拘留，可以并处五百元以下罚款；情节较轻的，处五日以下拘留或者五百元以下罚款：

（一）散布谣言，谎报险情、疫情、警情或者以其他方法故意扰乱公共秩序的；

（二）投放虚假的爆炸性、毒害性、放射性、腐蚀性物质或者传染病病原体等危险物质扰乱公共秩序的；

（三）扬言实施放火、爆炸、投放危险物质扰乱公共秩序的。

第二十六条　有下列行为之一的，处五日以上十日以下拘留，可以并处五百元以下罚款；情节较重的，处十日以上十五日以下拘留，可以并处一千元以下罚款：

（一）结伙斗殴的；

（二）追逐、拦截他人的；

（三）强拿硬要或者任意损毁、占用公私财物的；

（四）其他寻衅滋事行为。

第二十七条　有下列行为之一的，处十日以上十五日以下拘留，可以并处一千元以下罚款；情节较轻的，处五日以上十日以下拘留，可以并处五百元以下罚款：

（一）组织、教唆、胁迫、诱骗、煽动他人从事邪教、会道门活动或者利用邪教、会道门、迷信活动，扰乱社会秩序、损害他人身体健康的；

（二）冒用宗教、气功名义进行扰乱社会秩序、损害他人身体健康活动的。

第二十八条 违反国家规定,故意干扰无线电业务正常进行的,或者对正常运行的无线电台(站)产生有害干扰,经有关主管部门指出后,拒不采取有效措施消除的,处五日以上十日以下拘留;情节严重的,处十日以上十五日以下拘留。

第二十九条 有下列行为之一的,处五日以下拘留;情节较重的,处五日以上十日以下拘留:

（一）违反国家规定,侵入计算机信息系统,造成危害的;

（二）违反国家规定,对计算机信息系统功能进行删除、修改、增加、干扰,造成计算机信息系统不能正常运行的;

（三）违反国家规定,对计算机信息系统中存储、处理、传输的数据和应用程序进行删除、修改、增加的;

（四）故意制作、传播计算机病毒等破坏性程序,影响计算机信息系统正常运行的。

第三十条 违反国家规定,制造、买卖、储存、运输、邮寄、携带、使用、提供、处置爆炸性、毒害性、放射性、腐蚀性物质或者传染病病原体等危险物质的,处十日以上十五日以下拘留;情节较轻的,处五日以上十日以下拘留。

第三十二条 非法携带枪支、弹药或者弩、匕首等国家规定的管制器具的,处五日以下拘留,可以并处五百元以下罚款;情节较轻的,处警告或者二百元以下罚款。

非法携带枪支、弹药或者弩、匕首等国家规定的管制器具进入公共场所或者公共交通工具的,处五日以上十日以下拘留,可以并处五百元以下罚款。

第三十七条 有下列行为之一的,处五日以下拘留或者五百元以下罚款;情节严重的,处五日以上十日以下拘留,可以并处五百元以下罚款:

（一）未经批准,安装、使用电网的,或者安装、使用电网不符合安全规定的;

（二）在车辆、行人通行的地方施工,对沟井坎穴不设覆盖物、防围和警示标志的,或者故意损毁、移动覆盖物、防围和警示标志的;

（三）盗窃、损毁路面井盖、照明等公共设施的。

第四十条 有下列行为之一的,处十日以上十五日以下拘留,并处五百元以上一千元以下罚款;情节较轻的,处五日以上十日以下拘留,并处二百元以上五百元以下罚款:

（一）组织、胁迫、诱骗不满十六周岁的人或者残疾人进行恐怖、残忍表演的;

（二）以暴力、威胁或者其他手段强迫他人劳动的;

（三）非法限制他人人身自由、非法侵入他人住宅或者非法搜查他人身体的。

第四十二条 有下列行为之一的,处五日以下拘留或者五百元以下罚款;情节较重的,处五日以上十日以下拘留,可以并处五百元以下罚款:

（一）写恐吓信或者以其他方法威胁他人人身安全的;

（二）公然侮辱他人或者捏造事实诽谤他人的;

（三）捏造事实诬告陷害他人,企图使他人受到刑事追究或者受到治安管理处罚的;

（四）对证人及其近亲属进行威胁、侮辱、殴打或者打击报复的;

（五）多次发送淫秽、侮辱、恐吓或者其他信息,干扰他人正常生活的;

（六）偷窥、偷拍、窃听、散布他人隐私的。

第四十三条　殴打他人的,或者故意伤害他人身体的,处五日以上十日以下拘留,并处二百元以上五百元以下罚款;情节较轻的,处五日以下拘留或者五百元以下罚款。

有下列情形之一的,处十日以上十五日以下拘留,并处五百元以上一千元以下罚款:

(一)结伙殴打、伤害他人的;

(二)殴打、伤害残疾人、孕妇、不满十四周岁的人或者六十周岁以上的人的;

(三)多次殴打、伤害他人或者一次殴打、伤害多人的。

第四十四条　猥亵他人的,或者在公共场所故意裸露身体,情节恶劣的,处五日以上十日以下拘留;猥亵智力残疾人、精神病人、不满十四周岁的人或者有其他严重情节的,处十日以上十五日以下拘留。

第四十六条　强买强卖商品,强迫他人提供服务或者强迫他人接受服务的,处五日以上十日以下拘留,并处二百元以上五百元以下罚款;情节较轻的,处五日以下拘留或者五百元以下罚款。

第四十七条　煽动民族仇恨、民族歧视,或者在出版物、计算机信息网络中刊载民族歧视、侮辱内容的,处十日以上十五日以下拘留,可以并处一千元以下罚款。

第四十八条　冒领、隐匿、毁弃、私自开拆或者非法检查他人邮件的,处五日以下拘留或者五百元以下罚款。

第四十九条　盗窃、诈骗、哄抢、抢夺、敲诈勒索或者故意损毁公私财物的,处五日以上十日以下拘留,可以并处五百元以下罚款;情节较重的,处十日以上十五日以下拘留,可以并处一千元以下罚款。

第五十五条　煽动、策划非法集会、游行、示威,不听劝阻的,处十日以上十五日以下拘留。

第六十六条　卖淫、嫖娼的,处十日以上十五日以下拘留,可以并处五千元以下罚款;情节较轻的,处五日以下拘留或者五百元以下罚款。

在公共场所拉客招嫖的,处五日以下拘留或者五百元以下罚款。

第六十八条　制作、运输、复制、出售、出租淫秽的书刊、图片、影片、音像制品等淫秽物品或者利用计算机信息网络、电话以及其他通信工具传播淫秽信息的,处十日以上十五日以下拘留,可以并处三千元以下罚款;情节较轻的,处五日以下拘留或者五百元以下罚款。

第六十九条　有下列行为之一的,处十日以上十五日以下拘留,并处五百元以上一千元以下罚款:

(一)组织播放淫秽音像的;

(二)组织或者进行淫秽表演的;

(三)参与聚众淫乱活动的。

明知他人从事前款活动,为其提供条件的,依照前款的规定处罚。

第七十二条　有下列行为之一的,处十日以上十五日以下拘留,可以并处二千元以下罚款;情节较轻的,处五日以下拘留或者五百元以下罚款:

(一)非法持有鸦片不满二百克、海洛因或者甲基苯丙胺不满十克或者其他少量毒品的;

(二)向他人提供毒品的;

（三）吸食、注射毒品的；

（四）胁迫、欺骗医务人员开具麻醉药品、精神药品的。

第七十三条　教唆、引诱、欺骗他人吸食、注射毒品的，处十日以上十五日以下拘留，并处五百元以上二千元以下罚款。

（四）《中华人民共和国刑法》

第十三条　【犯罪概念】一切危害国家主权、领土完整和安全，分裂国家、颠覆人民民主专政的政权和推翻社会主义制度，破坏社会秩序和经济秩序，侵犯国有财产或者劳动群众集体所有的财产，侵犯公民私人所有的财产，侵犯公民的人身权利、民主权利和其他权利，以及其他危害社会的行为，依照法律应当受刑罚处罚的，都是犯罪，但是情节显著轻微危害不大的，不认为是犯罪。

第十七条　【刑事责任年龄】已满十六周岁的人犯罪，应当负刑事责任。

已满十四周岁不满十六周岁的人，犯故意杀人、故意伤害致人重伤或者死亡、强奸、抢劫、贩卖毒品、放火、爆炸、投毒罪的，应当负刑事责任。

已满十四周岁不满十八周岁的人犯罪，应当从轻或者减轻处罚。

因不满十六周岁不予刑事处罚的，责令他的家长或者监护人加以管教；在必要的时候，也可以由政府收容教养。

第二十条　【正当防卫】为了使国家、公共利益、本人或者他人的人身、财产和其他权利免受正在进行的不法侵害，而采取的制止不法侵害的行为，对不法侵害人造成损害的，属于正当防卫，不负刑事责任。

正当防卫明显超过必要限度造成重大损害的，应当负刑事责任，但是应当减轻或者免除处罚。

对正在进行行凶、杀人、抢劫、强奸、绑架以及其他严重危及人身安全的暴力犯罪，采取防卫行为，造成不法侵害人伤亡的，不属于防卫过当，不负刑事责任。

第二十一条　【紧急避险】为了使国家、公共利益、本人或者他人的人身、财产和其他权利免受正在发生的危险，不得已采取的紧急避险行为，造成损害的，不负刑事责任。

紧急避险超过必要限度造成不应有的损害的，应当负刑事责任，但是应当减轻或者免除处罚。

第三十三条　【主刑种类】主刑的种类如下：

（1）管制；

（2）拘役；

（3）有期徒刑；

（4）无期徒刑；

（五）死刑。

第三十四条　【附加刑种类】附加刑的种类如下：

（1）罚金；

（2）剥夺政治权利；

（三）没收财产。

附加刑也可以独立适用。

第一百零三条　【分裂国家罪、煽动分裂国家罪】组织、策划、实施分裂国家、破坏国家统一的，对首要分子或者罪行重大的，处无期徒刑或者十年以上有期徒刑；对积极参加的，处三年以上十年以下有期徒刑；对其他参加的，处三年以下有期徒刑、拘役、管制或者剥夺政治权利。

煽动分裂国家、破坏国家统一的，处五年以下有期徒刑、拘役、管制或者剥夺政治权利；首要分子或者罪行重大的，处五年以上有期徒刑。

第一百零九条　掌握国家秘密的国家工作人员叛逃境外或者在境外叛逃的，依照前款的规定从重处罚。

第一百一十条　【间谍罪】有下列间谍行为之一，危害国家安全的，处十年以上有期徒刑或者无期徒刑；情节较轻的，处三年以上十年以下有期徒刑：

（一）参加间谍组织或者接受间谍组织及其代理人的任务的；

（二）为敌人指示轰击目标的。

第一百一十一条　【为境外窃取、刺探、收买、非法提供国家秘密、情报罪】为境外的机构、组织、人员窃取、刺探、收买、非法提供国家秘密或者情报的，处五年以上十年以下有期徒刑；情节特别严重的，处十年以上有期徒刑或者无期徒刑；情节较轻的，处五年以下有期徒刑、拘役、管制或者剥夺政治权利。

第一百一十四条　【放火罪、决水罪、爆炸罪、投放危险物质罪、以危险方法危害公共安全罪之一】放火、决水、爆炸以及投放毒害性、放射性、传染病病原体等物质或者以其他危险方法危害公共安全，尚未造成严重后果的，处三年以上十年以下有期徒刑。

第一百一十五条　【放火罪、决水罪、爆炸罪、投放危险物质罪、以危险方法危害公共安全罪之二】放火、决水、爆炸以及投放毒害性、放射性、传染病病原体等物质或者以其他危险方法致人重伤、死亡或者使公私财产遭受重大损失的，处十年以上有期徒刑、无期徒刑或者死刑。

第一百一十六条　【破坏交通工具罪】破坏火车、汽车、电车、船只、航空器，足以使火车、汽车、电车、船只、航空器发生倾覆、毁坏危险，尚未造成严重后果的，处三年以上十年以下有期徒刑。

第一百一十七条　【破坏交通设施罪】破坏轨道、桥梁、隧道、公路、机场、航道、灯塔、标志或者进行其他破坏活动，足以使火车、汽车、电车、船只、航空器发生倾覆、毁坏危险，尚未造成严重后果的，处三年以上十年以下有期徒刑。

第一百一十八条　【破坏电力设备罪、破坏易燃易爆设备罪】破坏电力、燃气或者其他易燃易爆设备，危害公共安全，尚未造成严重后果的，处三年以上十年以下有期徒刑。

第一百一十九条　【破坏交通工具罪、破坏交通设施罪、破坏电力设备罪、破坏易燃易爆设备罪】破坏交通工具、交通设施、电力设备、燃气设备、易燃易爆设备，造成严重后果的，处十年以上有期徒刑、无期徒刑或者死刑。

第一百二十条　【组织、领导、参加恐怖组织罪】组织、领导恐怖活动组织的，处十年以上有期徒刑或者无期徒刑，并处没收财产；积极参加的，处三年以上十年以下有期徒刑，并处罚金；其他参加的，处三年以下有期徒刑、拘役、管制或者剥夺政治权利，可以并处罚金。

犯前款罪并实施杀人、爆炸、绑架等犯罪的，依照数罪并罚的规定处罚。

第一百二十条之三 【宣扬恐怖主义、极端主义、煽动实施恐怖活动罪】以制作、散发宣扬恐怖主义、极端主义的图书、音频视频资料或者其他物品，或者通过讲授、发布信息等方式宣扬恐怖主义、极端主义的，或者煽动实施恐怖活动的，处五年以下有期徒刑、拘役、管制或者剥夺政治权利，并处罚金；情节严重的，处五年以上有期徒刑，并处罚金或者没收财产。

第一百二十四条 【破坏广播电视设施、公用电信设施罪】破坏广播电视设施、公用电信设施，危害公共安全的，处三年以上七年以下有期徒刑；造成严重后果的，处七年以上有期徒刑。

过失犯前款罪的，处三年以上七年以下有期徒刑；情节较轻的，处三年以下有期徒刑或者拘役。

第一百三十三条之一 在道路上驾驶机动车，有下列情形之一的，处拘役，并处罚金：

（一）追逐竞驶，情节恶劣的；

（二）醉酒驾驶机动车的；

（三）从事校车业务或者旅客运输，严重超过额定乘员载客，或者严重超过规定时速行驶的；

（四）违反危险化学品安全管理规定运输危险化学品，危及公共安全的。

机动车所有人、管理人对前款第三项、第四项行为负有直接责任的，依照前款的规定处罚。

有前两款行为，同时构成其他犯罪的，依照处罚较重的规定定罪处罚。

第一百三十八条 【教育设施重大安全事故罪】明知校舍或者教育教学设施有危险，而不采取措施或者不及时报告，致使发生重大伤亡事故的，对直接责任人员，处三年以下有期徒刑或者拘役；后果特别严重的，处三年以上七年以下有期徒刑。

第一百三十九条 【消防责任事故罪；不报、谎报安全事故罪】违反消防管理法规，经消防监督机构通知采取改正措施而拒绝执行，造成严重后果的，对直接责任人员，处三年以下有期徒刑或者拘役；后果特别严重的，处三年以上七年以下有期徒刑。

第一百三十九条之一 在安全事故发生后，负有报告职责的人员不报或者谎报事故情况，贻误事故抢救，情节严重的，处三年以下有期徒刑或者拘役；情节特别严重的，处三年以上七年以下有期徒刑。

第二百二十三条 【串通投标罪】投标人相互串通投标报价，损害招标人或者其他投标人利益，情节严重的，处三年以下有期徒刑或者拘役，并处或者单处罚金。

投标人与招标人串通投标，损害国家、集体、公民的合法利益的，依照前款的规定处罚。

第二百二十七条 【伪造、倒卖伪造的有价票证罪；倒卖车票、船票罪】伪造或者倒卖伪造的车票、船票、邮票或者其他有价票证，数额较大的，处二年以下有期徒刑、拘役或者管制，并处或者单处票证价额一倍以上五倍以下罚金；数额巨大的，处二年以上七年以下有期徒刑，并处票证价额一倍以上五倍以下罚金。

倒卖车票、船票，情节严重的，处三年以下有期徒刑、拘役或者管制，并处或者单处票证价额一倍以上五倍以下罚金。

第二百三十六条 【强奸罪】以暴力、胁迫或者其他手段强奸妇女的，处三年以上十年以下有期徒刑。

奸淫不满十四周岁的幼女的,以强奸论,从重处罚。

强奸妇女、奸淫幼女,有下列情形之一的,处十年以上有期徒刑、无期徒刑或者死刑:

(一) 强奸妇女、奸淫幼女情节恶劣的;

(二) 强奸妇女、奸淫幼女多人的;

(三) 在公共场所当众强奸妇女的;

(四) 二人以上轮奸的;

(五) 致使被害人重伤、死亡或者造成其他严重后果的。

第二百三十七条 【强制猥亵、侮辱罪、猥亵儿童罪】以暴力、胁迫或者其他方法强制猥亵他人或者侮辱妇女的,处五年以下有期徒刑或者拘役。

聚众或者在公共场所当众犯前款罪的,或者有其他恶劣情节的,处五年以上有期徒刑。

猥亵儿童的,依照前两款的规定从重处罚。

第二百三十八条 【非法拘禁罪】非法拘禁他人或者以其他方法非法剥夺他人人身自由的,处三年以下有期徒刑、拘役、管制或者剥夺政治权利。具有殴打、侮辱情节的,从重处罚。

犯前款罪,致人重伤的,处三年以上十年以下有期徒刑;致人死亡的,处十年以上有期徒刑。使用暴力致人伤残、死亡的,依照本法第二百三十四条、第二百三十二条的规定定罪处罚。

为索取债务非法扣押、拘禁他人的,依照前两款的规定处罚。

国家机关工作人员利用职权犯前三款罪的,依照前三款的规定从重处罚。

第二百三十九条 【绑架罪】以勒索财物为目的绑架他人的,或者绑架他人作为人质的,处十年以上有期徒刑或者无期徒刑,并处罚金或者没收财产;情节较轻的,处五年以上十年以下有期徒刑,并处罚金。

犯前款罪,杀害被绑架人的,或者故意伤害被绑架人,致人重伤、死亡的,处无期徒刑或者死刑,并处没收财产。

以勒索财物为目的偷盗婴幼儿的,依照前两款的规定处罚。

第二百四十六条 【侮辱罪、诽谤罪】以暴力或者其他方法公然侮辱他人或者捏造事实诽谤他人,情节严重的,处三年以下有期徒刑、拘役、管制或者剥夺政治权利。

第二百四十九条 【煽动民族仇恨、民族歧视罪】煽动民族仇恨、民族歧视,情节严重的,处三年以下有期徒刑、拘役、管制或者剥夺政治权利;情节特别严重的,处三年以上十年以下有期徒刑。

第二百五十二条 【侵犯通信自由罪】隐匿、毁弃或者非法开拆他人信件,侵犯公民通信自由权利,情节严重的,处一年以下有期徒刑或者拘役。

第二百六十三条 【抢劫罪】以暴力、胁迫或者其他方法抢劫公私财物的,处三年以上十年以下有期徒刑,并处罚金;有下列情形之一的,处十年以上有期徒刑、无期徒刑或者死刑,并处罚金或者没收财产:

(一) 入户抢劫的;

(二) 在公共交通工具上抢劫的;

(三) 抢劫银行或者其他金融机构的;

（四）多次抢劫或者抢劫数额巨大的；

（五）抢劫致人重伤、死亡的；

（六）冒充军警人员抢劫的；

（七）持枪抢劫的；

（八）抢劫军用物资或者抢险、救灾、救济物资的。

第二百六十四条　【盗窃罪】盗窃公私财物，数额较大的，或者多次盗窃、入户盗窃、携带凶器盗窃、扒窃的，处三年以下有期徒刑、拘役或者管制，并处或者单处罚金；数额巨大或者有其他严重情节的，处三年以上十年以下有期徒刑，并处罚金；数额特别巨大或者有其他特别严重情节的，处十年以上有期徒刑或者无期徒刑，并处罚金或者没收财产。

第二百六十五条　【盗窃罪】以牟利为目的，盗接他人通信线路、复制他人电信码号或者明知是盗接、复制的电信设备、设施而使用的，依照本法第二百六十四条的规定定罪处罚。

第二百六十七条　【抢夺罪；抢劫罪】抢夺公私财物，数额较大的，或者多次抢夺的，处三年以下有期徒刑、拘役或者管制，并处或者单处罚金；数额巨大或者有其他严重情节的，处三年以上十年以下有期徒刑，并处罚金；数额特别巨大或者有其他特别严重情节的，处十年以上有期徒刑或者无期徒刑，并处罚金或者没收财产。

携带凶器抢夺的，依照本法第二百六十三条的规定定罪处罚。

第二百六十九条　【抢劫罪】犯盗窃、诈骗、抢夺罪，为窝藏赃物、抗拒抓捕或者毁灭罪证而当场使用暴力或者以暴力相威胁的，依照本法第二百六十三条的规定定罪处罚。

第二百七十四条　【敲诈勒索罪】敲诈勒索公私财物，数额较大或者多次敲诈勒索的，处三年以下有期徒刑、拘役或者管制，并处或者单处罚金；数额巨大或者有其他严重情节的，处三年以上十年以下有期徒刑，并处罚金；数额特别巨大或者有其他特别严重情节的，处十年以上有期徒刑，并处罚金。

第二百七十五条　【故意毁坏财物罪】故意毁坏公私财物，数额较大或者有其他严重情节的，处三年以下有期徒刑、拘役或者罚金；数额巨大或者有其他特别严重情节的，处三年以上七年以下有期徒刑。

第二百八十四条之一　【组织考试作弊罪；非法出售、提供试题答案罪；代替考试罪】在法律规定的国家考试中，组织作弊的，处三年以下有期徒刑或者拘役，并处或者单处罚金；情节严重的，处三年以上七年以下有期徒刑，并处罚金。

为他人实施前款犯罪提供作弊器材或者其他帮助的，依照前款的规定处罚。

为实施考试作弊行为，向他人非法出售或者提供第一款规定的考试的试题、答案的，依照第一款的规定处罚。

代替他人或者让他人代替自己参加第一款规定的考试的，处拘役或者管制，并处或者单处罚金。

第二百九十条　【聚众扰乱社会秩序罪；聚众冲击国家机关罪、扰乱国家机关工作秩序罪；组织、资助非法聚集罪】聚众扰乱社会秩序，情节严重，致使工作、生产、营业和教学、科研、医疗无法进行，造成严重损失的，对首要分子，处三年以上七年以下有期徒刑；对其他积极参加的，处三年以下有期徒刑、拘役、管制或者剥夺政治权利。

第二百九十二条　【聚众斗殴罪;故意伤害罪;故意杀人罪】聚众斗殴的,对首要分子和其他积极参加的,处三年以下有期徒刑、拘役或者管制;有下列情形之一的,对首要分子和其他积极参加的,处三年以上十年以下有期徒刑:

(一) 多次聚众斗殴的;

(二) 聚众斗殴人数多,规模大,社会影响恶劣的;

(三) 在公共场所或者交通要道聚众斗殴,造成社会秩序严重混乱的;

(四) 持械聚众斗殴的。

聚众斗殴,致人重伤、死亡的,依照本法第二百三十四条、第二百三十二条的规定定罪处罚。

第二百九十三条　【寻衅滋事罪】有下列寻衅滋事行为之一,破坏社会秩序的,处五年以下有期徒刑、拘役或者管制:

(一) 随意殴打他人,情节恶劣的;

(二) 追逐、拦截、辱骂、恐吓他人,情节恶劣的;

(三) 强拿硬要或者任意损毁、占用公私财物,情节严重的;

(四) 在公共场所起哄闹事,造成公共场所秩序严重混乱的。

纠集他人多次实施前款行为,严重破坏社会秩序的,处五年以上十年以下有期徒刑,可以并处罚金。

第二百九十七条　【非法携带武器、管制刀具、爆炸物参加集会、游行、示威罪】违反法律规定,携带武器、管制刀具或者爆炸物参加集会、游行、示威的,处三年以下有期徒刑、拘役、管制或者剥夺政治权利。

第二百九十九条　【侮辱国旗、国徽罪】在公众场合故意以焚烧、毁损、涂划、玷污、践踏等方式侮辱中华人民共和国国旗、国徽的,处三年以下有期徒刑、拘役、管制或者剥夺政治权利。

第三十条　【组织、利用会道门、邪教组织、利用迷信破坏法律实施罪;组织、利用会道门、邪教组织、利用迷信致人重伤、死亡罪;强奸罪;诈骗罪】组织、利用会道门、邪教组织或者利用迷信破坏国家法律、行政法规实施的,处三年以上七年以下有期徒刑,并处罚金;情节特别严重的,处七年以上有期徒刑或者无期徒刑,并处罚金或者没收财产;情节较轻的,处三年以下有期徒刑、拘役、管制或者剥夺政治权利,并处或者单处罚金。

组织、利用会道门、邪教组织或者利用迷信蒙骗他人,致人重伤、死亡的,依照前款的规定处罚。

犯第一款罪又有奸淫妇女、诈骗财物等犯罪行为的,依照数罪并罚的规定处罚。

第三百四十七条　【走私、贩卖、运输、制造毒品罪】走私、贩卖、运输、制造毒品,无论数量多少,都应当追究刑事责任,予以刑事处罚。

走私、贩卖、运输、制造毒品,有下列情形之一的,处十五年有期徒刑、无期徒刑或者死刑,并处没收财产:

(一) 走私、贩卖、运输、制造鸦片一千克以上、海洛因或者甲基苯丙胺五十克以上或者其他毒品数量大的。

第三百四十八条　【非法持有毒品罪】非法持有鸦片一千克以上、海洛因或者甲基苯丙胺五十克以上或者其他毒品数量大的,处七年以上有期徒刑或者无期徒刑,并处罚金;非法持有鸦片二百克以上不满一千克、海洛因或者甲基苯丙胺十克以上不满五十克或者其他毒品数量较大的,处三年以下有期徒刑、拘役或者管制,并处罚金;情节严重的,处三年以上七年以下有期徒刑,并处罚金。

(五)《中华人民共和国消防法》

第六条　各级人民政府应当组织开展经常性的消防宣传教育,提高公民的消防安全意识。

机关、团体、企业、事业等单位,应当加强对本单位人员的消防宣传教育。

公安机关及其消防机构应当加强消防法律、法规的宣传,并督促、指导、协助有关单位做好消防宣传教育工作。

教育、人力资源行政主管部门和学校、有关职业培训机构应当将消防知识纳入教育、教学、培训的内容。

第二十八条　任何单位、个人不得损坏、挪用或者擅自拆除、停用消防设施、器材,不得埋压、圈占、遮挡消火栓或者占用防火间距,不得占用、堵塞、封闭疏散通道、安全出口、消防车通道。人员密集场所的门窗不得设置影响逃生和灭火救援的障碍物。

(六)《中华人民共和国道路交通安全法》

第八条　国家对机动车实行登记制度。机动车经公安机关交通管理部门登记后,方可上道路行驶。尚未登记的机动车,需要临时上道路行驶的,应当取得临时通行牌证。

第十九条　驾驶机动车,应当依法取得机动车驾驶证。

申请机动车驾驶证,应当符合国务院公安部门规定的驾驶许可条件;经考试合格后,由公安机关交通管理部门发给相应类别的机动车驾驶证。

持有境外机动车驾驶证的人,符合国务院公安部门规定的驾驶许可条件,经公安机关交通管理部门考核合格的,可以发给中国的机动车驾驶证。

驾驶人应当按照驾驶证载明的准驾车型驾驶机动车;驾驶机动车时,应当随身携带机动车驾驶证。

公安机关交通管理部门以外的任何单位或者个人,不得收缴、扣留机动车驾驶证。

第二十六条　交通信号灯由红灯、绿灯、黄灯组成。红灯表示禁止通行,绿灯表示准许通行,黄灯表示警示。

第五十一条　机动车行驶时,驾驶人、乘坐人员应当按规定使用安全带,摩托车驾驶人及乘坐人员应当按规定戴安全头盔。

第六十一条　行人应当在人行道内行走,没有人行道的靠路边行走。

第六十二条　行人通过路口或者横过道路,应当走人行横道或者过街设施;通过有交通信号灯的人行横道,应当按照交通信号灯指示通行;通过没有交通信号灯、人行横道的路口,或者在没有过街设施的路段横过道路,应当在确认安全后通过。

第六十三条　行人不得跨越、倚坐道路隔离设施,不得扒车、强行拦车或者实施妨碍道路交通安全的其他行为。

第六十六条　乘车人不得携带易燃易爆等危险物品,不得向车外抛洒物品,不得有影响驾驶人安全驾驶的行为。

第九十一条　饮酒后驾驶机动车的,处暂扣六个月机动车驾驶证,并处一千元以上二千元以下罚款。因饮酒后驾驶机动车被处罚,再次饮酒后驾驶机动车的,处十日以下拘留,并处一千元以上二千元以下罚款,吊销机动车驾驶证。

醉酒驾驶机动车的,由公安机关交通管理部门约束至酒醒,吊销机动车驾驶证,依法追究刑事责任;五年内不得重新取得机动车驾驶证。

饮酒后驾驶营运机动车的,处十五日拘留,并处五千元罚款,吊销机动车驾驶证,五年内不得重新取得机动车驾驶证。

醉酒驾驶营运机动车的,由公安机关交通管理部门约束至酒醒,吊销机动车驾驶证,依法追究刑事责任;十年内不得重新取得机动车驾驶证,重新取得机动车驾驶证后,不得驾驶营运机动车。

饮酒后或者醉酒驾驶机动车发生重大交通事故,构成犯罪的,依法追究刑事责任,并由公安机关交通管理部门吊销机动车驾驶证,终生不得重新取得机动车驾驶证。

第九十六条　伪造、变造或者使用伪造、变造的机动车登记证书、号牌、行驶证、驾驶证的,由公安机关交通管理部门予以收缴,扣留该机动车,处十五日以下拘留,并处二千元以上五千元以下罚款;构成犯罪的,依法追究刑事责任。

伪造、变造或者使用伪造、变造的检验合格标志、保险标志的,由公安机关交通管理部门予以收缴,扣留该机动车,处十日以下拘留,并处一千元以上三千元以下罚款;构成犯罪的,依法追究刑事责任。

使用其他车辆的机动车登记证书、号牌、行驶证、检验合格标志、保险标志的,由公安机关交通管理部门予以收缴,扣留该机动车,处二千元以上五千元以下罚款。

当事人提供相应的合法证明或者补办相应手续的,应当及时退还机动车。

第二节　高等学校学生行为准则

(教育部颁布)

一、志存高远,坚定信念。努力学习马克思列宁主义、毛泽东思想、邓小平理论和"三个代表"重要思想,面向世界,了解国情,确立在中国共产党领导下走社会主义道路、实现中华民族伟大复兴的共同理想和坚定信念,努力成为有理想、有道德、有文化、有纪律的社会主义新人。

二、热爱祖国,服务人民。弘扬民族精神,维护国家利益和民族团结。不参与违反四项基本原则、影响国家统一和社会稳定的活动。培养同人民群众的深厚感情,正确处理国家、集体和个人三者利益关系,增强社会责任感,甘愿为祖国为人民奉献。

三、勤奋学习,自强不息。追求真理,崇尚科学;刻苦钻研,严谨求实;积极实践,勇于创新;珍惜时间,学业有成。

四、遵纪守法,弘扬正气。遵守宪法、法律法规,遵守校纪校规;正确行使权利,依法履行义务;敬廉崇洁,公道正派;敢于并善于同各种违法违纪行为作斗争。

五、诚实守信,严于律己。履约践诺,知行统一;遵从学术规范,恪守学术道德,不作弊,不剽窃;自尊自爱,自省自律;文明使用互联网;自觉抵制黄、赌、毒等不良诱惑。

六、明礼修身,团结友爱。弘扬传统美德,遵守社会公德,男女交往文明;关心集体,爱护公物,热心公益;尊敬师长,友爱同学,团结合作;仪表整洁,待人礼貌;豁达宽容,积极向上。

七、勤俭节约,艰苦奋斗。热爱劳动,珍惜他人和社会劳动成果;生活俭朴,杜绝浪费;不追求超越自身和家庭实际的物质享受。

八、强健体魄,热爱生活。积极参加文体活动,提高身体素质,保持心理健康;磨砺意志,不怕挫折,提高适应能力;增强安全意识,防止意外事故;关爱自然,爱护环境,珍惜资源。

第三节 大学生日常行为规范

一、自尊自爱,注重仪表

1. 维护国家荣誉,尊敬国旗、国徽,会唱国歌,升降国旗、奏唱国歌时要肃立、脱帽、行注目礼。

2. 参观博物馆、纪念馆要遵守秩序,未经同意,不可触摸设备和展品,瞻仰烈士陵园和爱国主义教育基地等相关场所保持肃穆。

3. 参加学校集会、观看演出和比赛,要整队入场,遵守会场秩序,不吹口哨,不鼓倒掌,不喝倒彩,不起哄滋扰,尊重他人劳动,做文明观(听)众,散场时按序离开。

4. 仪表端庄、大方、打扮得体,不佩戴首饰,头发干净整齐,不化浓妆,不烫发,不染彩发,男生不留长发,不留胡须。

5. 在校园等公共场合要保持服装整洁,不卷裤管、歪戴帽、敞怀披衣,不穿拖鞋,男生须穿长裤,不穿背心;女生衣着要得体,穿长裤或裙装,裙装长度须膝盖以下,不穿吊带衫,上体育课时要穿运动鞋。

6. 自觉佩戴校徽、团徽或胸卡,主动接受学校进行的着装和风纪检查。

7. 生活有规律,按时作息,珍惜时间,合理安排课余生活,坚持锻炼身体,按时参加早操或晨跑,集合时要做到静、快、齐,做操时动作到位,整齐有力,参加比赛时,要尊重裁判和工作人员的指挥,自觉遵守运动规则,服从裁判,体现风格。

8. 爱惜名誉,拾金不昧,抵制不良诱惑,不做有损人格的事。

9. 举止文明,不说脏话,不骂人,不打架,不赌博。

10. 正确对待困难和挫折,不自卑,不嫉妒,不偏激,保持心理健康。

二、诚信友爱,礼貌待人

11. 尊敬师长,进入领导、教师办公室先报告或敲门,经允许后方可进入,师长进学生宿舍和教室,学生应起立以示欢迎(上课时除外),与教职工见面时行礼或主动问好,给老师提意见时态度要诚恳,场合要适当。

12. 平等待人,与人为善,尊重他人的人格、宗教信仰、民族风俗习惯,谦恭礼让,尊老爱幼,尊重妇女,帮助残疾人。

13. 使用礼貌用语,讲话注意场合,态度友善,要讲普通话。接受或递送物品时要起立并用双手。不随意打断他人的讲话,不打扰他人学习、工作和休息,妨碍他人要道歉。

14. 诚实守信,言行一致,答应他人的事要努力做到,做不到时要表示歉意,借他人钱物要及时归还,不说谎,不骗人,不弄虚作假,知错就改。

15. 同学之间要互相尊重、团结互助、理解宽容、真诚相待、正常交往,不以大欺小,不给他人起绰号,不戏弄他人,发生矛盾多做自我批评。

16. 男女生之间要文明交往、举止得体,不谈恋爱。与他人交谈时应避免不礼貌的口头语,应注意谈吐文明,措辞雅洁,行为雅观。严禁进入异性宿舍,如果确需找对方有事,可请宿舍管理员代为传话。

17. 未经许可不动用他人的钱财物品,不私拆他人信件,不翻阅他人日记,进入他人的房间要先轻轻敲门。

18. 要尊重工人的劳动,平时见到工人要热情地打招呼,要配合和帮助工人师傅搞好食堂工作,服从值勤人员管理。

19. 待客热情,起立迎送。

20. 尊重外地人,遇见外宾,以礼相待,不卑不亢。

三、遵规守纪,勤奋学习

21. 遵守国家法律法规,不做违法犯罪事件,遵守学校规章制度,考试不作弊,不私自外出住宿,不谈恋爱。

22. 进出校门,必须服从门卫的管理,不得翻越栅栏或围墙。

23. 上课时,必须提前进入教室,做好上课准备,不迟到,不早退,不旷课,有事必须首先履行请假手续。上、下课时起立向老师致敬,下课时,请老师先行。

24. 认真预习、复习,主动学习,上课专心听讲,勤于思考,积极参加讨论,勇于提出问题,敢于发表自己的见解,积极回答老师的提问,对老师讲授的内容有疑问,不要随便打断老师的讲课,在适当场合向老师请教。按时完成作业,考试不作弊。

25. 在教室内不吃零食,不乱扔杂物,保持校内环境的整洁,不在宿舍区和教学、科研、办公区内进行影响师生工作、学习和休息的体育、文娱活动,午休、晚自习和上课时间不在教室或宿舍进行娱乐活动。不在其他规定时间内打游戏或进行娱乐活动。

26. 实验前做好预习,遵守实验室制度,爱惜实验器材,做好实验实习记录,填好实验报告。实验完毕后,把工具按指定位置摆放整齐,搞好实验场地卫生。

27. 自习课一律在规定的教室或场所进行,自习时要按时独立完成作业,不大声喧哗,不进行娱乐活动。

28. 积极参加文体活动和社团活动,培养和发展自己的兴趣、爱好,在学好本专业的前提下,积极学习第二专业或其他各种有益技能。

29. 图书馆开放时要有秩序地进馆,如果穿硬底钉有铁掌的皮鞋入室时,要尽量放轻脚步,以免影响他人。

30. 不要替他人代占座位,也不要强占暂时离开的读者的座位。对于阅览室里的书刊,阅读后应及时插入原处,不要一人同时占用几本杂志,以妨碍其他同学借阅。借阅图书时不要乱翻乱扔,保持原有摆放顺序。不在图书杂志上乱写乱画,更不得拆撕书刊。

31. 情趣健康,不看色情、凶杀、暴力、封建迷信的书刊、音像制品,不听、不唱不健康的歌曲,不参加封建迷信活动。

四、勤劳俭朴,孝敬父母

32. 生活节俭,不互相攀比,体会父母艰辛,珍惜劳动成果,不乱花钱。

33. 文明就餐,依次排队买饭菜。爱惜粮食,节约水电,吃剩的饭菜须倒入指定处,保持食堂整洁。

34. 注意饮食卫生。就餐时不要将脚跷在凳子上,不准在桌凳上乱写乱画,不要将饭菜端回宿舍用餐。

35. 讲究卫生,养成良好的卫生习惯。不随地吐痰,不乱扔废弃物。认真值日,保持教室、校园整洁优美。

36. 注意公共卫生和宿舍卫生,起床后要及时叠好被子,注意床上整洁,床下鞋子要摆放整齐。讲究个人卫生,勤洗澡,勤换衣,自己衣被自己洗,不向楼下倒水,保持宿舍卫生整洁。不随地吐痰、随地小便、乱抛果皮纸屑,更不得将剩饭菜、瓜果皮壳倒在水池里、室内外、走廊里,垃圾一律倒入垃圾篓。

37. 尊重父母的意见和教导,体贴帮助长辈,经常和父母交流在校学习、生活、思想等情况。体贴帮助父母长辈,主动承担力所能及的家务劳动,关心照顾兄弟姐妹。

38. 对家长有意见要有礼貌地提出,讲道理,不任性,不要脾气,不顶撞。外出和到家时,向父母打招呼,未经家长同意,不得在外住宿或留宿他人。

39. 积极参加生产劳动和社会实践,积极参加学校组织的其他活动,遵守活动的要求和规定。

40. 借用公物要按时归还,损坏东西要赔偿,放假前,认真做好教室、宿舍和环境卫生的清洁工作,移交财产,关锁门窗。

五、严于律己,遵守公德

41. 自觉遵守宿舍管理的各项规章制度,服从管理、主动配合有关人员的检查。遇到停水、停电等突发事件时要保持安静和冷静,通过学生干部或管理、值班人员及时解决问题,严禁起哄滋事,严防发生意外。

42. 不私自调换床位,不在宿舍内烧饭做菜,不私自接电源,不使用其他用电设备。熄灯后,不准大声讲话,严禁点蜡烛。

43. 晚间迟归宿舍要主动进行登记,在别人休息时,动作要轻,在宿舍打电话时要控制音量。不得在宿舍区喧哗、打闹,不得放大录音机、收音机的音量。

44. 学生读书期间不得经商,不得向同学推销物品,强买强卖,更不得借故敲诈同学。

45. 注意安全,保护消防、供电设备,防火灾、防溺水、防触电、防盗、防中毒等。

46. 增强自我防范意识,提高警惕,防火防盗。严禁将易燃、易爆的物品带回宿舍。休息或外出时要关锁好门、窗,玻璃坏了要及时报修。不得在外住宿或留其他人在学校宿舍住宿。发现可疑人员要立即询问、报告,确保宿舍治安安全。

47. 不在黑板、墙壁、课桌、公布栏等处涂改刻画。爱护公共设施、文物古迹,爱护花草、树木,爱护有益动物和生态环境。

48. 不进营业性场所(如:网吧、舞厅、电子游戏厅、酒吧和音乐茶座),不参加不适宜青少年的活动,遵守网络道德和安全规定,不浏览、不制作、不传播不良信息,慎交网友,健康上网。

49. 珍爱生命,不吸烟,不喝酒,不滥用药物,拒绝毒品。不参加各种名目的非法组织,不参加非法活动。

50. 懂法守法,主持正义,见义勇为,对违反社会公德的现象和行为进行劝阻、举报,对违法犯罪行为敢于斗争,自觉维护学校利益,爱护学校荣誉,维护学校形象。

第四节 学生伤害事故处理办法

(2002 年 6 月 25 日教育部令第 12 号发布)

第一章 总 则

第一条 为积极预防、妥善处理在校学生伤害事故,保护学生、学校的合法权益,根据《中华人民共和国教育法》《中华人民共和国未成年人保护法》和其他相关法律、行政法规及有关规定,制定本办法。

第二条 在学校实施的教育教学活动或者学校组织的校外活动中,以及在学校负有管理责任的校舍、场地、其他教育教学设施、生活设施内发生的,造成在校学生人身损害后果的事故的处理,适用本办法。

第三条 学生伤害事故应当遵循依法、客观公正、合理适当的原则,及时、妥善地处理。

第四条 学校的举办者应当提供符合安全标准的校舍、场地、其他教育教学设施和生活设施。

教育行政部门应当加强学校安全工作,指导学校落实预防学生伤害事故的措施,指导、协助学校妥善处理学生伤害事故,维护学校正常的教育教学秩序。

第五条 学校应当对在校学生进行必要的安全教育和自护自救教育;应当按照规定,建立健全安全制度,采取相应的管理措施,预防和消除教育教学环境中存在的安全隐患;当发生伤害事故时,应当及时采取措施救助受伤害学生。

学校对学生进行安全教育、管理和保护,应当针对学生年龄、认知能力和法律行为能力的不同,采用相应的内容和预防措施。

第六条 学生应当遵守学校的规章制度和纪律;在不同的受教育阶段,应当根据自身的年龄、认知能力和法律行为能力,避免和消除相应的危险。

第七条 未成年学生的父母或者其他监护人(以下称为监护人)应当依法履行监护职责,配合学校对学生进行安全教育、管理和保护工作。

学校对未成年学生不承担监护职责,但法律有规定的或者学校依法接受委托承担相应监护职责的情形除外。

第二章 事故与责任

第八条 学生伤害事故的责任,应当根据相关当事人的行为与损害后果之间的因果关系依法确定。

因学校、学生或者其他相关当事人的过错造成的学生伤害事故,相关当事人应当根据其行为过错程度的比例及其与损害后果之间的因果关系承担相应的责任。当事人的行为是损害后果发生的主要原因,应当承担主要责任;当事人的行为是损害后果发生的非主要原因,承担相应的责任。

第九条 因下列情形之一造成的学生伤害事故,学校应当依法承担相应的责任:

(一)学校的校舍、场地、其他公共设施,以及学校提供给学生使用的学具、教育教学和生活设施、设备不符合国家规定的标准,或者有明显不安全因素的;

(二)学校的安全保卫、消防、设施设备管理等安全管理制度有明显疏漏,或者管理混乱,存在重大安全隐患,而未及时采取措施的;

(三)学校向学生提供的药品、食品、饮用水等不符合国家或者行业的有关标准、要求的;

(四)学校组织学生参加教育教学活动或者校外活动,未对学生进行相应的安全教育,并未在可预见的范围内采取必要的安全措施的;

(五)学校知道教师或者其他工作人员患有不适宜担任教育教学工作的疾病,但未采取必要措施的;

(六)学校违反有关规定,组织或者安排未成年学生从事不宜未成年人参加的劳动、体育运动或者其他活动的;

(七)学生有特异体质或者特定疾病,不宜参加某种教育教学活动,学校知道或者应当知道,但未予以必要的注意的;

(八)学生在校期间突发疾病或者受到伤害,学校发现,但未根据实际情况及时采取相应措施,导致不良后果加重的;

(九)学校教师或者其他工作人员体罚或者变相体罚学生,或者在履行职责过程中违反工作要求、操作规程、职业道德或者其他有关规定的;

(十)学校教师或者其他工作人员在负有组织、管理未成年学生的职责期间,发现学生行为具有危险性,但未进行必要的管理、告诫或者制止的;

(十一)对未成年学生擅自离校等与学生人身安全直接相关的信息,学校发现或者知道,但未及时告知未成年学生的监护人,导致未成年学生因脱离监护人的保护而发生伤害的;

(十二)学校有未依法履行职责的其他情形的。

第十条 学生或者未成年学生监护人由于过错,有下列情形之一,造成学生伤害事故,应当依法承担相应的责任:

(一)学生违反法律法规的规定,违反社会公共行为准则、学校的规章制度或者纪律,实施按其年龄和认知能力应当知道具有危险或者可能危及他人的行为的;

(二)学生行为具有危险性,学校、教师已经告诫、纠正,但学生不听劝阻、拒不改正的;

(三)学生或者其监护人知道学生有特异体质,或者患有特定疾病,但未告知学校的;

(四)未成年学生的身体状况、行为、情绪等有异常情况,监护人知道或者已被学校告知,但未履行相应监护职责的;

（五）学生或者未成年学生监护人有其他过错的。

第十一条 学校安排学生参加活动，因提供场地、设备、交通工具、食品及其他消费与服务的经营者，或者学校以外的活动组织者的过错造成的学生伤害事故，有过错的当事人应当依法承担相应的责任。

第十二条 因下列情形之一造成的学生伤害事故，学校已履行了相应职责，行为并无不当的，无法律责任：

（一）地震、雷击、台风、洪水等不可抗的自然因素造成的；

（二）来自学校外部的突发性、偶发性侵害造成的；

（三）学生有特异体质、特定疾病或者异常心理状态，学校不知道或者难于知道的；

（四）学生自杀、自伤的；

（五）在对抗性或者具有风险性的体育竞赛活动中发生意外伤害的；

（六）其他意外因素造成的。

第十三条 下列情形下发生的造成学生人身损害后果的事故，学校行为并无不当的，不承担事故责任；事故责任应当按有关法律法规或者其他有关规定认定：

（一）在学生自行上学、放学、返校、离校途中发生的；

（二）在学生自行外出或者擅自离校期间发生的；

（三）在放学后、节假日或者假期等学校工作时间以外，学生自行滞留学校或者自行到校发生的；

（四）其他在学校管理职责范围外发生的。

第十四条 因学校教师或者其他工作人员与其职务无关的个人行为，或者因学生、教师及其他个人故意实施的违法犯罪行为，造成学生人身损害的，由致害人依法承担相应的责任。

第三章 事故处理程序

第十五条 发生学生伤害事故，学校应当及时救助受伤害学生，并应当及时告知未成年学生的监护人；有条件的，应当采取紧急救援等方式救助。

第十六条 发生学生伤害事故，情形严重的，学校应当及时向主管教育行政部门及有关部门报告；属于重大伤亡事故的，教育行政部门应当按照有关规定及时向同级人民政府和上一级教育行政部门报告。

第十七条 学校的主管教育行政部门应学校要求或者认为必要，可以指导、协助学校进行事故的处理工作，尽快恢复学校正常的教育教学秩序。

第十八条 发生学生伤害事故，学校与受伤害学生或者学生家长可以通过协商方式解决；双方自愿，可以书面请求主管教育行政部门进行调解。

成年学生或者未成年学生的监护人也可以依法直接提起诉讼。

第十九条 教育行政部门收到调解申请，认为必要的，可以指定专门人员进行调解，并应当在受理申请之日起 60 日内完成调解。

第二十条 经教育行政部门调解，双方就事故处理达成一致意见的，应当在调解人员的见证下签订调解协议，结束调解；在调解期限内，双方不能达成一致意见，或者调解过程中一方提起诉讼，人民法院已经受理的，应当终止调解。

调解结束或者终止,教育行政部门应当书面通知当事人。

第二十一条 对经调解达成的协议,一方当事人不履行或者反悔的,双方可以依法提起诉讼。

第二十二条 事故处理结束,学校应当将事故处理结果书面报告主管的教育行政部门;重大伤亡事故的处理结果,学校主管的教育行政部门应当向同级人民政府和上一级教育行政部门报告。

第四章 事故损害的赔偿

第二十三条 对发生学生伤害事故负有责任的组织或者个人,应当按照法律法规的有关规定,承担相应的损害赔偿责任。

第二十四条 学生伤害事故赔偿的范围与标准,按照有关行政法规、地方性法规或者最高人民法院司法解释中的有关规定确定。

教育行政部门进行调解时,认为学校有责任的,可以依照有关法律法规及国家有关规定,提出相应的调解方案。

第二十五条 对受伤害学生的伤残程度存在争议的,可以委托当地具有相应鉴定资格的医院或者有关机构,依据国家规定的人体伤残标准进行鉴定。

第二十六条 学校对学生伤害事故负有责任的,根据责任大小,适当予以经济赔偿,但不承担解决户口、住房、就业等与救助受伤害学生、赔偿相应经济损失无直接关系的其他事项。

学校无责任的,如果有条件,可以根据实际情况,本着自愿和可能的原则,对受伤害学生给予适当的帮助。

第二十七条 因学校教师或者其他工作人员在履行职务中的故意或者重大过失造成的学生伤害事故,学校予以赔偿后,可以向有关责任人员追偿。

第二十八条 未成年学生对学生伤害事故负有责任的,由其监护人依法承担相应的赔偿责任。

学生的行为侵害学校教师及其他工作人员以及其他组织、个人的合法权益,造成损失的,成年学生或者未成年学生的监护人应当依法予以赔偿。

第二十九条 根据双方达成的协议、经调解形成的协议或者人民法院的生效判决,应当由学校负担的赔偿金,学校应当负责筹措;学校无力完全筹措的,由学校的主管部门或者举办者协助筹措。

第三十条 县级以上人民政府教育行政部门或者学校举办者有条件的,可以通过设立学生伤害赔偿准备金等多种形式,依法筹措伤害赔偿金。

第三十一条 学校有条件的,应当依据保险法的有关规定,参加学校责任保险。

教育行政部门可以根据实际情况,鼓励中小学参加学校责任保险。

提倡学生自愿参加意外伤害保险。在尊重学生意愿的前提下,学校可以为学生参加意外伤害保险创造便利条件,但不得从中收取任何费用。

第五章 事故责任者的处理

第三十二条 发生学生伤害事故,学校负有责任且情节严重的,教育行政部门应当根据有关规定,对学校的直接负责的主管人员和其他直接责任人员,分别给予相应的行政处分;有关责任人的行为触犯刑律的,应当移送司法机关依法追究刑事责任。

第三十三条 学校管理混乱,存在重大安全隐患的,主管的教育行政部门或者其他有关部门应当责令其限期整顿;对情节严重或者拒不改正的,应当依据法律法规的有关规定,给予相应的行政处罚。

第三十四条 教育行政部门未履行相应职责,对学生伤害事故的发生负有责任的,由有关部门对直接负责的主管人员和其他直接责任人员分别给予相应的行政处分;有关责任人的行为触犯刑律的,应当移送司法机关依法追究刑事责任。

第三十五条 违反学校纪律,对造成学生伤害事故负有责任的学生,学校可以给予相应的处分;触犯刑律的,由司法机关依法追究刑事责任。

第三十六条 受伤害学生的监护人、亲属或者其他有关人员,在事故处理过程中无理取闹,扰乱学校正常教育教学秩序,或者侵犯学校、学校教师或者其他工作人员的合法权益的,学校应当报告公安机关依法处理;造成损失的,可以依法要求赔偿。

第六章 附 则

第三十七条 本办法所称学校,是指国家或者社会力量举办的全日制的中小学(含特殊教育学校)、各类中等职业学校、高等学校。

本办法所称学生是指在上述学校中全日制就读的受教育者。

第三十八条 幼儿园发生的幼儿伤害事故,应当根据幼儿为完全无行为能力人的特点,参照本办法处理。

第三十九条 其他教育机构发生的学生伤害事故,参照本办法处理。

在学校注册的其他受教育者在学校管理范围内发生的伤害事故,参照本办法处理。

第四十条 本办法自 2002 年 9 月 1 日起实施,原国家教委、教育部颁布的与学生人身安全事故处理有关的规定,与本办法不符的,以本办法为准。

在本办法实施之前已处理完毕的学生伤害事故不再重新处理。

第五节 盐幼专学生行政处分实施细则

第一章 总 则

第一条 为维护学校正常的教育教学和生活秩序,加强校风、学风建设,培养德、智、体、美全面发展的合格人才,根据 2017 年颁布的《普通高等学校学生管理规定》(教育部令第41 号)、《盐城幼儿师范高等专科学校学生管理规定》及其他有关法律、法规,结合学校实际,特制定本规定。

第二条 本规定适用于我校在籍的全日制专科及专科以上学生。

第三条 学校对学生违纪处理应坚持教育与惩戒相结合,与学生违法、违纪行为的性质和过错的严重程度相适应。学校对学生的处分,做到证据充分、依据明确、定性准确、程序正当、处分适当。

第二章 处分种类、违纪行为与处理规则

第四条 学生违规、违纪、违法,学校可视情节轻重、认错态度、悔改表现等,给予批评

教育或纪律处分,纪律处分分为下列五种:

（一）警告;

（二）严重警告;

（三）记过;

（四）留校察看;

（五）开除学籍。

第五条 有违纪行为的学生,符合下列情形之一,可以依照规定从轻或者减轻处分:

（一）主动交代本人应当受到纪律处分问题的;

（二）主动检举他人应当受到纪律处分的问题,经查证属实的;

（三）主动挽回损失或者有效阻止危害结果发生的;

（四）主动退出违纪违法所得的;

（五）确系他人胁迫或诱骗的;

（六）违纪事件由过失造成的;

（七）其他有立功表现的。

第六条 符合下列情形之一,可以依照规定从重或者加重处分:

（一）强迫、唆使他人违纪违法的;

（二）串供或者伪造、销毁、隐匿证据的;

（三）阻止他人检举揭发、提供证据材料的;

（四）包庇他人或者打击报复批评人、检举人、证人及其他人员的;

（五）通过电话、网络等渠道骚扰他人的;

（六）有其他干扰、妨碍组织调查行为的;

（七）违纪后不承认错误事实或受处分后无理取闹,态度恶劣的;

（八）违纪处分后又因违纪应受到纪律处分的。

第七条 违反宪法,反对四项基本原则、破坏安定团结、扰乱社会秩序的,可以给予开除学籍处分。

第八条 组织成立非法组织或未经有关部门批准擅自策划、组织大型集会、游行、示威等活动的,可以给予开除学籍处分;参与上述非法活动者,视情节给予记过以上处分。

第九条 触犯国家法律、构成刑事犯罪的,可以给予开除学籍处分。

第十条 违反治安管理规定,被处以警告者,视情节给予严重警告以上处分;被处以罚款者,视情节给予记过以上处分;被处以拘留者,视情节给予留校察看以上处分。

第十一条 学生不得在校内进行宗教活动,对不听劝阻或造成后果者,视情节给予警告以上处分。

第十二条 非法进行传销、邪教、封建迷信活动的组织者和骨干分子,可以给予开除学籍处分;参与者视情节给予记过以上处分。

第十三条 偷窃、诈骗、冒领国家、集体或私人财物者,除追回赃物、赃款外,根据情节轻重给予下列处分:

（一）涉及金额不足 500 元的,给予警告或严重警告处分;

（二）涉及金额 500 元以上、不足 1 000 元的,给予记过处分;

（三）涉及金额 1 000 元以上，视情节给予留校察看以上处分。

（四）网络诈骗犯罪团伙组织者或骨干分子，涉及金额 500 元以上，视情节给予留校察看以上处分，参与者或单独实施者视情节给予记过以上处分，触犯《刑法》者，移送司法机关，依法追究刑事责任并可以给予开除学籍处分。

（五）屡犯偷窃、诈骗或偷窃、诈骗情节严重，尚未构成犯罪的，给予留校察看以上处分；

（六）窝赃、销赃者其所得赃物价值按上述第（一）、（二）、（三）款规定执行；

（七）偷窃或私刻、私盖公章、偷窃保密文件、档案、试卷等物品者，尚未构成犯罪的，视其情节轻重，给予留校察看以上处分；

（八）对团伙敲诈勒索公私财物的主谋或为首者，情节严重，造成恶劣影响的，可以给予开除学籍处分，参与者或单独实施敲诈勒索者，参照第（一）、（二）、（三）款规定加重处分；

（九）抢夺公私财物者，视其情节给予留校察看以上处分；

（十）偷窃、诈骗、敲诈、勒索数额巨大，触犯《刑法》者，移送司法机关，依法追究刑事责任并可以给予开除学籍处分。

第十四条　非法持有枪支者，可以给予开除学籍处分；非法持有危化物品、管制刀具及其他器械者，视情节给予记过以上处分。

第十五条　校园欺凌、打架斗殴者，除依法赔偿外，按下列规定给予处分：

（一）动手打人，未致他人伤害的，给予记过处分；致他人较轻伤害的，给予留校察看以上处分；致他人较重伤害的，可以给予开除学籍处分；

（二）以任何借口为由召集他人引发打架的，视情节给予留校察看以上处分；打架斗殴的策划者、组织者、召集者及群殴为首者，可以给予开除学籍处分；

（三）聚众斗殴、持械打人、招引校外人员打架、到校外打架的，视情节给予留校察看以上处分；

（四）虽未动手打人，但在现场起哄或以"劝架"为由偏袒一方、激化矛盾的，视情节给予严重警告以上处分；

（五）怂恿、胁迫他人打架斗殴或为他人打架提供凶器的，视情节给予记过以上处分；

（六）策划、组织、召集他人进行校园欺凌，视情节给予记过以上处分。

第十六条　拒绝、阻碍国家工作人员、学校管理人员依法、依规执行任务者，或故意为他人作伪证，影响查清事实真相、妨碍案情调查者，视情节给予严重警告以上处分。

第十七条　以种种方式向组织隐瞒真相，造成调查困难，为首者视情节给予留校察看以上处分，参与者视情节给予严重警告以上处分。

第十八条　损坏国家、集体和他人财物者，除依法赔偿外，视情节给予警告以上处分。

第十九条　违反校园秩序管理规定，未经批准，在校园内组织、代理旅游业务，组织包车出行，组织开展经营性活动等，视情节给予警告以上处分；引发事端者，视情节给予记过以上处分。

第二十条　在教学区、图书馆、公寓、食堂等校内公共场所吸烟者，给予违规登记并批评教育；累计两次违规登记给予通报批评；受通报批评再违规者，视情节给予警告以上处分。

第二十一条　未经允许，携带食品、饮料等物品到教学区、图书馆等场所，给予违规登记并批评教育；累计两次违规登记给予通报批评；受通报批评再违规者，视情节给予警告以上处分。

第二十二条　学生上课时非教学需要使用手机不听劝阻的，给予违规登记并批评教育；累计两次违规登记给予通报批评；受通报批评再违规者，视情节给予警告以上处分。

第二十三条　故意撕毁学校通告、布告等，视情节给予警告以上处分；制作、张贴、分发非法宣传品，尚不够追究治安处罚或刑事责任者，视情节给予记过以上处分。

第二十四条　在教学区、图书馆、公寓、食堂等校内公共场所酗酒、哄闹、抛砸、焚烧等扰乱公共秩序者，视情节给予记过以上处分。

第二十五条　违反宿舍消防、用电等相关规定，使用"三无"产品、持续发热电器、大功率电器（500瓦以上）、各种炉具及明火者，视情节给予警告以上处分。造成事故及损失的，依法赔偿并追究相关责任。

第二十六条　擅自在校内宿舍留宿他人或到他人宿舍留宿者，经教育不改者，视情节给予警告以上处分；留宿异性或到异性宿舍留宿者，视情节给予留校察看以上处分；多名男女混居者给予可以开除学籍处分；擅自调换、占用或出租学生宿舍或床位者，视情节给予警告以上处分；住校学生，未经批准晚归给予违规登记或通报批评，晚归2次以上、夜不归宿或擅自在校外租房的，视情节给予警告以上处分。

第二十七条　在男女交往中行为不当，严重违反社会公德，视情节给予记过以上处分。

第二十八条　对赌博（含网络赌博）或以打牌、打麻将、打游戏等娱乐方式为名变相赌博者，给予下列处分：

（一）组织聚众赌博者；多次参与赌博活动屡教不改者；明知他人赌博而提供赌具、场地者；赌资数额较大，情节严重者等，视情节均给予留校察看以上处分；

（二）其他参与赌博者，视情节给予警告以上处分。

第二十九条　持有、观看（收听）反动或淫秽书刊、音像制品和浏览色情网站的，给予严重警告以上处分；制作、复制、传播、贩卖反动淫秽书刊和音像制品者，给予留校察看以上处分；情节严重、造成不良影响和严重后果者，可以给予开除学籍处分。

第三十条　凡有吸毒、贩毒等行为者，可以给予开除学籍处分。

第三十一条　侮辱、诽谤、诬告、陷害他人，或威胁他人安全者，视情节给予严重警告以上处分；藏匿、毁弃或私拆他人邮件（包括电子邮件）者，视情节给予记过以上处分。

第三十二条　违反网络安全管理规定，尚不足以追究法律责任者，除追究其经济责任外，按下列规定处理：

（一）通过网络盗用他人地址、用户账户的，视情节给予记过以上处分；

（二）在网上发布影响社会稳定、有损国家和集体利益的信息或散布各种谣言的，视情节给予记过以上处分；

（三）登录色情、暴力等非法网站的，视情节给予警告以上处分；在网上传播色情、暴力等非法内容的，视情节给予记过以上处分；

（四）利用电话、网络等渠道，对他人进行谩骂、羞辱、恐吓等方式骚扰他人，视情节给予记过以上处分；

（五）蓄意攻击、侵入他人计算机和移动通信网络系统，对系统中存储、处理、传输的数据或应用程序进行非法删除、修改、增加等，视情节给予记过以上处分。

第三十三条　有偷窥、偷拍、偷录等行为，侵犯他人隐私者，视情节给予严重警告以上处分。

第三十四条　擅自使用学校名义开展相关违法乱纪活动，视情节给予警告以上处分。

第三十五条　从事或者参与有损大学生形象、有悖社会公序良俗的活动，视情节给予警告以上处分。

第三十六条　故意泄露国家机密和伪造证件，欺骗组织、包庇嫌疑人员尚未构成犯罪者，视情节给予留校察看以上处分；构成犯罪的，移送司法机关处理，并可以给予开除学籍处分。

第三十七条　违反考试规定者，根据违纪的事实分别予以处分，同时考试成绩无效。

（一）有下列情节之一者，给予严重警告处分：

1. 拒绝出示有关考试证件的；

2. 携带规定以外物品进入考场或未放在指定位置的；

3. 未在规定座位参加考试且不听监考老师调动的；

4. 考试开始信号发出前答题或者考试结束信号发出后继续答题又不听劝阻的。

（二）有下列情节之一者，给予记过处分：

1. 在考场或教育考试机构禁止的范围内，喧哗、打闹或者实施其他影响考试秩序行为的；

2. 未经考试工作人员同意在考试过程中擅自离开考场的；

3. 违反规定将试卷、答题卡（纸）等考试用纸带出考场的；

4. 用规定以外的笔或纸答题，或在试卷规定以外的地方书写姓名、考号、答案，或以其他方式在试卷上标记信息的；

5. 携带与考试相关的文字材料参加考试而未主动上交的；

6. 不遵守考场纪律，不服从考试工作人员的安排和要求的，其他违反考场规则但尚未构成作弊的行为。

（三）有下列情节之一者，给予留校察看处分：

1. 抄袭或者协助他人抄袭试题答案或者与考试内容相关的资料的；

2. 在考试过程中为获取试题答案东张西望、交头接耳、互打暗号或手势的；

3. 考试过程中，利用外出等机会在考场外偷看与考试内容相关资料或与他人交谈有关考试内容的；

4. 交换试卷、答题纸、草稿纸的；

5. 携带具有存储、发送或者接收信息功能的电子、通信设备的；

6. 未参加考试人员协助他人完成考试或为其提供信息者；

7. 故意销毁试卷、答案或者考试资料的。

（四）有下列情节之一者，可以给予开除学籍处分，构成犯罪的，移送司法机关处理：

1. 用不正当手段提前获得考试内容的；考试后用不正当手段更改、调换试卷的；更改成绩或取得虚假成绩的；

2. 抢夺、窃取他人试卷、答案或者强迫他人为自己抄袭提供方便的；

3. 通过伪造证件、证明、档案及其他材料获得考试资格和考试成绩的；

4. 评卷过程中被发现同一科目同一考场有两份以上答卷答案雷同的；

5. 代替他人或者让他人代替自己参加考试的；

6. 由考试工作人员协助实施作弊行为的；

7. 作弊被发现后对有关老师无理取闹的；

8. 组织作弊、使用通信设备或其他器材作弊、向他人出售考试试题或答案牟取利益的。

（五）如有其他作弊行为者，视情节参照以上条款给予相应处罚；参加国家教育考试的，还须按《国家教育考试违规处理办法》有关规定执行。

第三十八条 对学生学业、学术、品行等一般情节较轻失信行为进行登记并批评教育，累计登记 2 次，给予通报批评，累计登记 3 次以上，视情节给予警告以上处分；剽窃、抄袭他人研究成果或伪造数据等，视情节给予记过以上处分；公开发表的研究成果存在抄袭、篡改、伪造等学术不端行为，情节严重的，或者代写论文、买卖论文的，可以给予开除学籍处分。对违背学术诚信的学生，对其获得学术称号、荣誉等予以追回和撤销。

第三十九条 一学期内旷课累计学时达到下列限额者（在校内旷课按实际授课学时计算，实习、实践等不以课时安排的，一天按 4 学时计算，未请假擅自离校的每天按 8 学时计算，未请假擅自离校天数包括节假日在内）：

（一）旷课不足 10 学时，给予批评教育并通报批评；

（二）通报批评后，旷课不足 10 学时，给予警告处分；

（三）警告处分后，旷课不足 10 学时，给予严重警告处分；

（四）严重警告处分后，旷课不足 10 学时，给予记过处分；

（五）记过处分后，旷课不足 10 学时，视情节给予留校察看以上处分；

（六）留校察看处分后，仍然旷课的，或连续旷课达两周者，可以给予开除学籍处分。

开学报到、实习结束、请假或休学期满等未按时返校又未履行相关手续者，均按旷课处理。

第四十条 有下列情形之一，可以给予开除学籍处分：

（一）违反学校规定，严重影响学校教育教学秩序、生活秩序以及公共场所管理秩序的；

（二）侵害其他个人、组织合法权益，造成严重后果的；

（三）发生三次以上违纪事件并受到纪律处分的；

（四）受留校察看处分又因违纪应受处分的。

第四十一条 新生入学后尚未取得学籍，其违纪行为应给予留校察看以上处分者，作取消入学资格处理。

第四十二条 如涉及本规定未列举的违纪行为但确应给予处分的，可参照相近条款给予处分。

第三章 违纪处理权限与程序

第四十三条 违纪处理、处分权限：

（一）给予学生警告、严重警告处分，由学院党政联席会议讨论决定，由学院正式行文，报学生工作处备案；

（二）给予学生记过以上处分的，由学院党政联席会议讨论提出建议、学生工作处审核报学校批准后由学校行文确定；

（三）对学生作出取消入学资格、取消学籍、退学、开除学籍或者其他涉及学生重大利益的处理或者处分决定的，由学院党政联席会议讨论提出建议，提交校长办公会或者校长授权的专门会议研究决定批准，并事先进行合法性审查后由学校正式行文，开除学籍处分文件还须报江苏省教育厅备案；

（四）涉及不同学院和校外违纪事件，由校学生工作处牵头、相关部门配合处理；

（五）特殊情况下，学校有权对违纪学生直接作出处分决定。

第四十四条　违纪处理程序：

（一）学生所在学院或有关部门对学生违纪情况进行调查取证；

（二）对学生作出处分决定前，由学校书面告知学生作出处分决定的事实、理由及依据，告知学生享有陈述和申辩的权利，学校应当听取学生的陈述和申辩；

（三）学生违纪后，由学院学生工作领导小组安排人员负责与其谈话，并填写《盐城幼儿师范高等专科学校学生拟处分意见表》；

（四）对学生作出处分，应当出具处分决定，送交本人，并告知学生可以提出申诉及申诉的期限。处分告知书及处理、处分决定等直接送达学生本人，学生拒绝签收的，以留置方式送达；已离校的，采取邮寄方式送达；难于联系的，利用学校网站、新闻媒体等以公告方式送达。

第四十五条　各种处分决定，应按审批权限分别在学校、学院范围内张榜或校园网公布。对涉及个人隐私、国家机密等情况的处分决定由学校根据有关规定决定是否公布。

第四章　处分的期限与解除

第四十六条　给予严重警告以下处分的，考察期为6个月，自发文之日起计算（下同）；给予记过以上处分的（开除学籍除外），考察期为12个月。对受处分的学生，学院要定期进行考察，及时教育帮助。考察期满，可以按照学校有关规定申请解除。

第四十七条　解除处分必须由本人提出书面申请，学院组织对受处分学生在处分期限内的表现进行评议，再由主管部门或校级办公会议审核，按照处分权限给予解除处分或延长考察期的决定。

第四十八条　在考察期内表现突出者，可提前申请解除处分（严重警告以下处分实际考察期不得少于3个月，记过以上处分实际考察期不得少于6个月。对于临近毕业受到处分的，除情节严重、影响恶劣的不予考虑之外，在具体操作上应体现人性化）。

第五章　后续工作

第四十九条　学生对学校的处理或者处分决定有异议的，可以在接到学校处理或者处分决定书之日起10个工作日内，向学校学生申诉处理委员会提出书面申诉。

第五十条　学生申诉处理委员会对学生提出的申诉进行复查，并在接到书面申诉之日起15个工作日内作出复查结论并将复查决定送达申诉人。情况复杂不能在规定限期内作出结论的，经学校负责人批准，可延长15个工作日。学生申诉处理委员会认为必要的，可以建议学校暂缓执行有关决定。复查决定送交方式参照本规定第四十四条第（四）款执行。

学生申诉处理委员会经复查，认为做出处理或者处分的事实、依据、程序等存在不当，可以作出建议撤销或变更的复查意见,要求相关职能部门予以研究,重新提交校长办公会或者专门会议作出决定。

第五十一条 学生对复查决定有异议的,在接到学校复查决定书之日起 15 个工作日内,可以向江苏省教育厅提出书面申诉。

第五十二条 学生申诉期间不影响处理、处分决定的执行。

第五十三条 学生毕业时严重警告以下处分考察期不满 3 个月,或记过以上处分考察期不满 6 个月的,作结业处理。结业一年内,考察期满,经本人申请,其所在单位或街道办事处证明确已改正错误的,学校可以按程序解除其处分,准予换发毕业证书。否则,不予换发毕业证书。

第五十四条 被开除学籍的学生,并在接到处分决定后 3 个工作日内办理手续后离校,档案由学校退回其家庭所在地,户口按照国家相关规定迁回原户籍地或其家庭户籍所在地。

学校可由教务部门发给学习证明。

第五十五条 对学生的处分、解除处分等材料,学校将真实完整地归入学校文书档案和学生本人档案。

第六章 附 则

第五十六条 本规定中的"以上"或"以下",均包含本级内容在内。

第五十七条 学校对接受高等学历继续教育的学生、港澳台侨学生、留学生的管理,执行国家相关管理规定,并参照本规定管理。学校对接受中等职业教育(或中等职业教育阶段)的学生,执行江苏省有关规定,并参照本规定管理。

第五十八条 本规定由学生工作处负责解释。

第六节 盐幼专学生申诉管理规定

第一章 总 则

第一条 为规范学校处理、处分学生的行为,保障学生的合法权益,维护正常的校园秩序,根据《普通高等学校学生管理规定》(教育部令第 41 号)及其他有关法律、法规,结合学校实际,特制定本规定。

第二条 本规定适用于具有我校学籍的全日制学生。

第三条 本规定所称的申诉,是指学生对学校作出的涉及本人权益的处分或处理决定不服,向学校提出的意见和要求。学生提出申诉应持严肃、认真、诚实的态度;学校处理学生的申诉应坚持公开、公正、实事求是和有错必纠的原则。

第四条 学校成立学生申诉处理委员会。学生申诉处理委员会由分管学生工作的校领导、监察室、团委、学生工作处和相关学院负责人、教师代表、学生代表、法务处负责人等组成。学生申诉处理委员会下设办公室(挂靠团委)。

第二章 申诉的受理与处理

第五条 学生申诉处理委员会办公室是学生对学校处理、处分提出申诉的受理机关。

第六条 学生对下列事项可以提出申诉:

(一) 对学生本人作出的纪律处分有异议的;

（二）对学生本人作出的取消入学资格、退学处理有异议的；

（三）对学校、教职员工侵犯其人身权、财产权等合法权益的行为。

学生在接到学校处分决定书或处理决定书或合法权益受到侵犯之日起 10 日内可以申诉。

第七条　申诉人可以委托律师、申诉人的近亲属以及其他具有完全民事行为能力的人作为其申诉代理人。

第八条　学生提出申诉时，应当向申诉的受理机关递交申诉书，并附上学校作出的处分决定书或处理决定书或侵犯合法权益证据。申诉书应当阐明下列事项：

（一）申诉人的姓名、班级、学号、申诉人或其代理人的通讯地址和联系方式及其他基本情况；

（二）申诉的事项、要求及理由；

（三）提出申诉的日期；

（四）申诉人或其代理人签名或盖章。

第九条　在学校未作出复查决定前，申诉人或其代理人可以书面形式撤回申诉。申诉处理委员会在接到关于撤回申诉的申请书后，决定是否同意其撤回申诉。

第十条　对学生提出的申诉，受理机关应当在接到申诉书之日起 15 日内，区别不同情况作出如下处理：

（一）予以受理，同时告知申诉人或其代理人；

（二）对在不属于本规定第六条规定的申诉事项，或者申诉人提出的申诉材料不齐备而拒不补齐的，不予受理，同时告知申诉人或其代理人。

第十一条　学生申诉处理委员会对学生提出的申诉进行复查，并在接到书面申诉之日起 15 日内作出复查结论并告知申诉人。情况复杂不能在规定限期内作出结论的，经学校负责人批准，可延长 15 日。学生申诉处理委员会认为必要的，可以建议学校暂缓执行有关决定。

学生申诉处理委员会经复查，认为作出处理或者处分的事实、依据、程序等存在不当，可以提出建议撤销或变更的复查意见，要求相关职能部门予以研究，重新提交校长办公会或者专门会议作出决定。

第十二条　受理机关应当将复查决定及时送交申诉人或其代理人。申诉人或其代理人拒绝签收的，以留置方式送达；已离校的，采取邮寄方式送达；难于联系的，利用学校网站、新闻媒体等以公告方式送达。

第十三条　学生对复查决定有异议的，在接到学校复查决定书之日起 15 日内，可以向江苏省教育厅提出书面申诉。

第十四条　自处理、处分或者复查决定书送达之日起，学生在申诉期内未提出申诉的视为放弃申诉，学校不再受理其提出的申诉。

处理、处分或者复查决定书未告知学生申诉期限的，申诉期限自学生知道或者应当知道处理或者处分决定之日起计算，最长不得超过 6 个月。

第十五条　在申诉期间，原处分或处理决定不停止执行。

第三章　附　则

第十六条　本规定由校团委负责解释。

第十六章

经典链接

第一节　《诗经》节选

概述:《诗经》是我国第一部诗歌总集,也是中国文学的源流。它收集了自西周初年至春秋中叶五百多年的诗歌 305 篇。先秦称为《诗》,后人取其整数称《诗三百》《三百篇》。西汉时被尊为儒家经典,才称为《诗经》,并沿用至今。《诗经》约成书于春秋时期。

《诗经》有"六义"之说,《诗大序》说:"故《诗》一曰风,二曰赋,三曰比,四曰兴,五曰雅,六曰颂。"一般认为风、雅、颂是诗的体制,赋、比、兴是诗的表现手法。

《诗经》内容丰富,有表现先民农业生产情况的农事诗,也有表现征夫、思妇愁苦的征役诗,还有大量的婚恋诗和怨刺诗等等,具有极高的历史和文化价值,是我国现实主义文学的典范。

节选一　国风·周南·桃夭

【原诗】

桃之夭夭,灼灼其华。之子于归,宜其室家。

桃之夭夭,有蕡其实。之子于归,宜其家室。

桃之夭夭,其叶蓁蓁。之子于归,宜其家人。

【大意】这是一首祝贺女子出嫁的诗。诗歌唱出了女子对婚姻生活的希望和憧憬,用桃树的枝叶茂盛、桃花的鲜艳美丽、果实累累来比喻婚姻生活的幸福美满,简单质朴。这首诗也反映了一种淳朴的思想:一个女子,不仅要有艳如桃花的外在美,还要有"宜室""宜家"的内在美。

【启示】法国著名的哲学家、学者伏尔泰说过:"外表的美只能取悦于人的眼睛,而内在的美却能感染人的灵魂。"作为当代大学生,我们一定要树立正确的审美观,不要盲目地追求时尚,染发、烫发、化妆,着奇装异服,自认为很美,这样做不但不符合学生的身份,还会因为过分追求所谓的外在美而掩盖内在美的光芒。真正的美应该是内外兼备,既要有青春靓丽的外表更要注重内在气质和良好道德品质的培养,让美从我们优雅的谈吐、渊博的学识和善良的品质中自然而然地散发出来。

节选二　小雅·裳裳者华

【原诗】

裳裳者华,其叶湑兮。我觏之子,我心写兮。我心写兮,是以有誉处兮。

裳裳者华,芸其黄矣。我觏之子,维其有章矣。维其有章矣,是以有庆矣。

裳裳者华,或黄或白。我觏之子,乘其四骆。乘其四骆,六辔沃若。

左之左之,君子宜之。右之右之,君子有之。维其有之,是以似之。

【大意】

鲜花盛开多辉煌,叶子茂盛绿苍苍。遇见这位贤君子,我的心情真舒畅。我的心情真舒畅,从此有了安乐的地方。

鲜花盛开多辉煌,怒放黄花多鲜亮。遇见这位贤君子,才华横溢有教养。才华横溢有教养,可庆贺国之荣光。

鲜花盛开多辉煌,有的白色有的黄。遇见这位贤君子,驾着四马气昂扬。驾着四马气昂扬,六根缰绳闪着光。

要向左啊就向左,君子应付很适宜。要向右啊就向右,君子发挥有余地。因他发挥有余地,所以后嗣能承继。

【启示】

孔子说:"人无礼则不立,事无礼则不成,国无礼则不宁。"《裳裳者华》中君子以其高度的礼仪修养,表里如一、德容兼美的风貌换来了人们的无比钦佩。对大学生而言,我们一定要时刻注意自己的言谈、举止,修饰自己的仪表和服饰,养成文明礼仪的习惯,提升个人的礼仪修养。这样才能很好地展现个人的形象,在人际交往中尽显个人的魅力。

第二节 《易经》节选

【概述】

《易经》为中国儒家典籍,"六经"之一。原名《易》《周易》,汉代人通称为《易经》。汉代人所说的《周易》,包括经、传两部分。"经"指六十四卦的卦象、卦辞、爻辞,"传"是对经的解释,称为"十翼",为孔子及其后学的合作结果。《易经》成书于何时,作于何人,迄今无定论。《易经》的卦象指卦的图像,由阳爻"—"和阴爻"——"两种爻象,按每卦六画排列组合而成,共六十四种卦象。卦中六画的排列从下到上,用初、二、三、四、五、上表示位序,阳爻称九,阴爻称六,爻象共三百八十四。解说卦象的词句称为卦辞,系于卦象之下,解说爻象的词句称为爻辞。卦辞共六十四条,爻辞三百八十四条,加上乾卦"用九",坤卦"用六",总称为筮辞,共四百五十条。《易经》以一套符号系统来描述状态的变化,表现了中国古老的哲学和宇宙观。它的中心思想,是以阴阳两种元素的阴阳一元论去描述世间万物的变化。从《易经》中可以看出中国古代辩证法思想的萌芽,因而在中国哲学史上占有重要地位。

节选 第一卦 乾

乾辞:元,亨,利,贞。

爻辞:初九,潜龙,勿用。

九二,见龙在田,利见大人。

九三,君子终日乾乾,夕惕若,厉无咎。

九四,或跃在渊,无咎。

九五,飞龙在天,利见大人。

上九,亢龙有悔。

用九,见群龙无首,吉。

《象》曰：天行健，君子以自强不息。

《象》曰：潜龙勿用，阳在下也；见龙在田，德施普也；终日乾乾，反复道也；或跃在渊，进无咎也；飞龙在天，大人造也；亢龙有悔，盈不可久也；用九，天德不可为首也。

【概义】

乾卦之象为天，其义为刚健，其德为元、亨、利、贞。乾天蕴含充沛刚健之阳气，运行不已，变化无穷，沿着春夏秋冬四季而循环往复，主宰整个宇宙，正可体现其创始万物、处事亨通、和谐有利、固守正道之四项美德。元亨利贞，把天时人事，尽括于其中。

乾卦六条阳爻表示六个时位、六种状态、六种做法。用"龙"作比喻，从下往上就是潜龙、见龙、惕龙、跃龙、飞龙、亢龙，这标志着任何事物孕育、发生、发展、高峰、衰落、重生的过程。《易经》非常形象地将六个时位与龙的六种状态结合起来了。为了适应这六个时位、六种状态，必须采用六种不同的做法，才能趋吉避凶、趋利避害。

乾卦取天为象。天体运转不息，君子也要不断奋发向上，永远不要停下前进的脚步。人类行为应当效法大自然的运行规律，领悟由无而有，由盈而亏的法则，始能把握时机，知道进退。当潜伏时，力量不足，必须坚定信念，隐忍待机，不可妄动。当显现时期，羽毛未丰，应普施恩德，凝聚力量，始能获得立足之地。当成长时期，应当奋发，自强不息，充实力量。当茁壮时期，应巩固群众基础，审慎把握有利时机，一举而获得成功。当极盛时期，应当始终如一，坚守纯正，明白盛极而衰、物极必反的大自然的规律，居安思危；极端阳刚，必然产生反常作用，只有顺其自然，善用刚柔，掌握进退存亡的关键，才能确保安全。

【启示】

1. 对于大学生来说，我们要给自己树立一个奋斗的目标，对自己的大学生活有一个规划，这样人生才会有方向，才不会终日无所事事，虚度光阴。在制定目标时一定要切合实际，切不可好高骛远，也不能朝秦暮楚，今天是这个目标，明天又是另一个目标，目标要始终如一。只有这样，我们才能一步步接近成功，获得圆满。

2. 盛极必衰，物极必反。如果我们大学生都能懂得这个道理就能避免很多生活中的安全隐患。有才却不恃才傲物，懂得谦逊有礼，进退有度，就不会将自己树为让人嫉恨的靶子；有财却不整日炫富，懂得济贫救困，对经济困难的同学能伸出援手，奉献爱心，就不会将自己陷入危险的漩涡；居安而能思危，就能防患于未然，做到这几点就能确保我们在校期间的人生和财产安全了。

第三节　《朱子治家格言》

【概述】

《朱子治家格言》又称《治家格言》《朱子家训》，为清代学者朱柏庐所著，是我国古代的家教名篇。全文仅五百多字，却以警句、箴言的形式讲述了许多为人处世、修身治家的道理，可以口头传训，也可以写成对联条幅挂在大门、厅堂和居室，作为治理家庭和教育子女的座右铭。其自问世以来流传甚广，被历代士大夫尊为"治家之经"。其中主张的勤俭持家、不贪便宜、公平厚道、诚实待人、与人为善、力戒色欲和浮华，反对见利忘义等观点至今仍有积极意义。

【原文】

黎明即起，洒扫庭除，要内外整洁；既昏便息，关锁门户，必亲自检点。

一粥一饭，当思来之不易；半丝半缕，恒念物力维艰。

宜未雨而绸缪，毋临渴而掘井。

自奉必须俭约，宴客切勿留连。

器具质而洁，瓦缶胜金玉；饮食约而精，园蔬愈珍馐。

勿营华屋，勿谋良田。

三姑六婆，实淫盗之媒；婢美妾娇，非闺房之福。

童仆勿用俊美，妻妾切忌艳妆。

祖宗虽远，祭祀不可不诚；子孙虽愚，经书不可不读。

居身务期质朴，教子要有义方。

勿贪意外之财，勿饮过量之酒。

与肩挑贸易，毋占便宜；见贫苦亲邻，须加温恤。

刻薄成家，理无久享；伦常乖舛，立见消亡。

兄弟叔侄，需多分润寡；长幼内外，宜法肃辞严。

听妇言，乖骨肉，岂是丈夫？重资财，薄父母，不成人子。

嫁女择佳婿，毋索重聘；娶媳求淑女，毋计厚奁。

见富贵而生谄容者，最可耻；遇贫穷而作骄态者，贱莫甚。

居家戒争讼，讼则终凶；处世戒多言，言多必失。

毋恃势力而凌逼孤寡，勿贪口腹而恣杀生禽。

乖僻自是，悔误必多。颓惰自甘，家道难成。

狎昵恶少，久必受其累；屈志老成，急则可相依。

轻听发言，安知非人之谮诉。当忍耐三思。因事相争，焉知非我之不是。须平心暗想。

施惠勿念，受恩莫忘。

凡事当留余地，得意不宜再往。

人有喜庆，不可生妒忌心；人有祸患，不可生喜幸心。

善欲人见，不是真善；恶恐人知，便是大恶。

见色而起淫心，报在妻女；匿怨而用暗箭，祸延子孙。

家门和顺，虽饔飧不继，亦有余欢。

国课早完，即囊橐无余，自得至乐。

读书志在圣贤，非徒科第；为官心存君国，岂计身家？

守分安命，顺时听天。

为人若此，庶乎近焉。

【概义】

每天黎明就要起床，先用水来洒湿厅堂内外的地面然后扫地，使厅堂内外整洁；到了黄昏便要休息并亲自查看一下要关锁的门户。

对于一顿粥或一顿饭，我们应当想着来之不易；对于衣服的半根丝或半条线，我们也要常念着这些物资的产生是很艰难的。

　　凡事先要准备,像没到下雨的时候,要先把房子修补完善,不要临时抱佛脚,像到了口渴的时候,才来掘井。

　　自己生活上必须节约,聚会在一起吃饭切勿流连忘返。

　　餐具质朴而干净,虽是用泥土做的瓦器,也比金玉制的好;食品节约而精美,虽是园里种的蔬菜,也胜于山珍海味。

　　不要营造华丽的房屋,不要图买良好的田园。

　　三姑六婆那些人,她们实在是荒淫和盗贼的媒人(这里"三姑六婆",是指一些爱搬弄是非的女人,像《水浒》里面的王婆)。美丽的婢女和娇艳的姬妾,不是家庭的幸福。

　　家童、奴仆,不可雇用英俊美貌的,妻、妾切不可有艳丽的妆饰。

　　祖宗虽然离我们年代久远了,祭祀却要虔诚;子孙虽然愚笨,五经、四书,却要诵读。

　　自己生活节俭,以做人的正道来教育子孙。不要贪不属于你的财,不要喝过量的酒。

　　和做小生意的挑贩们交易,不要占他们的便宜;看到穷苦的亲戚或邻居,要关心他们,并且要对他们有金钱或其他的援助。

　　对人刻薄而发家的,绝没有长久享受的道理。行事违背伦常的人,很快就会遭殃。

　　兄弟叔侄之间要互相帮助,富有的要资助贫穷的;一个家庭要有严正的规矩,长辈对晚辈言辞应庄重。

　　听信妇人挑拨,而伤了骨肉之情,哪里配做一个大丈夫呢? 看重钱财,而薄待父母,不是为人子女的道理。

　　嫁女儿,要为她选择贤良的夫婿,不要索取贵重的聘礼;娶媳妇,需求贤淑的女子,不要贪图丰厚的嫁妆。

　　见到富贵的人,便作出巴结讨好的样子,是最可耻的;遇着贫穷的人,便作出骄傲的态度,是鄙贱不过的。

　　居家过日子,不要争斗诉讼,一旦争斗诉讼,无论胜败,结果都不吉祥。处世不可多说话,言多必失。

　　不可仗势欺凌压迫孤儿寡妇,不要贪口腹之欲而任意地宰杀牛羊鸡鸭等动物。

　　性格古怪,自以为是的人,必会因常常做错事而懊悔;颓废懒惰,沉溺不悟,是难成家立业的。

　　近不良的少年,日子久了,必然会受牵累;恭敬自谦,虚心地与那些阅历多而善于处事的人交往,遇到急难的时候,就可以得到他的指导或帮助。

　　他人来说长道短,不可轻信,要再三思考。因为怎知道他不是来说人坏话呢? 因事相争,要冷静反省自己,因为怎知道不是我的过错?

　　对人施了恩惠,不要记在心里,受了他人的恩惠,一定要常记在心。

　　无论做什么事,当留有余地;得意以后,就要知足,不应该再进一步。

　　他人有了喜庆的事情,不可有妒忌之心;他人有了祸患,不可有幸灾乐祸之心。做了好事,而想他人看见,就不是真正的善人。做了坏事,而怕他人知道,就是真的恶人。

　　看到美貌的女性而起邪心的,将来报应会在自己的妻子儿女身上;怀怨在心而暗中伤害人的,将会替自己的子孙留下祸根。

　　家里和气平安,虽缺衣少食,也觉得快乐。

尽快缴完赋税，即使口袋所剩无余也自得其乐。

读圣贤书，目的在于学习圣贤的行为，不只是为了科举及第；做一个官吏，要有忠君爱国的思想，怎么可以考虑自己和家人的享受？

我们守住本分，努力工作生活，顺应天命，上天自有好的安排。

如果能够这样做人，那就差不多和圣贤做人的道理相合了。

【启发】

《朱子治家格言》虽然是一本家训，但是它所弘扬的一些中华民族的传统美德正是当下我们大学生所需要的正能量。朱子告诫后人要懂得珍惜，一粥一饭都来之不易。而生活中，很多大学生浪费严重，觉得饭菜不好吃，吃一两口就倒掉；生活上相互攀比，衣服都追求名牌；用水用电浪费严重，不懂得珍惜，也不能体察父母挣钱的不易。朱子告诫后人凡事要未雨绸缪，不要临渴掘井，有的同学一年级、二年级不好好学习总觉得时间还早，"我"还可以再玩玩，到后面再学也来得及，殊不知学习是循序渐进、逐步积累的过程，没有前面的积淀，哪有后面的爆发？朱子还教人要正直、厚道，勿贪小利，对人要友善，不要刻薄，不要恃强凌弱，要懂得感恩，不可心存嫉妒之心。很多时候，同学之间的矛盾都是因为一点小事而起，如果我们在发生矛盾时能懂得感恩，多想想对方平日的好，心态平和一些，势强的那一方能懂得礼让、宽容，不要斤斤计较，很多矛盾就不会发生了。对于为什么要读书、要学习，《朱子治家格言》中说得也很好，读书不要带有功利的目的，读书不仅仅是为了学习一些实用的科学知识，更是为了提升我们的道德品质，将来能做一个对国家有用的人，而不能只是为了自己的一己之利读书。

如果大学生能把《朱子治家格言》作为自己大学生活的行动指南，用它来约束自己的行为，那么我们的大学生活一定能过得充实、美好。

助梦篇

第十七章

奖学助学

学校在为同学们学习提供丰富资源的同时,也提供了坚实的保障——奖、助、贷、免、助、减制度。在盐城幼儿师范高等专科学校,无论你的家庭经济状况如何,只要你足够努力、勤奋,学习将无后顾之忧。

第一节 奖学金制度

凡我校在籍大学生,可以享受的奖学金制度包括了国家奖学金、国家励志奖学金、校奖学金几类。

一、国家奖学金

国家奖学金由中央政府出资设立,用于奖励高校全日制本专科(含高职、第二学士学位)学生中特别优秀的学生。我校参评对象为具有我校正式学籍的全日制初中起点五年制五年级学生及高中起点三年制二、三年级的学生。

国家奖学金的奖励标准为每生每年 8 000 元。

国家奖学金的基本申请条件:

(一)热爱社会主义祖国,拥护中国共产党的领导;

(二)遵守宪法和法律,遵守学校规章制度;

(三)诚实守信,道德品质优良;

(四)各学年学习成绩优异,社会实践、创新能力、综合素质等方面特别突出。学生学习成绩优异的量化标准是学习成绩排名在评选范围内前 10%(含 10%,下同)。实行综合考评成绩排名制度的院系,综合考评成绩也应作为国家奖学金考核指标,综合考评成绩排名也须在评选范围内前 10%。

(五)对于学习成绩和综合考评成绩没有进入前 10%,但达到前 30%(含 30%)的学生,如在其他方面表现非常突出,可申请国家奖学金,但需提交详细的证明材料。其他方面表现非常突出是指在道德风尚、学术研究、学科竞赛、创新发明、社会实践、社会工作、体育竞赛、文艺比赛等某一方面表现特别优秀。具体如下:

1. 在社会主义精神文明建设中表现突出,具有见义勇为、助人为乐、奉献爱心、服务社会、自立自强的实际行动,在本校、本地区产生重大影响,在全国产生较大影响,有助于树立良好的社会风尚。(有地、市级媒体宣传的证明、有学校所在地或原户籍所在地有关政府部门的表彰文件)

2. 在学术研究上取得显著成绩,以第一作者发表的论文被 SCI、EI、ISTP、SSCI 全文收录,以第一、二作者出版学术专著(须通过专家鉴定)。

3. 在学科竞赛方面取得显著成绩,在国际和全国性专业学科竞赛、课外学术科技竞赛等竞赛中获一等奖(或金奖)及以上奖励。

4. 在创新发明方面取得显著成绩,科研成果获省、部级以上奖励或获得国家专利(须通过专家鉴定)。

5. 在体育竞赛中取得显著成绩,为国家争得荣誉。非体育专业学生参加省级以上体育比赛获得个人项目前三名,集体项目前两名;高水平运动员(特招生)参加国际和全国性体育比赛获得个人项目前三名、集体项目前两名。集体项目应为主力队员。

6. 在重要文艺比赛中取得显著成绩,参加国际和全国性比赛获得前三名,参加省级比赛获得第一名,为国家赢得荣誉。集体项目应为主要演员。

7. 获全国三好学生、全国优秀学生干部、全国社会实践先进个人、全国十大杰出青年、中国青年五四奖章等全国性荣誉称号。

国家奖学金每学年评审一次,根据国家主管部门下达的名额,实行等额评审,坚持公开、公平、公正的原则。同一学年内,获得国家奖学金的学生可以同时申请并获得国家助学金,但不能同时获得国家励志奖学金。

我校国家奖学金申请与评审工作由校学生资助中心组织实施,具体步骤包括:公布名额、个人申请、班级测评、院系初审及公示、学校审查及公示和上报批复。各二级学院根据评审条件与下达的名额具体负责受理学生的申请与评审工作。

我校根据上级主管部门审批的国家奖学金获得者名单与下达的经费,及时将国家奖学金一次性发放到获奖学生本人的银行卡上,颁发国家统一印制的奖励证书,并记入学生学籍档案。

二、国家励志奖学金

国家励志奖学金由中央和地方政府共同出资设立,用于奖励资助高校全日制本专科(含高职、第二学士学位)学生中品学兼优的家庭经济困难学生。我校参评对象为具有我校正式学籍的全日制初中起点五年制五年级学生及高中起点三年制二、三年级学生。

(一)奖励标准

每人每年5 000元。

(二)基本申请条件

1. 热爱社会主义祖国,拥护中国共产党的领导;
2. 遵守宪法和法律,遵守学校规章制度;
3. 诚实守信,道德品质优良;
4. 在校期间学习成绩优秀;
5. 家庭经济困难,生活俭朴。

(三)申请、评审和发放

国家励志奖学金每学年评选一次,实行等额评审。每年9月30日前,学生向学校提出申请,学校于当年10月31日前完成评审。学校每年11月30日前将国家励志奖学金一次性发放给获奖学生,并记入学生的学籍档案。

(四) 相关事项

同一学年内,申请国家励志奖学金的学生可以同时申请并获得国家助学金,但不能同时获得国家奖学金。试行免费教育的教育部直属师范院校师范类专业学生不再同时获得国家励志奖学金。

三、校级奖学金

为进一步贯彻党的教育方针,激励广大学生奋发向上,全面发展,培养和造就社会主义事业的建设者和接班人,依据《中华人民共和国高等教育法》《江苏省属普通高等学校奖学金管理办法》及有关文件精神,结合我校实际,2017年底,我校制定《盐城幼儿师范高等专科学校学生奖学金评选办法》。

评选对象是具有盐城幼儿师范高等专科学校学籍的普通全日制在校学习满一年的学生。对学生奖励应坚持鼓励先进、奖优促学的原则,评奖工作应坚持公平、公正、公开。

学校奖学金设置两大类:综合奖学金和单项奖学金。综合奖学金分设三个等级,其中:一等奖学金每人每学年600元,二等奖学金每人每学年400元,三等奖学金每人每学年200元;单项奖学金每人每学年200元,分为学习进步奖、科学创新奖、技能优秀奖、社会工作奖、文体活动奖等。学生校奖学金获得者中,一、二、三等奖和单项奖的人数比例,以二级学院为单位,分别为参评学生总数的4%、6%、8%、4%。各奖项名额如不能用足时,可按一等、二等、三等奖顺序下移,等额增加,但不可逆向增加。单项奖单独测评,不参与调整,荣誉视同于三等奖学金。班级工作考核总分列所在二级学院前20%的班级,单项奖人数比例提高2%,考核总分列所在二级学院后20%的班级,单项奖人数比例下降2%。具体划分由二级学院自己执行,各二级学院总比例不变。奖学金的评定以《盐城幼儿师范高等专科学校学生素质综合测评条例》为主要依据,量化积分排名。

一等奖学金获得者,素质综合测评总成绩、学业考核成绩(学分)均须列班级前6%,各科目成绩(等第)不低于80分(良好)。二等奖学金获得者,素质综合测评总成绩、学业考核成绩(学分)均须列班级前20%,各科目成绩(等第)不低于70分(中等)。三等奖学金获得者,素质综合测评总成绩、学业考核成绩(学分)均须列班级前40%,各科目无不及格情况。素质综合测评成绩位列班级前50%,各科成绩无不及格情况,且符合下列条件之一者,可以申报单项奖:

(1)学习成绩比上学期有显著进步的学生可获得学习进步奖;

(2)科学研究、课外竞赛、科技创新活动中成绩突出者可获得科学创新奖;

(3)社会工作、社团活动成绩突出,且任期一年以上的学生干部可获得社会工作奖;

(4)文体活动、各类竞赛积极参与且成绩突出者可获得文体活动奖;

(5)参加市级以上技能大赛并获奖者可获得技能优秀奖;

(6)其他方面表现突出者,可经本人申请、学院推荐、学校审核同意后,另设奖项,该奖项不占学院指标。

此外,根据国家少数民族政策,鼓励少数民族学生勤奋学习,全面发展,我校少数民族学生在奖学金评定中成绩等级和班级名额可适当放宽,具体条件由学院根据本院实际情况制定。一、二、三等奖学金与单项奖不可以兼得。

参评资格:

(1) 热爱社会主义祖国,拥护中国共产党的领导,关心集体,积极参加集体活动,爱护公物,尊敬师长,道德品质优良;

(2) 自觉遵守宪法和法律,执行学生守则,生活俭朴;

(3) 热爱所学专业,学习勤奋、刻苦,学习成绩优异;

(4) 积极参加文体活动、军事训练和公益劳动,具有良好的学习、生活习惯,身心健康;

(5) 模范遵守学校规章制度,未受到通报批评及以上处分(在评奖当年处分解除的除外);

(6) 编入下一年级学习的学生当年不参加学生奖学金评定;保留入学资格、保留学籍、休学以及延长学习时间的学生,在保留入学资格、保留学籍、休学以及延长学习时间期间,不参加学生奖学金评定。

(7) 考试、考查课程成绩有一门及以上不及格者不参加学生奖学金评定。

(8) 有以下违反学生公寓相关管理规定者不得参加学生奖学金评定:在宿舍内使用违章电器、炊具、器械等者;私藏管制刀具且不服从管理者;有无故夜不归宿行为者;在公寓内打架斗殴者;不服从公寓管理情节恶劣等其他违纪情节严重者。

学生奖学金每学年评定一次,下一学年对上一学年度奖学金进行评定。评选工作在各学院党政联席领导下具体实施,要充分体现公正、公平、公开的原则,评选结果由学院党政办公会议审核并公示。公示后将评选结果报学生资助管理中心审核,经学校研究批准,正式下文批复,按有关规定发放奖学金。2016~2017 学年度,我校发放奖学金 1 292 人,发放金额 42.34 万元。

第二节 助学金制度

2018 年,江苏省学生资助管理中心全面提出家庭经济困难学生上大学"三不愁":一是入学前不用愁。家庭经济困难的新生,可向家庭所在地的县级教育部门提出申请,办理贷款用于支付学费和住宿费。经济特别困难的新生,还可以申请新生入学资助,用于支付入学报到的交通费及入学后短期生活费。二是入学时不用愁。如有新生实在不能筹集到足够的上学费用,可以通过新生入学"绿色通道"直接报到入学,缓交学费和住宿费。三是入学后不用愁。学校对通过"绿色通道"入学的学生和申请资助的其他学生,采取不同的措施给予精准资助。解决学费、住宿费问题,有国家助学贷款;解决生活费问题,有国家助学金;解决突发临时困难问题,有临时困难补助等;解决综合能力和生活补助问题,有勤工助学等。

我校在籍学生可以享受的助学金有如下几类:

一、生源地助学贷款

家庭经济困难的全日制本专科生(含高职生)、第二学士学位学生和研究生(研究生原则上申请办理校园地国家助学贷款),通过户籍所在县(市、区)的学生资助管理机构申请办理(有的地区直接到相关金融机构申请)的国家助学贷款。学生和家长为共同借款人,共同承担还款责任。

（一）申请条件

1. 具有中华人民共和国国籍；

2. 诚实守信，遵纪守法；

3. 已被根据国家有关规定批准设立、实施高等学历教育的全日制普通本科高校、高等职业学校和高等专科学校（含民办高校和独立学院，学校名单以教育部公布的为准）正式录取，取得真实、合法、有效的录取通知书的新生或高校在读的本专科学生、第二学士学位学生和研究生；

4. 学生本人入学前户籍、其父母（或其他法定监护人）户籍均在本县（市、区）；

5. 家庭经济困难，所能获得的收入不足以支付在校期间完成学业所需的基本费用。

（二）办理程序

生源地信用助学贷款按年度申请、审批和发放。学生在新学期开始前，向家庭所在县（市、区）的学生资助管理中心提出贷款申请（有的地区直接到相关金融机构申请）。县级学生资助管理中心负责对学生提交的申请进行资格初审。金融机构负责最终审批并发放贷款。

（三）贷款金额

本专科生每人每年最高不超过 8 000 元，研究生每人每年最高不超过 12 000 元。

（四）贷款利息

生源地信用助学贷款利率执行中国人民银行同期公布的同档次基准利率，不上浮。学生在校期间的利息由财政全部补贴，毕业后的利息由学生和家长（或其他法定监护人）共同负担。借款学生在校期间因患病等原因休学的，应向经办机构提供书面证明，由经办机构向经办银行提出申请，休学期间的贷款利息由财政全额贴息。借款学生毕业后，在还款期内继续攻读学位的，可申请继续贴息，应及时向组织办理生源地信用助学贷款的原县级教育部门提供书面证明，经办机构审核后，报经办银行确认，继续攻读学位期间发生的贷款利息，由原贴息财政部门继续全额贴息。

（五）还款期限和还款方式

生源地信用助学贷款期限原则上按学制加 13 年确定，最长不超过 20 年。学生在校及毕业后 3 年期间为偿还本金宽限期，偿还本金宽限期结束后，由学生和家长（或其他法定监护人）按借款合同约定，按年度分期偿还贷款本息。

二、绿色通道

为切实保证家庭经济困难的学生顺利入学，教育部、国家发改委、财政部规定各全日制普通高等学校都必须建立"绿色通道"制度，即对被录取入学、家庭经济困难的新生，学校一律先办理入学手续，然后再根据核实后的情况，分别采取不同办法予以资助。

三、国家助学金

国家助学金是为了体现党和政府对普通本科高校、高等职业学校和高等专科学校家庭经济困难学生的关怀，由中央与地方政府共同出资设立的，用于资助家庭经济困难的全日制普通本专科（含高职、第二学士学位）在校学生的助学金。我校享受此资助政策的对象为高中起点三年制一至三年级学生以及初中起点五年制四五年级学生。

（一）资助标准

全国平均每人每年 3 000 元。根据家庭经济困难学生的困难程度不同，具体分为 2 000元、3 000 元、4 000 元三个档次。

（二）基本申请条件

1. 热爱社会主义祖国，拥护中国共产党的领导；

2. 遵守宪法和法律，遵守学校规章制度；

3. 诚实守信，道德品质优良；

4. 勤奋学习，积极上进；

5. 家庭经济困难，生活俭朴。

（三）申请、评审和发放

国家助学金每学年评定一次。每年 9 月 30 日前，学生向学校提出申请，各高校于当年11 月 15 日前完成评审。国家助学金由上级主管部门按学期拨付至学校，学校完成有关审批手续后及时将国家助学金发放到受助学生本人银行卡上。

（四）相关事项

同一学年内，申请并获得国家助学金的学生，可同时申请并获得国家奖学金或国家励志奖学金。试行免费教育的教育部直属师范院校师范类专业学生，不再同时获得国家助学金。

四、中职国家助学金

在我校就读的具有正式学籍的初中起点学生,在1~3年级中职段除享受国家免学费待遇,还可以根据家庭经济困难情况,申请中职国家助学金,资助标准每人每年2 000元。符合条件的学生,向院系提交有关家庭经济证明材料,通过家庭经济困难认定后,报校学生资助中心。学校审核后,报市学生资助中心复审,在全校公示后,由市财政局直接将助学金发放至学生银行卡上。

五、残疾生学费减免政策

根据《省政府办公厅转发省教育厅等部门关于进一步加快特殊教育事业发展意见的通知》(苏政办发〔2014〕97号)有关精神,在我省普通高校就读的符合有关条件的残疾学生可以享受学费减免政策。

自2014年秋季学期起,我校在籍的五年制高职四、五年级学生、高中起点学生中凡持有中国残联统一制发的《中华人民共和国残疾人证》的残疾学生,均在补助范围之内。残疾学生的学费减免标准,按照苏价费〔2014〕136号文件调整后的实际收费备案标准补助。

每年秋学期开学初,符合条件的学生需要向所在院系递交:残疾学生本人的残疾证原件;残疾学生本人身份证复印件。各院系对符合条件的残疾学生的资质进行审查核实,并将确定享受补助的人员名单及相关信息上报校学生资助中心。学校审核无误后,将学生信息录入"江苏省资助业务管理系统",并上报教育厅。省资助中心审核通过后,有关补助资金预计年底下达到学校,学校核准金额后直接打到学生本人银行账户上。

六、建档立卡学费减免政策

根据《江苏省财政厅　江苏省教育厅　江苏省扶贫工作领导小组办公室关于对建档立卡家庭经济困难学生加强教育资助工作的意见》(苏财教〔2016〕151号)文件精神,我校高中起点全日制大专在籍生、初中起点全日制大专在籍四、五年级学生所在家庭属于建档立卡户,并在省扶贫信息网络系统中建立电子信息档案的低收入农户家庭,学生可享受学费减免政策。学费免除的经费由学校支出,所需资金由学校从生均财政拨款、事业收入等经费中统筹安排、足额提取解决。此外,低保和建档立卡的学生按照要求均享受中职的或者高职的助学金。

每年秋学期开学初,符合条件的学生需要向所在院系递交:学生所在家庭的扶贫手册原件;学生本人学生证复印件。各院系对符合条件的学生的资质进行审查核实,并将确定享受补助的人员名单及相关信息上报校学生资助中心。学校与"江苏省资助业务管理系统"提供数据进行比对,及时增补有关建档立卡学生名单。学校核准学生缴费情况后,对学生实施学费减免待遇。

七、勤工助学

勤工助学是指学生在学校的组织下利用课余时间,通过自己的劳动取得合法报酬,用于改善学习和生活条件的社会实践活动。勤工助学是学校学生资助工作的重要组成部分,是提高学生综合素质和资助家庭经济困难学生的有效途径。

（一）活动管理

学生在学有余力的前提下，向学校提出勤工助学的申请，接受必要的勤工助学岗前培训和安全教育，再由学校统一安排到校内或校外的岗位上进行勤工助学活动。学校不得安排学生参加有毒、有害和危险的生产作业以及超过身体承受能力、有碍健康的劳动。任何单位和个人未经学校同意，不得聘用在校学生打工。

（二）时间安排

学生参加勤工助学不应当影响学业，原则上每周不超过 8 小时，每月不超过 40 小时。

（三）劳动报酬

学生参加校内固定岗位的勤工助学，其劳动报酬由学校按月计算。每月 40 个工时的酬金原则上不低于当地政府或有关部门制定的最低工资标准或居民最低生活保障标准，可以适当上下浮动。学生参加校内临时岗位的勤工助学，其劳动报酬由学校按小时计算。每小时酬金原则上不低于 8 元人民币。学生参加校外勤工助学的酬金标准不低于学校所在地政府或有关部门规定的最低工资标准，具体数额由用人单位、学校与学生协商确定，并写进聘用协议。

（四）权益保护

学生在开始勤工助学活动前应当与有关单位签订协议，保护自身的合法权益。学生在进行校内勤工助学前，应当与学校的学生勤工助学管理服务组织签订具有法律效力的协议书。学生在进行校外勤工助学前，应当与代表学校的学生勤工助学管理服务组织、用人单位签订具有法律效力的三方协议书。协议书应当明确学校、用人单位和学生三方的权利和义务，意外伤害事故的处理办法以及争议解决方法。

八、高等学校学生应征入伍服义务兵役国家资助

国家对应征入伍服义务兵役的高校学生，在入伍时对其在校期间缴纳的学费实行一次性补偿或获得的国家助学贷款实行代偿；应征入伍服义务兵役前正在高等学校就读的学生（含按国家招生规定录取的高等学校新生），服役期间按国家有关规定保留学籍或入学资格，退役后自愿复学或入学的，国家实行学费减免。

学费补偿、国家助学贷款代偿及学费减免的标准，本专科生（含第二学士学位、高职学生）每人每年最高不超过 8 000 元，研究生每人每年最高不超过 12 000 元。

学费补偿、国家助学贷款代偿和学费减免的年限，按照国家对本科、专科（高职）、研究生和第二学士学位规定的相应修业年限据实计算。

九、高等学校学生直招士官国家资助

从 2015 年起，国家对直接招收为士官的高等学校学生施行国家资助，入伍时对其在校期间缴纳的学费实行一次性补偿或获得的国家助学贷款实行代偿。

学费补偿或国家助学贷款代偿的标准，本专科生（含第二学士学位、高职学生）每人每年最高不超过 8 000 元，研究生每人每年最高不超过 12 000 元。

直接招收为士官的高校学生国家资助的年限,按照国家对本科、专科(高职)、研究生和第二学士学位规定的相应修业年限据实计算。

十、毕业生学费补偿

江苏省从 2009 年实施高等学校毕业生学费补偿(以下简称"学费补偿")政策以来,已有来自全国 1 100 余所普通高校的 2.77 万名应届毕业生赴苏北地区基层单位就业,安排学费补偿总额度 4.98 亿元,对促进苏北地区社会经济发展取得了一定的成效。

为规范学费补偿资格审核工作,简化补偿申请与资金拨付手续,进一步做好学费补偿工作,省财政厅、省教育厅联合修订了《江苏省高等学校毕业生学费补偿办法》。

第三节　"三进三助三立"与助长伴学

2017 年 2 月,为认真落实习近平总书记在全国高校思想政治工作会议上的重要讲话精神,以科学发展观为统领,以"立德树人"为根本任务,关切问题导向,坚守大学精神,构筑"以生为本"的思想高地,围绕学生、关照学生、服务学生,我校决定在全校党员、干部中开展"三进三助三立"活动。

通过"三进三助三立"主题活动的开展,促使党员、干部转变工作作风,深入宿舍、教室,"走进学生的生活、走进学生的学习、走进学生的心灵",了解学生的生活、学习状况,理清学生的职业生涯规划现状,以及其他有利于健康发展的诉求;开展"助困、助学、助动"活动,真正承担起学生健康成长的指导者和引路人的责任,帮助学生解决生活的后顾之忧,排除学习的疑惑之难,帮助学生开展丰富多彩的活动,做好家校社区"三位一体"的联动,真正使学生动起来,活起来,笑

起来;最终为学生"立根、立德、立魂",让学生复归生活的本真,给学生立生命之根(完成伦理上的基础人),立成人之德(塑造有德性的成品人),立臻善臻美之魂(成就至善臻美的精品人)。通过活动的开展,让学生感受爱的关怀,乐学爱校,爱家爱国,促进我校和谐校园的建设,提升学校科学发展的水平和社会美誉度。

同年9月,为进一步推进党员干部"三进三助三立"活动,促进我校受资助学生树立正确的人生观、世界观、价值观,快乐成长,完成学业,顺利就业,促进和谐师生关系的建设和优良校风、学风的形成,学校决定在校领导及部分中层干部中开展一对一助长伴学活动。活动包括:

1. 思想教育

结对干部要切实关注结对学生的思想成长,定期与其开展谈心交流,解决他们在学习、生活中遇到的思想困惑,使他们能热爱生命、热爱生活,学会感恩,促进学生活泼、健康、快乐地成长。

2. 学习指导

结对干部要经常了解学生的学习情况,加强对他们的学习指导,帮助他们克服学习中的困难,培养其自信心。

3. 生活帮扶

结对干部要深入关心学生的生活状况,根据实际情况以献爱心的方式向学生提供学习用品等财物,让学生能正常完成学业。

同时,学校还要求结对干部在进行助长伴学工作时,要做好记录,扎实推进,不搞花架子,力戒形式主义,务求取得实效。

第四节　国家资助　助我成长案例

案例一:资助改变命运,梦想伴随成长

——记盐城幼儿师范高等专科学校学生　王　远

王远,盐城幼儿师范高等专科学校2011级学生,在校期间历任班长、校学生会纪检部部长、校"兰亭书画服务中心"负责人、校书画社社长、校志愿者服务队队长。现为江苏省书法家协会会员、江苏省硬笔书法家协会会员、江苏省教育书法家协会会员、江苏省青年书法家协会会员、盐城市书法家协会会员、盐城市美术家协会会员、盐城市青年志愿者协会会员,

师从东南大学刘灿铭教授。

王远同学是我们学校受到国家资助继而励志图强、不断超越,各方面取得优异成绩学生当中的典型代表。国家的各项资助,不仅减轻了王远同学的家庭负担,也给他开启了希望的灯光,温暖了他的心灵,让王远同学有了追求梦想的机会,找到了他前进的方向。一步一个脚印,向他美好的梦想迈进,演绎着他精彩的人生!

一、善于学习,提高综合素质

1. 目标明确

王远同学自入学以来,荣获三次国家助学金、四次免学费,多次获得学校奖励。这让他有了更加明确的梦想追求。有梦想才有动力。王远同学是一位很善于规划自己未来的人,在不同阶段,有不同的目标。作为一名师范生,王远同学希望能够顺利地通过"5+2"专转本考试,踏入高等学府继续深造,考上研究生,将来做一名优秀的人民教师,把自己的所学传授给更多的学生。

2. 成绩突出

功夫不负有心人。王远同学先后获得国家级奖励十余次,获省、市级奖励三十余次,荣获"三好学生""优秀学干""优秀读者""优秀团干""学习标兵""先进个人"等校级奖励五十余次。2012年获盐城市"第二届大学生职业生涯规划大赛"冠军,作为优秀大学生代表受到市委朱克江书记亲切接见;2014年荣获盐城市"全民读书月朗诵比赛"第一名;2013—2014年两次被团市委作为优秀大学生接受媒体采访。

二、甘于寂寞,发展书画特长

1. 热爱书画

王远同学是我们学校公认的才子,兴趣爱好广泛,尤其擅长书法、绘画。他并没有因为日常忙碌的学习和学生工作而丢弃自己的爱好。学习书画十余载,没有想过放弃,一直都在虔诚地追求。之所以能坚持不懈,皆缘于他对书画艺术的执着和痴迷。

2. 成绩显著

王远同学通过自己不懈的孜孜追求,如今在书画方面已经取得了不小的成绩,在国家、省、市书画比赛中屡获大奖。目前是江苏省书法家协会会员,师从东南大学书法硕导刘灿铭教授。

2012年成功举办校园个人书画展;2013年荣获全国师范生书法大赛三项特等奖、获江苏省高师书法现场比赛"三笔字"全能奖、江苏省高师优秀美术书法作品展美术一等奖;2014年获全国"羲之杯"书法大赛一等奖、书法作品入展"江苏省第九届新人书法篆刻展",代表学校接待教育部领导和外国友人并赠送书画作品;2015年代表学校向教育厅杨湘宁副厅长赠送书画作品。

三、勇于实践,培养创业能力

1. 敢于实践

在王远同学的积极努力、充分准备下,去年八月份,校"兰亭书画服务中心"正式建成开业。中心占地 100 多个平方,经营项目丰富:书画培训、文房四宝销售、室内设计、书画装裱……2014 年七月凭借"兰亭书画服务中心"创业项目参加了由教育部、团中央等部门主办的"挑战杯—彩虹人生"全国职业学校创新创效创业大赛,荣获一等奖。中心的各项工作正在有序地进行、踏实地推进。

2. 影响广泛

随着中心的经营日益完善、规模在不断扩大,中心先后带动了学校十余个创业项目的建成和发展,为其他创业项目提供了宝贵的经验。2014 年王远同学应邀参加了盐城市青年创业节座谈会,向全市大学生讲述了自己的创业心得和体会。盐城市的权威报刊《盐阜大众报》还刊登了其创业经验,进行了广泛的宣传。

教育部殷长春副司长、教育厅杨湘宁副厅长、朱传耿副市长、教育局殷勇局长、人事局王娟局长、团市委吴冈玉书记、美国三一文理学院珍妮院长、市创业考察团等领导先后参观了中心,高度赞扬了中心的各项工作。

四、感恩社会,热心公益事业

1. 乐于奉献

对于国家的资助、学校的关怀,王远同学从没有忘记过。他经常参加校内外的各种实践活动、志愿者服务工作,在周末、节假日他经常组织同学们前往市儿童福利院、敬老院进行志愿服务。他也是学校"志愿者服务队"的骨干成员,经常在校内外开展形式多样的志愿者服务工作。在他的影响下,越来越多的同学加入到了志愿者服务队伍中来,王远同学用自己的实际行动影响了身边很多人。

2. 屡获赞誉

王远同学用自己的实际行动诠释了应该如何做一名当代的优秀大学生,同时也赢了诸多赞誉。2013 年荣获盐城市"社会劳动实践先进个人"、校"志愿服务先进个人"和学校"有突出贡献优秀团干"称号,并代表学校参加了盐城市共青团座谈会;2014 年,王远同学志愿服务的先进事迹被学校编辑装订成手册,在全校师生中产生了广泛深远的影响。

资助改变命运,梦想伴随成长。王远同学,怀揣梦想,带着感恩之心,正大步地走在人生发展的康衢之路上。"盐城,一个让人打开心扉的地方",也是无数个像王远一样得益于国家资助的有志青年振翅高飞的地方。我们坚信:像王远这样懂得感恩、有志作为的学生会越来越多。我们期盼:一大批王远沐浴着国家资助的春风,在不断地艰辛的努力之后取得更多更大的成绩！

个人简介：

王远,男,汉族,1994年生,中共预备党员,盐城幼儿师范高等专科学校,小学教育综合文科专业,2011年9月入学,2016年7月毕业,2016年9月进入江苏第二师范学院学习。

获奖情况：(1)现为江苏省书法家协会会员。(2)获2014～2015学年度国家一等奖学金。(3)获2014年度"挑战杯—彩虹人生"全国大学生三创大赛一等奖。

案例二：感恩国家资助,尽心回报社会
——记盐城幼儿师范高等专科学校学生　鲍志芬

鲍志芬,盐城幼儿师范高等专科学校2011级学生,中共预备党员,在校期间历任班级班干、校学生会生活部部长,现进入江苏第二师范学院外国语学院学习。鲍志芬同学在校期间勤勤恳恳、刻苦奋进、成绩优异,是学生学习的榜样。国家的各项资助,是她完成学业的保证,也给了她追逐梦想的机会。

她一直很赞同"宝剑锋从磨砺出,梅花香自苦寒来"这句话。在盐师的五年学习生活,是她所受过的最好的教育。她时刻将恩师顾老师、于老师的话语铭记于心以激励自己努力学习、力争上游。教学楼、食堂、宿舍三点一线已成为自己的常态。除了认真学习自己的专业知识外,她也利用课余时间参加勤工助学,希望减轻家里的负担同时磨砺自己的意志。在系内她成绩一直名列前茅。她相信只要自己合理安排自己的时间并且真心付出,就可以很好地利用学习的丰富资源来提升自己。

她用乐观和坚强谱写着别样精彩的篇章,让每一个抱怨过生活的人自惭形秽。她,为家长忧,为学业虑,为自己拼,为未来搏,她用坚强的意志和不移的信念,给寒门学子塑造了一个学习的榜样。在生活中,她与父亲相携相持,同甘共苦,朴素节俭,严于律己,宽以待人,尊敬师长,并在平时积极和同学交流沟通、融洽和睦地相处,在寝室里,能和室友和睦相处,互相帮助;在学习时,态度端正,勤奋刻苦;在工作中,踏实肯干,认真负责;在思想上,志存高远,自立自强。她是一名志愿者,并以高度的热忱投入到事业中。她为学时,一丝不苟;为善时,一力不留。她就是以这样一颗赤子之心,做人、做事、做学问。

盐师的生活更让她明白了上学期间最重要的不仅仅是知识的积累,而是作为一个人的成长。成长的集中体现便是在观察、思考和摸索中确定自己的追求和理想,并同时把这种理想提升为素质和能力。她懂得:荣誉,既是终点,又是起点。不管曾经取得怎样的成绩,都只代表着过去。不能因为一时取得好的成绩而骄傲,也不能因为成绩一时不理想而气馁。所以,心中应该要有更高的追求,才有继续向前的动力。只有不断地努力,才能取得更多优异的成绩,才能创造更美好的未来。

刚刚踏入社会的她更有深刻的感悟。有人说,回报社会是长大以后成为一名科学家,为祖国的繁荣昌盛做研究做贡献,有人说,回报社会是长大以后做一名有用的人,为社会主义建设做奉献,也有人说回报社会就是学雷锋做好事。那么,到底应该怎样回报社会,什么

是真正的回报社会呢？八方大家，仁者见仁，智者见智，而她的个人意见是，真正的回报社会是不求功利，在自己平凡的岗位上做不平凡的事，实现自己的人生价值。"滴水之恩，当涌泉相报"，是她激励自己的座右铭。她说作为一名学生，要常警醒自己，要时刻感恩，怀着感恩的心，努力学习专业知识，珍惜时间，努力拼搏，立志成才，以实际行动回报社会。

在工作实习中，不时地会有无偿献血的活动，看着那"无偿献血，感恩社会"的标语，看着那忙碌的工作人员，看着那些边抽血边说笑的学生，她都会义无反顾地跟他们一起排队去献血。即使献血会让本来体质不好的她虚弱好几天，即使会让她感到有些难受，但是想着，会因为她一个人的献血，而让其他需要血的人得到帮助，她都会积极地加入。

不仅如此，自进入社会的她更加懂得人要常怀感恩之心。她时常利用节假日参加所在社区组织的实践活动，去敬老院看望那些老人，陪他们聊天，搞表演，帮老人们处理一些生活琐事，让老人们不感到孤单，内心充实。每当看到老人们脸上露出欢喜的笑容，她的内心也跟着充实了许多。她说："在社会实践中，自己受到了教育、收获了成长。更为重要的是，也在奉献的过程中彰显了自己的人生价值。"

学习是一辈子的事情，不会因为毕业而结束。昨日备考转本的场景还历历在目，昏暗的走廊亮起的一盏台灯、北风肆意吹动的天台上的那张冰冷的板凳，都见证了她为学习坚持不懈及永不言弃的决心。她知道昨天和今天的荣誉已随时间的前行而终将成为历史，只有学习才代表将来。国家励志奖学金对于她这样一个来自贫困家庭的孩子来说，既是一种荣誉，也是对自己曾经努力的肯定，是一种激励和鞭策，更是圆了她上大学的梦。现在作为一名大学生的她，万分感激国家对她的帮助，因此在今后的学习中，定将始终践行优秀的学习作风，不断提升自己的专业技能，刻苦学习；在今后的学习、工作和生活中不畏困难和挫折，不断努力，不断奋勇向前。

个人简介：

鲍志芬，女，汉族，1996 年生，中共预备党员，盐城幼儿师范高等专科学校，小学教育英语专业，2011 年 9 月入学，2016 年 6 月毕业，2016 年 9 月进入江苏第二师范学院外国语学院学习。

获奖情况：2015 年第四届江苏省师范生教学基本功大赛三等奖、2014 年江苏省未成年人文明礼仪风采大赛三等奖、2012～2013 年学校综合奖学金一等奖、2012～2013 年学校单项奖学金、2013～2014 年学校综合奖学金一等奖、2014～2015 年学校综合奖学金一等奖、2014～2015 年学校综合奖学金一等奖、2014～2015 年学校单项奖学金二等奖、多次被学校评为"优秀校学生会干部""三好生"等。

第十八章

心理健康

第一节　心理健康的重要性

随着我国经济水平的整体发展,人们的物质生活水平迅速提高,人们在追求身体健康的同时,也关注着心理健康,心理健康是指具有正常的智力、积极的情绪、适度的情感、和谐的人际关系、良好的人格品质、坚强的意志和成熟的心理行为等。随着社会的飞速发展,人们的生活节奏正在日益加快,竞争越来越激烈,人际关系也变得越来越复杂;由于科学技术的飞速进步,知识爆炸性地增加,迫使人们不断地进行知识更新;"人类进入了情绪负重年代",人们的观念意识、情感态度复杂嬗变。

作为现代社会的组成部分,在大学院校生活和学习的大学生,对社会心理这块时代的"晴雨表",十分敏感。况且,大学生作为一个特殊的社会群体,还有他们自己许多特殊的问题。从外部环境看,当前不断变化的思想观念、社会生活环境等都对大学生产生了深刻的影响,大学生必须快速适应紧张的社会生活节奏;就业竞争的加剧所带来职业选择的提前以及与之相关的高强度的心智付出等也使大学生的心理压力进一步加大。从大学生自身看,大学生一般年龄在十七八岁至二十二三岁,正处在青年中期,青年期是人的一生中心理变化最激烈的时期。由于心理发展不成熟,情绪不稳定,面临一系列生理、心理、社会适应的习题时,心理冲突矛盾时有发生,如理想与现实的冲突、理智与情感的冲突、独立与依赖的冲突、自尊与自卑的冲突、求知与辨别能力差的冲突、竞争与求稳的冲突等等。这些冲突和矛盾若得不到有效疏导、合理解决,就会造成心理紊乱。这些生理因素、心理因素、社会因素交织在一起,极易造成大学生心理发展中的失衡状态。大学正是人生成长与发展的重要时期,大学生的生理、心理与社会化的协调发展中存在这样或那样的矛盾冲突,理想自我与现实自我往往会发生矛盾。面对这些问题,如果大学生不能很好地适应环境解决问题,就会产生一系列的心理障碍甚至精神疾病。

心理健康与一个人的成就、贡献、成才关系重大。心理健康是大学生成才的基础。

一、心理健康可以促进大学生全面发展

健康的心理品质是大学生全面发展的基本要求,也是将来走向社会,在工作岗位上发挥智力水平、积极从事社会活动和不断向更高层次发展的重要条件。充分认识德智体美劳等方面的和谐发展,是以健康的心理品质作为基础的,一个人的心理健康状态直接影响和制约着全面发展的实现。

二、心理健康可以使大学生克服依赖心理增强独立性

大学生经过努力的拼搏和激烈的竞争,告别了中学时代、跨入了大学,进入了一个全新的生活天地。大学生必须从靠父母转向靠自己。上大学前,他们想象中的大学犹如"天堂"一般,浪漫奇特,美妙无比。上大学后,紧张的学习,严格的纪律,生活的环境,使他们难以适应。因此,大学生必须注重心理健康,尽快克服依赖性,增强独立性,积极主动适应大学生活,度过充实而有意义的大学生活。

三、心理健康是大学生取得事业成功的坚实心理基础

目前,我国大学毕业生的分配工作已发生了很大变化,大学生都实行供需见面、双向选择、择优录用等方式,择业的竞争必然会使大学生心理上产生困惑和不安定感,惊叹"皇帝女儿亦愁嫁"。因而,面对新形势大学生要注意保持心理健康,培养自立、自强、自律的良好心理素质,锻炼自己的社会交往能力,使自己在变幻复杂的社会环境中,作出适宜自己角色的正确抉择,敢于面对困难、挫折与挑战,追求更加完美的人格,为将来的事业成功奠定坚实的心理基础。

四、心理健康利于大学生培养健康的个性心理

大学生的个性心理特征,是指他们在心理上和行为上经常、稳定地表现出来的各种特征,通常表现为气质和性格两个主要方面。气质主要是指情绪反映的特征,性格除了气质所包含的特征外,还包括意志反映的特征。当代大学生的心理特征普遍表现为思想活跃、善于独立思考、参与意识较强、朝气蓬勃的精神状态等等,这些有利于大学生的健康成长。

大学生是未来社会的领导者和建设者,他们将在很大程度上决定着未来社会的走向和发展状况,他们的心理健康与否,不仅影响着他们的学习和健康成才,而且对整个社会都至关重要。因此,重视和探究大学生的心理状态,引导大学生排解心理障碍,培养大学生健康的心理素质是高校教育的一项重要任务。教育部日前印发了《关于加强普通高等学校大学生心理健康教育工作的意见》,要求各地教育部门和高校要充分认识和加强高校大学生心理健康教育的重要性。《意见》明确了当前高校大学生心理健康教育工作的主要任务:依据大学生的心理特点,有针对性地讲授心理健康知识,开展辅导或咨询活动,帮助大学生树立心理健康意识,优化心理素质,增强心理调适能力和社会生活的适应能力,预防和缓解心理问题。帮助他们处理好环境适应、自我管理、学习成才、人际交往、交友恋爱、求职择业、人格发展和情绪调节等方面的困惑,提高健康水平,促进德智体美等全面发展。加强大学生心理健康教育工作是新形势下全面实施素质教育的重要举措,是高等学校德育工作的重要组成部分,这就要求学校对大学生进行心理测试,分析和研究大学生的心理状况,开展心理咨询活动,教育和引导大学生不断地加强心理品质修养和锻炼,为成才打下良好的基础。

第二节　大学生心理健康标准

健康是人类生存的基础,只有健康的人才能够高质量地生活,使人的潜能全面发挥。

健康不仅是指身体发育良好,无疾无患,体魄强健,而且还需要具有良好的心理素质和心理状态。

一、心理健康具备的要素

1989 年世界卫生组织进一步认为:健康应该包括躯体健康、心理健康、社会适应良好和道德健康。这种新的健康观在强调以生理健康为物质基础的同时,也把发展心理健康与良好的社会适应、道德健康等纳入健康的模式下,从而构成一个更为全面的生物—心理—社会医学健康模式。与此同时,世界卫生组织还具体提出了健康的标准,即健康除了躯体没有病理改变和机能障碍外,还应具备以下要素:

(一)有充沛的精力,能从容不迫地担负日常工作和生活,而没有感觉到疲劳和紧张。

(二)积极乐观,勇于承担责任,心胸宽阔。

(三)精神饱满,情绪稳定,善于休息,睡眠良好。

(四)自我控制能力强,善于排除干扰。

(五)应变能力强,能适应外界环境的各种变化。

(六)体重适合,身材匀称。

(七)眼睛炯炯有神,善于观察。

(八)牙齿清洁,无空洞、无痛感、无出血现象。

(九)头发有光泽,无头屑。

(十)肌肉和皮肤富有弹性,步态轻松自如。

可见,心理健康是健康的一个重要组成部分,一个人只有身体、心理和社会适应同时处于健康状态,才算是真正的健康。

心理健康是一种持续的心理正常状态。其具体标准为:身体、智力、情绪十分调和;适应环境,人际关系中彼此谦让;有幸福感;在工作和职业中能充分发挥自己的能力,过有效的生活。

二、心理健康的标准

人的心理健康是一个动态连续变化的过程,在心理健康与不健康之间事实上并不存在截然的界限,它们之间存在着从量变到质变的规律。精神病学家孟尼格(K. Menniger,1945)认为:"心理健康是指人们对于环境及相互之间具有最高效率以及快乐的适应情况。不仅要有效率,也不只是要能有满足之感,或是能愉快地接受生活的规范,而是需要环境的行为和令人愉快的气质。"

人的心理符合什么样的标准才算健康呢? 不同的心理学家对心理健康的标准都有不同的看法。尽管各家表述不同,但观点还是基本一致的。其中,美国著名的心理学家马斯洛提出了心理健康的 10 条标准:

(一)有充分的安全感。

(二)能充分了解自己,并能恰当地评价自己的能力。

(三)生活理想和目标切合实际。

(四)不脱离周围的现实环境。

（五）能保持自身人格的完整与和谐。

（六）善于从经验中学习。

（七）能保持适当和良好的人际关系。

（八）能适度地表达和控制自己的情绪。

（九）在集体允许的前提下，有限度地发挥自己的个性。

（十）在社会规范允许的范围内，适度地满足个人的基本需要。

此外，国内学者在综合各方面的研究成果基础上，用以下指标来衡量一个人是否心理健康：

1. 了解自我，悦纳自我

一个心理健康的人能体验到自己的存在价值，并能够对自己的能力、性格、爱好和兴趣等作出恰当、客观的评价，既能了解自己的方方面面，也能愉快地接纳自己无法补救的缺陷或暂时存在的不足，对自己不会提出过高的无法达到的要求，生活目标和理想比较切合实际。

2. 接受他人，善于与他人相处

心理健康的人乐于与人交往，不仅能接受自我，也能接受他人，悦纳他人。能认可别人存在的重要性和作用，同时也能为他人和集体所理解、所接受，能与他人相互沟通和交往，人际关系协调和谐；在生活的集体中能融为一体，既能与挚友相聚时共享欢乐，也能在独处沉思时无孤独感；在与人相处时，积极的态度（如同情、友善、信任、尊敬等）总是多于消极的态度（如猜疑、嫉妒、畏惧、敌视等），因而在社会生活中有较强的适应能力和较充足的安全感。

3. 正视现实、接受现实

一个心理健康的人能够与现实保持良好的接触，对周围的事物和环境作出客观的认识和评价，敢于面对现实、接受现实，并主动地去适应现实、改造现实。既有高于现实的理想，又不会沉湎于不切实际的幻想与奢望；对自己的力量有充分的信心，对生活、学习和工作中的各种困难和挑战都能妥善处理。

4. 热爱生活、乐于学习和工作

一个心理健康的人能珍惜和热爱生活，并在生活中享受人生的乐趣，同时他们在工作中尽可能地发挥自己的个性和聪明才智，并从工作成果中获得满足和激励，把工作看作是乐趣而不是负担，并体现自己的人生价值。

5. 能协调与控制情绪，心境良好

一个心理健康的人总是乐观、开朗、满意等积极的情绪占主导地位，当然也会有悲、忧、愁、怒等消极情绪体验，但一般不会长久，能够自己进行调节和控制，同时也能够适度地表达自己的情绪，经常保持良好的心态。对于无法得到的东西不过分追求，争取在社会允许范围内满足自己的各种需要；对于自己所能得到的一切都感到满意。

6. 人格完整和谐

一个心理健康的人，气质、能力、性格和理想、信念、动机、兴趣、人生观等各方面平衡发展，人格作为整体的精神面貌能够完整、和谐地表现出来，思维方式比较合理适中、不偏颇，待人接物的态度恰当灵活，并能够与社会的步调保持一致。

7. 智力正常,智商在 80 以上

智力正常是人正常生活的基本心理条件,一般常用智力测验的结果来表示智力的发展水平,智商低于 70 的为智力落后。同时我们也可以看到,心理健康并不需要很高的智力水平,只要保持在基本水平之上就可以了。

8. 心理行为符合年龄特征

在人的生命发展的不同年龄阶段,都有相对应的心理行为表现,从而形成不同年龄阶段独特的心理行为模式。心理健康的人应具有同年龄符合的心理行为特征,而不是经常严重地偏离自己的年龄特征。

第三节　大学生常见心理困惑

大学生心理素质方面存在的种种问题,一方面与他们自身所处的心理发展阶段有关,另一方面与他们所处的社会环境分不开。各种生理因素、心理因素、社会因素交织在一起,极易造成大学生心理发展中的失衡状态。主要表现为:

一、入学适应问题

在大一新生中较为常见,面对新环境,远离父母、家乡和熟悉的同伴,独自去外地求学,身心都经受考验。

二、学业成就问题

大学生常见的学习问题主要表现为:学习目的问题、学习动力问题、学习方法问题、学习态度问题以及学习成绩差等。大学期间,学习往往不再如高中阶段那样得到绝大多数人的重视,目的不明确、动力不足、态度不好构成了学习问题的主要方面。

三、人际关系问题

如何与周围的同学友好相处,建立和谐的人际关系,是大学生面临的一个重要课题。同高中阶段相比,大学生对人际关系问题的关注程度超过了学习,也成为大学生心理困扰的主要来源之一。人际关系问题常常表现为难以和别人愉快相处,没有知心朋友,缺乏必要的交往技巧,过分委曲求全以及由此而引起的孤单、苦闷、缺少支持和关爱等痛苦感受。

四、恋爱与性心理问题

大学生处于青年中后期,性发育成熟是重要特征,恋爱与性问题是不可避免的。一般包括单相思、恋爱受挫、恋爱与学业关系问题、情感破裂的报复心理等,而性心理问题常见的有手淫困扰以及由婚前性行为、校园同居等问题引起的恐惧、焦虑、担忧等。

五、性格问题

性格障碍是大学生中较为严重的心理障碍,其形成与成长经历有关,原因较为复杂,主要表现为自卑、怯懦、依赖、神经质、偏激、敌对、孤僻、抑郁等。

六、情绪起伏问题

大学生处于青春发育的"暴风雨时期",生理发育极为迅速,已基本趋于成熟。但由于阅历较浅,社会经验不足,对人生和社会问题的认识往往肤浅,加之青年特有的任性和理想的困惑,极易出现各式各样的心理矛盾,很容易受外界各种因素的干扰和影响,还会因一点儿小小的胜利而沾沾自喜,也易为一次小考失利而一蹶不振,自我控制和自我调适能力较低,并由此导致其心理偏差和行为怪僻。

七、求职与择业问题,是高年级大学生常见问题

在跨入社会时,他们往往感到很多的困惑和担忧。如何选择自己的职业,如何规划自己的生涯,求职需要些什么样的技巧等问题都会或多或少地带来困扰和忧虑。

八、神经症问题

长期的睡眠困难、焦虑、抑郁、强迫、疑病、恐怖等都是神经症的临床表现症状。第八种问题是偏离正常状态的心理问题,需要进行专业的心理咨询或心理治疗。而对于大部分同学来说,常常遭遇到的是前六种心理困扰,这些困扰主要是由很多现实的社会心理因素所导致,往往也是暂时性的,经过自己的主动调节或寻求老师的帮助,多能恢复心理的平衡和适应。

第四节 盐幼专心理健康工作网络体系

学生心理健康教育工作网络体系是高校开展学生心理健康教育的主要组织依托,为进一步建立健全我校学生心理健康教育工作体系,推进学生心理健康教育工作科学化、规范化建设,设立学生心理健康教育四级工作网络体系:

一、一级网络:学校大学生心理健康教育与指导中心(以下简称中心)

负责全校心理健康教育指导工作和日常心理咨询、教学与研究工作。在此基础上,制订心理危机干预工作预案,明确工作流程及相关部门的职责,定期听取院系工作汇报,研究部署工作任务,解决存在的问题;推动大学生心理健康教育四级网络体系建设,开设心理健康教育课程,加强教学科研,促进我校大学生心理健康教育工作水平的提高。

主要工作职责:

(一)在全校范围内通过宣传栏、网络、专题讲座、活动等多种方式普及心理健康知识,营造良好的心理健康氛围,引导大学生树立现代健康理念,培养良好的个性品质;

(二)通过个体咨询、团体辅导的方式,帮助大学生正确面对发展性心理问题或心理障碍,引导他们走出迷惑,完善人格,优化心理品质;

(三)定期组织心理辅导员、班级心理委员和宿舍心理健康宣传员开展培训;

(四)开展新生心理普查,建立新生心理档案,筛选出心理危机个体,及时组织谈话排查,对有潜在心理问题的学生加强跟踪辅导,做到心理问题及早发现、提前预防、有效干预。

二、二级网络:各院(系)心理健康工作站

由各院(系)分管学生工作的书记、辅导员、教师及学生干部代表组成,明确院系心理辅导员1名。各院(系)心理工作站负责指导本院(系)大学生心理健康协会、班级心理委员、宿舍心理健康宣传员等学生组织,及时汇总本院(系)心理异常学生信息,实施初步心理干预,视情况上报学校大学生心理健康教育与指导中心;定期开展学生心理健康状况调查,积极开展心理健康教育知识宣传,落实全校性的心理健康教育活动。

主要工作职责:

(一) 及时传达中心通知,调动学生参加心理健康教育活动的积极性,提高学生关注心理健康知识的意识和学会自我调节的方法;

(二) 挑选和培养班级心理健康委员和宿舍心理健康宣传员,指导他们开展心理健康教育活动,拉近同学间的心理距离,在学生中形成助人自助的友爱氛围;

(三) 定期举行班级心理健康委员和宿舍心理健康宣传员座谈会,督促和检查本院(系)心理健康教育工作,及时上报有关信息,富有成效地开展大学生心理健康教育活动;

(四) 汇总统计各班心理状况晴雨表,及时上报本院(系)心理工作月报表,实时掌握全体学生的心理健康信息和安全信息;

(五) 建立系部心理健康教育工作群,及时、有效地开展心理健康教育工作。

三、三级网络:班级心理健康委员

三级网络的同学是传播心理健康知识的"宣传员"、学生心理动态变化的"观察员"和班级心理健康工作的"信息员",他们是确保我校大学生心理健康教育有效开展的重要保证。各班级应在班委中设置心理健康委员,并在对心理工作感兴趣的同学中选拔出班级心理委员,开展本班级的心理健康教育工作。

主要工作职责:

(一) 负责宣传和普及心理健康知识,根据本班级的实际情况,开展相关的心理健康教育活动,形成良好的心理健康氛围;

(二) 关注本班学生的心理健康状况,及时向辅导员反馈本班的心理健康信息;

(三) 参与和协调所在院(系)开展心理健康教育活动,协助辅导员做好心理健康教育工作;

(四) 定期上交本班级学生心理状态晴雨表。

四、四级网络:宿舍心理健康宣传员

宿舍心理健康宣传员在学习一定的心理学常识后,自觉有意识地营造良好的宿舍人际氛围,为同寝成员提供人际关系的支持,及时发现本宿舍存在心理问题的学生,并进行疏导或介绍到院(系)、中心,把心理问题消除在萌芽状态。(可由宿舍长兼任)

主要工作职责:

(一) 做好宿舍安全信息汇报工作;

(二) 关注宿舍成员的心理健康状况,及时向班级心理健康委员或辅导员汇报;

（三）宣传普及心理健康常识，在宿舍营造良好的人际关系氛围。

第五节　心理调适　快乐成长

人的心理素质不是天生的，而是取决于后天的教育与训练，大学生应该在生活和学习中学会自我调适，快乐成长。

一、培养良好的人格品质

良好的人格品质首先应该正确认识自我，树立悦纳自我的态度，扬长避短，不断完善自己。其次应该提高对挫折的承受能力，对挫折有正确的认识，在挫折面前不惊慌失措，采取理智的应付方法，化消极因素为积极因素。要提高挫折承受能力，大学生应努力提高自身的思想境界，树立科学的人生观，积极参加各类实践活动，丰富人生经验。

二、养成科学的生活方式

生活方式对心理健康的影响已为科学研究所证明。健康的生活方式指生活有规律、劳逸结合、科学用脑、坚持体育锻炼、少饮酒、不吸烟、讲究卫生等。学会科学用脑就是要勤用脑、合理用脑、适时用脑，避免用脑过度引起神经衰弱，使思维、记忆能力减退。

三、积极参加业余活动，发展社会交往

丰富多彩的业余活动不仅丰富了大学生的生活，而且为大学生的健康发展提供了课堂以外的活动机会。大学生应培养多种兴趣，发展业余爱好，通过参加各种课余活动，挖掘潜能，振奋精神，缓解紧张，维护身心健康。

四、求助心理老师或心理咨询机构，获得心理咨询知识

心理老师具备了较雄厚的理论功底和生活实践经验，对大学生所面临的心理问题有良好的解答方式和处理技巧。大学生要在必要时求助于有丰富经验的心理咨询医生或长期从事心理咨询的专业人员和心理老师。

五、努力学习

学习是一项艰苦的脑力劳动，在学习过程中会遇到许多困难和挫折，所以大学生要取得优秀的学习成绩，掌握更多的科学文化知识，没有意志，没有不屈不挠的向上精神是不行的。大学生以积极进取、服务于社会的人生观作为自己人格的核心，并以此为中心把自己的需要、愿望、目标和行为统一起来，树立远大理想，"以天下为己任"，从而产生强大的学习内驱力，推动自己努力完成学业，自觉攀登科学高峰。

总之，心理健康是大学生掌握文化科学知识的重要保证，有了良好的心态，大学生不仅能取得好的学习效果，而且有益于终身的发展。如果离开良好心理的培养，就培养不出具有先进文化知识的合格大学生。心理健康教育不仅是提高大学生整体素质的要求，而且是大学生全面发展，成为"四有"人才的重要保证和基础。

第十九章

经典链接

第一节 《史记》节选

【概述】

《史记》是由西汉司马迁撰写的中国第一部纪传体通史。记载了上自上古传说中的黄帝，下至汉武帝元狩元年间共 3000 多年的历史。全书共一百三十篇，分为本纪、书、表、世家、列传五大部分。《史记》与后来的《汉书》《后汉书》《三国志》合称"前四史"。刘向等人认为此书"善序事理，辩而不华，质而不俚"，与司马光的《资治通鉴》并称"史学双璧"。鲁迅先生对它评价也很高，称它为"史家之绝唱，无韵之《离骚》"。

节选一 《管晏列传》节选

【原文】

晏平仲婴者，莱之夷维人也。事齐灵公、庄公、景公，以节俭力行重于齐。既相齐，食不重肉，妾不衣帛。其在朝，君语及之，即危言；语不及之，即危行。国有道，即顺命；无道，即衡命。以此三世显名于诸侯。

越石父贤，在缧绁中。晏子出，遭之涂，解左骖赎之，载归。弗谢，入闺。久之，越石父请绝。晏子矍然，摄衣冠谢曰："婴虽不仁，免子于厄，何子求绝之速也？"石父曰："不然。吾闻君子诎于不知己而信于知己者。方吾在缧绁中，彼不知我也。夫子既已感寤而赎我，是知己；知己而无礼，固不如在缧绁之中。"晏子于是延入为上客。

晏子为齐相，出，其御之妻从门间而窥其夫。其夫为相御，拥大盖，策驷马，意气扬扬，甚自得也。既而归，其妻请去。夫问其故。妻曰："晏子长不满六尺，身相齐国，名显诸侯。今者妾观其出，志念深矣，常有以自下者。今子长八尺，乃为人仆御，然子之意自以为足，妾是以求去也。"其后夫自抑损。晏子怪而问之，御以实对。晏子荐以为大夫。

太史公曰：吾读管氏牧民、山高、乘马、轻重、九府，及晏子春秋，详哉其言之也。既见其著书，欲观其行事，故次其传。至其书，世多有之，是以不论，论其轶事。

【概义】

晏婴，是齐国莱地夷维人。他辅佐了齐灵公、庄公、景公三代国君，由于节约俭朴又努力工作，在齐国受到人们的尊重。他做了齐国宰相，食不兼味，妻妾都不穿丝绸衣服。在朝廷上，国君说话涉及他，就正直地陈述自己的意见；国君的话不涉及他，就正直地去办事。国君能行正道，就顺着他的命令去做，不能行正道时，就对命令斟酌着去办。因此，他在齐灵公、庄公、景公三代名声显扬于各国诸侯。

越石父是个贤才，正在囚禁之中。晏子外出，在路上遇到他，就解开乘车左边的马，把他赎出来,用车拉回家。晏子没有向越石父告辞,就走进内室。过了好久没出来,越石父就请求与晏子绝交。晏子大吃一惊,匆忙整理好衣帽道歉说:"我即使说不上善良宽厚,也总算帮助您从困境中解脱出来,您为什么这么快就要求绝交呢?"越石父说:"不是这样的,我听说君子在不了解自己的人那里受到委屈而在了解自己的人面前意志就会得到伸张。当我在囚禁之中,那些人不了解我。你既然已经受到感动而醒悟,把我赎买出来,这就是了解我;了解我却不能以礼相待,还不如在囚禁之中。"于是晏子就请他进屋待为贵宾。

晏子做齐国宰相时,一次坐车外出,车夫的妻子从门缝里偷偷地看她的丈夫。他丈夫替宰相驾车,头上遮着大伞,挥动着鞭子赶着四匹马,神气十足,洋洋得意。不久回到家里,妻子就要求离婚,车夫问她离婚的原因,妻子说:"晏子身高不过六尺,却做了齐的宰相,名声在各国显扬,我看他外出,志向思想都非常深沉,常有那种甘居人下的态度。现在你身高八尺,才不过做人家的车夫,看你的神态,却自以为挺满足,因此我要求和你离婚。"从此以后,车夫就谦虚恭谨起来。晏子发现了他的变化,感到很奇怪,就问他,车夫也如实相告。晏子就推荐他做了大夫。

【启示】

晏婴身材矮小,可是却能辅佐三代齐王,名显诸侯,原因在哪里?首先是他能力行廉洁,身先士卒。其次晏子身居高位却不显扬,谦虚谨慎,始终低调做人。晏子还能任人唯贤,赏不避贱,广纳人才,为国效力。

孔子说过:"其身正,不令而行;其身不正,虽令不从。"一个人要想让别人发自内心地佩服你、听从你,一定要自身端正,做出表率,否则说是一套,做又是另一套,就会让人心生厌恶,失去别人对你的信任。大学生是国家栋梁、国之希望,一定要行为端正,言行一致,先修好自身才能治国、平天下。

另外大学生正处于人生的成长期,要学习的东西还很多,千万不要学了一点皮毛就四处炫耀,自以为是,从此就目中无人。一定要学会谦虚,学习上多请教多研究,精益求精;做人上要始终保持低调,懂得"月满则亏,水满则溢"的道理。

节选二 《屈原贾生列传》节选

【原文】

屈原者,名平,楚之同姓也。为楚怀王左徒。博闻强志,明于治乱,娴于辞令。入则与王图议国事,以出号令;出则接遇宾客,应对诸侯。王甚任之。

上官大夫与之同列,争宠而心害其能。怀王使屈原造为宪令,屈平属草稿未定。上官大夫见而欲夺之,屈平不与,因谗之曰:"王使屈平为令,众莫不知,每一令出,平伐其功,以为'非我莫能为'也。"王怒而疏屈平。

屈平疾王听之不聪也,谗谄之蔽明也,邪曲之害公也,方正之不容也,故忧愁幽思而作《离骚》。"离骚"者,犹离忧也。夫天者,人之始也;父母者,人之本也。人穷则反本,故劳苦倦极,未尝不呼天也;疾痛惨怛,未尝不呼父母也。屈平正道直行,竭忠尽智以事其君,谗人间之,可谓穷矣。信而见疑,忠而被谤,能无怨乎?屈平之作《离骚》,盖自怨生也。……上称帝喾,下道齐桓,中述汤、武,以刺世事。明道德之广崇,治乱之条贯,靡不毕见。其文约,其辞微,其志洁,其行廉,其称文小而其指极大,举类迩而见义远。其志洁,故其称物芳;其行廉,故死而不容。自疏濯淖污泥之中,蝉蜕于浊秽,以浮游尘埃之外,不获世之滋垢,皭然泥而不滓者也。推此志也,虽与日月争光可也。

屈平既绌,其后秦欲伐齐,齐与楚从亲。惠王患之,乃令张仪佯去秦,厚币委质事楚,曰:"秦甚憎齐,齐与楚从亲,楚诚能绝齐,秦愿献商於之地六百里。"楚怀王贪而信张仪,遂绝齐,使使如秦受地。张仪诈之曰:"仪与王约六里,不闻六百里。"楚使怒去,归告怀王。怀王怒,大兴师伐秦。秦发兵击之,大破楚师于丹、浙,斩首八万,虏楚将屈匄,遂取楚之汉中地。怀王乃悉发国中兵,以深入击秦,战于蓝田。魏闻之,袭楚至邓。楚兵惧,自秦归。而齐竟怒不救楚,楚大困。

明年,秦割汉中地与楚以和。楚王曰:"不愿得地,愿得张仪而甘心焉。"张仪闻,乃曰:"以一仪而当汉中地,臣请往如楚。"如楚,又因厚币用事者臣靳尚,而设诡辩于怀王之宠姬郑袖。怀王竟听郑袖,复释去张仪。是时屈平既疏,不复在位,使于齐,顾反,谏怀王曰:"何不杀张仪?"怀王悔,追张仪不及。

其后诸侯共击楚,大破之,杀其将唐眛。

时秦昭王与楚婚,欲与怀王会。怀王欲行,屈平曰:"秦,虎狼之国,不可信。不如毋行。"怀王稚子子兰劝王行:"奈何绝秦欢?"怀王卒行。入武关,秦伏兵绝其后,因留怀王,以求割地。怀王怒,不听。亡走赵,赵不内。复之秦,竟死于秦而归葬。

长子顷襄王立,以其弟子兰为令尹。楚人既咎子兰以劝怀王入秦而不反也。

屈平既嫉之,虽放流,眷顾楚国,系心怀王,不忘欲反,冀幸君之一悟,俗之一改也。其存君兴国而欲反复之,一篇之中三致志焉。然终无可奈何,故不可以反。卒以此见怀王之终不悟也。人君无愚、智、贤、不肖,莫不欲求忠以自为,举贤以自佐;然亡国破家相随属,而圣君治国累世而不见者,其所谓忠者不忠,而所谓贤者不贤也。怀王以不知忠臣之分,故内惑于郑袖,外欺于张仪,疏屈平而信上官大夫、令尹子兰。兵挫地削,亡其六郡,身客死于秦,为天下笑。此不知人之祸也。……

令尹子兰闻之大怒,卒使上官大夫短屈原于顷襄王,顷襄王怒而迁之。

屈原至于江滨,被发行吟泽畔,颜色憔悴,形容枯槁。渔父见而问之曰:"子非三闾大夫欤?何故而至此?"屈原曰:"举世混浊而我独清,众人皆醉而我独醒,是以见放。"渔父曰:"夫圣人者,不凝滞于物而能与世推移。举世混浊,何不随其流而扬其波?众人皆醉,何不铺其糟而啜其醨?何故怀瑾握瑜而自令见放为?"屈原曰:"吾闻之,新沐者必弹冠,新浴者必振衣。人又谁能以身之察察,受物之汶汶者乎!宁赴常流而葬乎江鱼腹中耳,又安能以皓皓之白而蒙世之温蠖乎?"乃作《怀沙》之赋……于是怀石遂自沉汨罗以死。

屈原既死之后,楚有宋玉、唐勒、景差之徒者,皆好辞而以赋见称;然皆祖屈原之从容辞令,终莫敢直谏。其后楚日以削,数十年竟为秦所灭。

【概义】

屈原,名字叫平,是楚王的同姓。做楚怀王的左徒。(他)知识广博,记忆力很强,明了国家治乱的道理,擅长外交辞令。对内,同楚王谋划商讨国家大事,颁发号令;对外,接待宾客,应酬答对各国诸侯。楚王很信任他。

上官大夫和他职位相等,想争得楚王对他的宠爱,便心里嫉妒屈原的贤能。楚怀王派屈原制定国家的法令,屈原编写的草稿尚未定稿。上官大夫看见了,就想硬要走草稿,屈原不给。上官大夫就谗毁他说:"君王让屈平制定法令,大家没人不知道的,每出一道法令,屈平就炫耀自己的功劳,认为'除了我没有人能制定法令了'。"楚王听了很生气,因而疏远了屈平。

屈平痛心楚怀王听信谗言,不能分辨是非,谄媚国君的人遮蔽了楚怀王的明见,邪恶的小人危害公正无私的人,端方正直的人不被昏君谗臣所容,所以忧愁深思,就创作了《离骚》。"离骚",就是遭遇忧愁的意思。上天,是人的原始;父母,是人的根本。人处境困难时,总是要追念上天和父母(希望给以援助),所以劳累疲倦时,没有不呼叫上天的;病痛和内心悲伤时,没有不呼叫父母的。屈平正大光明行为正直,竭尽忠心用尽智慧来侍奉他的国君,却被小人离间,可以说处境很困难。诚信而被怀疑,尽忠却被诽谤,能没有怨愤吗?屈平作《离骚》,是由怨愤引起的。……(他)远古提到帝喾,近古提到齐桓公,中古提道商汤、周武王,利用古代帝王这些事用来讽刺当世社会。阐明道德的广大崇高,治乱的条理,没有不全表现出来的。他的文章简约,语言含蓄,他的志趣高洁,行为正直。就其文字来看,不过是寻常事情,但是它的旨趣是极大的,列举的虽是眼前事物,但是表达意思很深远。他的志趣高洁,所以作品中多用美人芳草作比喻;他的行为正直,所以至死不容于世。他自动地远离污泥浊水,像蝉脱壳那样摆脱污秽环境,以便超脱世俗之外,不沾染尘世的污垢,出于污泥而不染,依旧保持高洁的品德。推究这种志行,即使同日月争光都可以。

屈平已(被)免官,这以后秦国想进攻齐国,齐国与楚国联合抗秦。秦惠王以为这是忧患,便派张仪假装离开秦国,拿着丰厚的礼物送给楚国作为信物,表示愿意侍奉楚王,说:"秦国很憎恨齐国,齐国却同楚国联合,如果楚国真能同齐国断绝外交关系,秦国愿意献上商於一带六百里地方。"楚怀王贪得土地就相信了张仪,于是同齐国绝交,派使者到秦国接受秦国所允诺割让的土地。张仪欺骗楚国使者说:"我同楚王约定是六里的地方,没听说给六百里。"楚国的使者生气地离开,回来报告给楚怀王。怀王很生气,便大规模地调动军队去打秦国。秦国派兵迎击楚国军队,在丹水、淅水把楚军打得大败,杀死八万人,俘虏楚大将屈匄,于是夺取楚国的汉中地区。楚怀王就调动全国军队,深入秦地作战,在蓝田与秦国交战。魏国听说这消息,偷袭楚国邓地。楚军害怕了,从秦撤回。但是齐国始终怨恨楚国绝交而不救楚国,楚国处境十分困难。

第二年,秦国割汉中土地来同楚国讲和。楚王说:"不愿得到土地,希望得到张仪就心甘情愿了。"张仪听说了,就说:"用一个张仪可抵当汉中土地,臣请求前往楚国。"到楚国后,张仪又凭借丰厚的礼物贿赂楚国当权的大臣靳尚,还让他对怀王的宠妃郑袖编造了一套骗人的假话。怀王终于听信了郑袖的话,又放走了张仪。这时屈平已被疏远,又不在朝廷做官,出使到齐国,回来后,劝谏怀王说:"为什么不杀张仪?"怀王后悔了,派人追赶张仪却没有追上。

在这以后,诸侯联合进攻楚国,把楚国打得大败,杀死楚国的大将唐眜。

这时秦昭王和楚国通婚,要同怀王会见。怀王打算去,屈平说:"秦国是虎狼一样的国家,不可以相信。不如不去。"怀王的小儿子子兰劝楚王去:"为什么要断绝和秦国的友好关系?"怀王终于去了。进入武关后,秦国的伏兵截断了归楚的后路,便扣留怀王来求得割让土地。怀王很生气,不答应。逃跑到赵国,赵国不敢接纳。又回到秦国,终于死在秦国,尸体被运回(楚国)埋葬。

怀王的大儿子顷襄王继位做国君,用他的弟弟子兰做令尹。楚国人全抱怨子兰,因为他劝说怀王去秦国却未回来。

屈平也痛恨他，虽然被流放，仍然眷恋楚国，关心怀王，不忘祖国想返回朝中，希望君王能够一旦觉悟，楚国坏的习俗一旦改变。他关心君王振兴国家，想把楚国从衰弱的局势中挽救过来，在《离骚》一篇作品里再三表达这种意愿。然而终于无济于事，所以不能返回朝中。最后从这些事情可以看出怀王始终没有醒悟了。做君王的无论愚昧的、聪明的、贤良的、不贤良的，没有不想得到忠臣来帮助自己做好国君，选拔贤良的人辅佐自己；但是亡国破家的事一件接着一件，而圣明治国的君主好几代都没见到过，正是他们所谓忠臣不忠，所谓贤人不贤。怀王因为不明白忠臣应尽的职责本分，所以在内为郑袖所迷惑，在外被张仪所欺骗，疏远屈平而相信上官大夫、令尹子兰。（结果）军队被打败，国土被割削，丢失汉中六个郡的地方，自己远离故国死在秦国，被天下人所耻笑。这就是不识人的祸害了。……

令尹子兰听说屈平愤恨他的话后很生气，马上派上官大夫在顷襄王面前诋毁屈原，顷襄王听了很生气，把屈原放逐出去。

屈原走到江边，披散着头发沿着水边边走边吟唱，脸色憔悴，形体和容貌都像干枯的树木一样。一个渔翁看见就问他说："您不是三闾大夫吗？为什么来到这里？"屈原说："全世界都混浊却只有我一人清白，大家都醉了却只有我一人清醒，因此被放逐。"渔翁说："聪明贤哲的人，不被事物所拘束而能顺随世俗的变化。全世界都混浊，为什么不顺着潮流推波助澜？众人都醉了，为什么不一同吃那酒糟喝那薄酒？为什么要保持高尚的节操志向却使自己被放逐呢？"屈原说："我听说，刚洗过头的人一定要用手弹去冠上的灰尘，刚洗过澡的人一定抖掉衣服上的尘土。人谁又能用清净洁白的身体，去受脏物的污染呢？（我）宁愿跳入水中葬身鱼腹，又怎能用高尚纯洁的品德去蒙受世上的尘垢呢？"于是写下了《怀沙》赋……便抱着石头，自己跳到汨罗江死了。

屈原死了以后，楚国还有宋玉、唐勒、景差一些人，都爱好文学，由于擅长写赋受到人们称赞；然而都效法屈原的委婉文辞，始终没有人敢于直谏。从这以后，楚国一天比一天缩小，几十年后终于被秦国所灭。

【启发】

屈原的一生是悲剧的一生，但是他忧国忧民，坚持理想，志存高远、特立独行的高尚人格却成为后世的楷模，影响了无数的仁人志士。当下大学教育正在普及化、大众化，但这并不意味着简单化和平庸化。大学要培养的不仅是学识渊博、才能卓越的学子，更要培养有理想、有担当、情操高尚的"国之栋梁"。最需要的正是屈原那样具有忧国忧民、矢志不渝并能为坚持理想忘我牺牲精神的人。

大学生作为社会中一个相对特殊和优秀的群体，肩负着复兴中华，实现"中国梦"的伟大使命，应该比一般人更懂得自我约束，更要有一种积极向上的精神，但是我们在一些大学生身上却看到了很多不健康的东西：放任自我，没有理想，没有责任感，过分追求享乐。这样的人将来又如何堪当大任？孔子说："士不可以不弘毅，任重而道远。"让我们学习屈原，为了理想，即便前路漫漫，也要上下求索。

第二节 《黄帝内经》节选

【概述】

《黄帝内经》是我国现存最早的中医理论经典著作。后世简称《内经》，原为 18 卷，其中 9 卷名《素问》；另外 9 卷无书名，汉晋时被称为《九卷》，因其内容主要论及针灸、经络，故又名《针经》，唐代王冰时称《灵枢》。《内经》一书非一人一时之作，一般认为本书主要部分形成于春秋战国时期，并在流传过程中掺入了一些后人补撰的内容。该书内容丰富，书中从脏腑、经络、病因、病机、诊法、治则、针灸、方药等方面，对人体的生理、病理及疾病的诊断、治疗作了较系统的论述，为中医学的发展奠定了理论基础，是中国传统医学四大经典著作之一（《黄帝内经》《难经》《伤寒杂病论》《神农本草经》），也是我国医学宝库中现存成书最早的一部医学典籍。

节选一 《素问·上古天真论》

【原文】

昔在黄帝，生而神灵，弱而能言，幼而徇齐，长而敦敏，成而登天。乃问于天师曰：余闻上古之人，春秋皆度百岁，而动作不衰；今时之人，年半百而动作皆衰者。时世异耶？人将失之耶？

岐伯对曰：上古之人，其知道者，法于阴阳，知于术数，食饮有节，起居有常，不妄作劳，故能形与神俱，而尽终其天年，度百岁乃去。今时之人不然也，以酒为浆，以妄为常，醉以入房，以欲竭其精，以耗散其真。不知持满，不时御神，务快其心，逆于生乐，起居无节，故半百而衰也。

夫上古圣人之教下也，皆谓之虚邪贼风，避之有时，恬淡虚无，真气从之，精神内守，病安从来？是以志闲而少欲，心安而不惧，形劳而不倦。气从以顺，各从其欲，皆得所愿。故美其食，任其服，乐其俗，高下不相慕，其民故曰朴。是以嗜欲不能劳其目，淫邪不能惑其心。愚智贤不肖不惧于物，故合于道。所以能年皆度百岁而动作不衰者，以其德全不危故也。

【概义】

从前的黄帝，生来十分聪明，很小的时候就善于言谈，幼年时对周围事物领会得很快，长大之后，既敦厚又勤勉，及至成年之时，登上了天子之位。他向岐伯问道：我听说上古时候的人，年龄都能超过百岁，动作不显衰老；现在的人，年龄刚至半百，而动作就都衰弱无力了。这是由于时代不同所造成的呢？还是因为今天的人们不会养生所造成的呢？

岐伯回答说：上古时代的人，那些懂得养生之道的，能够取法于天地阴阳自然变化之理而加以适应、调和养生的方法，使之达到正确的标准，饮食有所节制，作息有一定规律，不妄事操劳，所以能够形神俱旺，协调统一，活到天赋的自然年龄，超过百岁才离开人世。现在的人就不是这样了，把酒当水浆，滥饮无度，使反常的生活成为习惯，为了满足嗜好而使真气耗散。不知谨慎地保持精气的充满，不善于统驭精神，而专求心志的一时之快，违逆人生乐趣，起居作息毫无规律，所以到半百之年就衰老了。

古代深懂养生之道的人在教导普通人的时候，总要讲到对虚邪贼风等致病因素应及时避开,心情要清静安闲,排除杂念妄想,以使真气顺畅,精神守持于内,这样疾病怎么会发生呢?因此,人们就可以心志安闲,少有欲望,情绪安定而没有焦虑,形体劳作而不使疲倦,真气因而调顺,各人都能随其所欲而满足自己的愿望。人们无论吃什么食物都觉得甘美,随便穿什么衣服也都感到满意,大家喜爱自己的风俗习尚,愉快地生活,社会地位无论高低都不相倾慕,所以这些人称得上朴实无华。因而任何不正当的嗜欲都不会引起他们注目,任何淫乱邪僻的事物也都不能惑乱他们的心志。无论愚笨的、聪明的、能力大的还是能力小的,都不因外界事物的变化而动心焦虑,所以符合养生之道。他们之所以能够年龄超过百岁而动作不显得衰老,正是由于领会和掌握了修身养性的方法,而身体不被内外邪气干扰危害。

【启示】

当前,随着社会经济的快速发展,一方面人们的物质生活得到了很大的改善,另一方面快节奏的生活也导致了很多人的精神焦虑,催生了很多身体和心理亚健康的人群,这些问题也普遍地存在于大学生当中。学业上的困扰,人际交往上的障碍等使不少大学生变得焦虑,对自己缺乏自信,渐渐地变得自卑、封闭从而引发抑郁、精神障碍,甚至自杀、他杀。要解决这些问题,我们不妨从《黄帝内经》中找找治病的良方。

首先,大学生要注意身体健康。节制饮食,不滥饮无度,不要过分地讲究饮食的甘美,逞口舌之快,暴饮暴食;也不要为了追求形体之美过度地减肥,这些都不利于身体健康。还要作息有规律,不要熬夜,也不要贪睡,早睡早起才能身体好;不要过度地操劳,有的同学平时不学习,全靠考试前临时抱佛脚,通宵熬夜学习,结果肯定是身心俱疲不利于健康。

其次,要学会控制自己的情绪,让自己始终情绪安定不受外界的影响。平常生活中不要和别人攀比物质条件,以免心里不平衡,也不要过分追求自己达不到的东西,排除一些杂念妄想,要"耐得住寂寞,守得住清贫",既要有理想,也要懂得知足常乐,这样就能心情愉悦,各种疾病就会远离自己了。

节选二 《素问·阴阳应象大论》

【原文】

东方生风,风生木,木生酸,酸生肝,肝生筋,筋生心,肝主目。其在天为风,在地为木,在体为筋,在藏为肝,在色为苍,在音为角,在声为呼,在变动为握,在窍为目,在味为酸,在志为怒。怒伤肝,悲胜怒;风伤筋,燥胜风;酸伤筋,辛胜酸。

南方生热,热生火,火生苦,苦生心,心生血,血生脾,心主舌。其在天为热,在地为火,在体为脉,在藏为心,在色为赤,在音为徵,在声为笑,在变动为忧,在窍为舌,在味为苦,在志为喜,喜伤心,恐胜喜;热伤气,寒胜热,苦伤气,咸胜苦。

中央生湿,湿生土,土生甘,甘生脾,脾生肉,肉生肺,脾主口。其在天为湿,在地为土,在体为肉,在藏为脾,在色为黄,在音为宫,在声为歌,在变动为哕,在窍为口,在味为甘,在志为思。思伤脾,怒胜思;湿伤肉,风胜湿;甘伤肉,酸胜甘。

西方生燥,燥生金,金生辛,辛生肺,肺生皮毛,皮毛生肾,肺主鼻。其在天为燥,在地为金,在体为皮毛,在藏为肺,在色为白,在音为商,在声为哭,在变动为咳,在窍为鼻,在味为辛,在志为忧。忧伤肺,喜胜忧;热伤皮毛,寒胜热,辛伤皮毛,苦胜辛。

北方生寒,寒生水,水生咸,咸生肾,肾生骨髓,髓生肝,肾主耳。其在天为寒,在地为水,在体为骨,在藏为肾,在色为黑,在音为羽,在声为呻,在变动为栗,在窍为耳,在味为咸,在志为恐。恐伤肾,思胜恐;寒伤血,燥胜寒;咸伤血,甘胜咸。

故曰:天地者,万物之上下也;阴阳者,血气之男女也;左右者,阴阳之道路也;水火者,阴阳之征兆也;阴阳者,万物之能始也。故曰:阴在内,阳之守也;阳在外,阴之使也。

【概义】

东方生风,风能滋养木气,木气能生酸味,酸味能养肝,肝血能够养筋,而筋又能养心。肝气上通于目。它的变化在天是六气里的风,在地是五行里的木,在人体中则为筋,在五脏中则为肝,在五色中则为苍,在五音中则为角,在五声中则为呼,在人体的变动中则为握,在七窍中则为目,在五味中则为酸,在情志中则为怒。怒伤肝,但悲伤能够抑制怒;风气伤筋,但燥能够抑制风;过食酸味能够伤筋,但辛味能够抑制酸味。

南方生热,热能生火,火气生苦味,苦味养心,心生血,血养脾,心气与舌相关联。其在天为热,在地为火,在人体为血脉,在五脏为心,在五色为赤,在五音为徵,在五声为笑,在人体的变动为忧,在七窍为舌,在五味为苦,在情志的变动上为喜。过喜伤心气,但恐能抑制喜;热伤气,但寒能抑制热;苦味伤气,但咸味能抑制苦味。

中央生湿,湿使土气生长,土生甘,甘养脾气,脾滋养肌肉,肌肉强壮使肺气充实,脾气与口相关联。它的变化在天为六气里的湿,在地为五行里的土,在人体为肌肉,在五脏为脾,在五色为黄,在五音为宫,在五声为歌,在人体的变动为干呕,在七窍为口,在五味为甘,在情志变动上为思。思虑伤脾,但怒气能抑制思虑;湿气伤肌肉,但风气能抑制湿气;过食甘味伤肌肉,但酸味能抑制甘味。

西方生燥,燥使金气旺盛,金生辛味,辛养肺,肺气滋养皮毛,皮毛润泽又滋生肾水,肺气与鼻相关联。它的变化在天为六气里的燥,在地为五行里的金,在人体为皮毛,在五脏为肺,在五色为白,在五音为商,在五声为哭,在人体的变动为咳,在七窍为鼻,在五味为辛,在情志变动上为忧。忧伤肺,但喜能抑制忧;热伤皮毛,但寒能抑制热;辛味伤皮毛,但苦味能抑制辛味。

北方生寒,寒生水气,水气能生咸味,咸味能养肾气,肾气能长骨髓,骨髓又能养肝,肾气与耳相关联。它的变化在天为六气的寒,在地为五行中的水,在人体为骨髓,在五脏为肾,在五色为黑,在五音为羽,在五声为呻吟,在人体的变动上为战栗,在七窍中为耳,在五味中为咸,在情志变动上为恐。恐伤肾,但思能抑制恐;寒伤血,但燥能抑制寒;咸伤血,但甘味能抑制咸味。

因此说,天地使万物有上下之分,阴阳使血气有男女之别。左右是阴阳循行的道路,而水火则是阴阳的表现。阴阳变化,是一切事物生成的原始。所以说,阴在内,有阳作为它的卫外;阳在外,有阴作为它的辅佐。

【启示】

"怒伤肝,喜伤心,思伤脾,忧伤肺,恐伤肾"说明情志的变化对脏腑的病变有着很大的影响,心理健康了才能有利于身体的健康。在生活中我们要学会控制自己的情绪,不要经常因为一些小事而大动肝火,也不要因为暂时的成功得意忘形;不要整天胡思乱想,也不要整日忧心忡忡,总是怕这怕那,过于小心翼翼,生活中要保持乐观、平和的心态,处变不惊,遇恐不乱,心情调和了,就能减少疾病的发生,人才能健康长寿。

第三节 《悦心集》节选

【概述】

《悦心集》是雍正帝将自己做皇帝前在藩邸读书时抄录的各种人物（官吏、隐士、释道、名士、庶人）所写的短文、诗赋、格言或社会上流传的趣事、谐语、歌诀等汇编而成的集。约收入 130 多位有名姓者（或与之有关）的作品 245 篇，另有 40 多篇作者不详。收录的作品时代为东汉末年至明代。于雍正四年（1726 年）正月御制序，十二年（1734 年）刊刻成书。《悦心集》作为一部读书摘抄，虽说篇幅不多，却折射出主人公的理想追求、人生态度和生活方式，从中渗透出儒道释的影响。

节选一　姚崇《冰壶诫》

【原文】

玉本无瑕，冰亦至洁，方圆相映，表里皆澈：喻彼贞廉，能守其节。凡今之人，就列称臣，当官以害剥为务，在上以财贿为亲。岂异夫象之有齿，以焚其身；鱼之贪饵，必曝其鳞？故君子让荣不忧，辞满为珍，以备其德，以全其真。与其浊富，宁比清贫？吴隐酌泉，庞参致水，席皮洗帻，缦袍空里，虽清畏人知，而所知远矣。嗟尔在位，禄厚官尊，固当耸廉勤之节，塞贪竞之门。冰壶是对，炯诫犹存，以此清白，遗其子孙。

【概义】

美玉原本没有瑕疵，冰也是洁净的，玉壶与冰在方圆之间相互辉映，表里如一，皆是清澈无比：比喻坚贞廉洁，能坚守气节的人。现今的人，站在朝堂上称臣，当官侵害百姓剥削百姓，在官位上只认钱财。这和大象因为有象牙而毁了性命，鱼儿因为贪吃鱼饵而上钩有什么区别呢？所以有道德的人不贪图荣誉从而没有什么可担忧的，谦逊不骄傲从而完善自己的修养，保全自己贞洁的操守。与其取不义之财而富如浑浊之水，宁肯贫穷而有节操如清澈之泉。廉吏的典范吴隐之虽饮"贪泉之水"却从未贪，庞参拜访隐士任裳，从任裳见他不语只以小葱和清水招待并自抱孙儿伏于户下的行为得到启示并一直身体力行："为官要如水般清廉，如葱般不畏强权并且要体恤孤儿"，身居官位却自己洗衣帽，家贫如洗只能穿乱麻为衬的冬衣，虽然廉洁自好不想为人所知，但他们廉洁奉公洁身自好的美名却流传久远。所以，为官者身居其位，拿着优厚的俸禄，享有尊贵的职位，一定要坚持廉洁勤勉的气节，堵塞贪污攀比的大门。冰和玉壶相互映衬，洁白无瑕，这么明白的警诫还在耳边，要把这样的清白，留传给子孙后代。

【启示】

《冰壶诫》虽然说的是为官之道，但姚崇提倡的"廉洁"作风对大学生同样适用。大学生是国家建设的中流砥柱，大学生的全面发展直接关系到社会主义事业的兴衰成败。廉洁的作风能锤炼大学生的意志品质，让我们学会自信、自强，帮助我们自我约束，自我管理，将来才能抵御住来自社会生活中各方面的诱惑，引领整个社会向健康的道路上发展。

节选二　王道焜《书屏语》

【原文】

人于一日间，或闻一善言，见一善行，行一善事，此日方不虚过。人一日不知非，则一日安于自是。日日知非,日日改过,则此身为义理再造之身,可以立命。气象要高旷;心思要缜密,不可琐屑;趣味要冲澹,不可枯寂;操守要严明,不可激烈。读书不独能变化气质,且能养人精神,盖义理收摄故也。收拾身心,渐令向里,出世酬物,自然安稳。

【概义】

人在一日之内,如果能听到一句对自己有用的话,见到一起高尚的行为,做一件好事,这一天才不算虚度。人如果一日不知道自己身上的问题,就会一整日都自以为是。人们每天都知道自己存在的问题,并且天天改正它们,那么就能成为被义理改造过的脱胎换骨之身,就可以修身养性以奉天命了。做人气度要豁达开朗,心思要缜密,但也不能在小事上斤斤计较。趣味要冲淡平和,但也不能寡然无趣;要有严明的操守但也不能太偏激。读书不仅能改变一个人的气质,还能涵养一个人的精神,大概是因为有义理管束的原因。要更关注自己的内在修为,这样人们处理政事、待人接物就不会出大乱子了。

【启示】

荀子说:"君子博学而日参省乎己,则知明而行无过矣。"人都不是十全十美的,所以我们每天都要自省,发现自身的不足,并加以改善,日积月累就能臻于完美了。当今的世界诱惑太多,大学生很容易为事物左右迷失自己,如果每天能及时反省,就能及时纠正航向,不偏离人生的目标。同时大学生还要注重自己的内在修养,"腹有诗书气自华",多学习,多读书,修身养性,不要太在意外在的东西,美好的品质才能由内而外地散发出来,吸引别人向你靠拢。

润梦篇

第二十章

爱党爱国

第一节　没有共产党就没有新中国

一、歌谱摘录

没有共产党就没有新中国

二、歌词赏析

《没有共产党就没有新中国》是 1943 年由曹火星创作的一首歌曲，原名为《没有共产党就没有中国》，据说后经毛泽东修改，增加了"新"字。歌词反映了抗战时期中国共产党的丰功伟绩：建立革命根据地，实行民主，改善了人民的生活。歌曲里蕴含着饱满的热情，滚烫的旋律，使这首歌曲不胫而走，唱遍了大江南北。

三、思想启迪

习近平总书记指出："全国广大青年要深刻了解近代以来中国人民和中华民族不懈奋斗的光荣历史和伟大历程，坚定不移跟着中国共产党走，勇做走在时代前列的奋进者、开拓者、奉献者，让青春在为祖国、为人民、为民族的奉献中焕发出绚丽光彩！"这一重要论述，旗帜鲜明地指出了当代青年成长成才的正确方向,明确了广大青年在时代潮流中的角色定位及其应当肩负的追逐民族梦想的历史担当。广大青年生在和平年代,能够在党的领导下亲眼见证中华民族"双百"目标的实现,亲身经历祖国日渐富强、人民愈加幸福的峥嵘岁月,一定要坚定拥护中国共产党,积极向党组织靠拢,在中国共产党的呵护与培育下,激昂青春活力,绽放绚丽光彩,用自己的青春热情与无私奉献续写中华民族伟大复兴的壮丽篇章。

第二节 国 家

一、歌谱摘录

国 家

1=F 4/4
♩=78 自豪地

王平久 词
金培达 曲

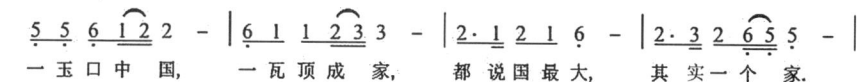

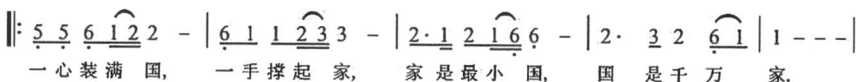

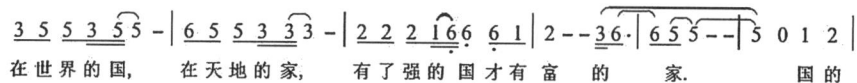

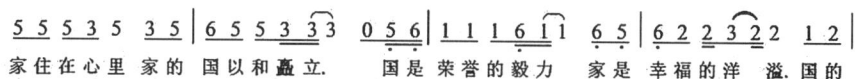

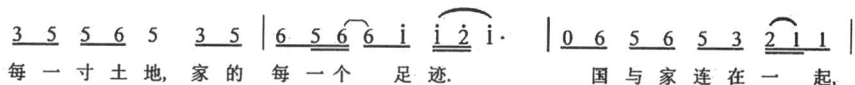

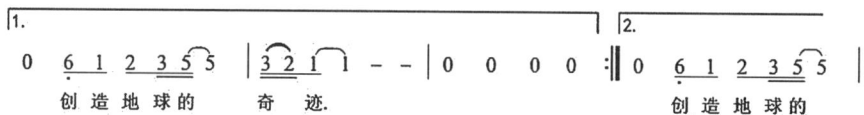

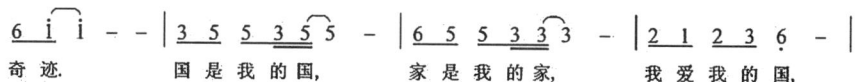

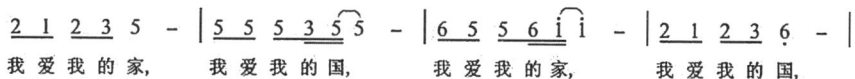

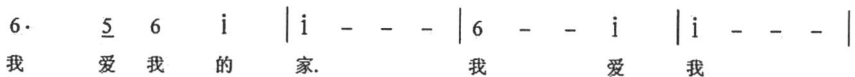

一玉口中国, 一瓦顶成家, 都说国最大, 其实一个家.

一心装满国, 一手撑起家, 家是最小国, 国是千万家.

在世界的国, 在天地的家, 有了强的国才有富的家. 国的

家住在心里家的国以和蓝立. 国是荣誉的毅力 家是幸福的洋溢. 国的

每一寸土地, 家的每一个足迹. 国与家连在一起,

创造地球的奇迹. 创造地球的

奇迹. 国是我的国, 家是我的家, 我爱我的国,

我爱我的家, 我爱我的国, 我爱我的家, 我爱我的国,

我爱我的家. 我爱我

国 家.

二、歌词赏析

2009 年 2 月 28 日,由王平久作词、金培达作曲、成龙与刘媛媛演唱、郎朗钢琴伴奏的歌曲《国家》,作为向建国六十周年献礼的艺术作品隆重推出,在国内外引起巨大反响。《国家》想象瑰丽,气势宏伟。意蕴丰富,回味无穷。语言简朴,情感真挚。歌词体现了人、家、国、世界紧密相连,互为作用的关系。有了强的国才有富的家,爱国爱家是一体,是鱼水相依,永不分开的。而今的中国,在世界上有着举足轻重的地位,从这个意义上讲,中国不仅是中国人的国,也是世界的国。

三、思想启迪

当代的大学生是祖国的希望,更要继承和发扬崇高的爱国主义精神,把自己的理想同祖国的前途、把自己的人生同民族的命运紧密联系在一起,扎根人民,奉献国家。爱国不能停留在口号上,我们要用切实的行动来体现爱国主义的精神。首先要做到的是热爱自己的学校。爱国和爱校在根本上是一致的。我们要从小事做起,从身边事做起! 节约一滴水,节约一度电,爱学校,爱父母,让我们的家更加温馨和谐,让我们的国更加繁荣富强。

第二十一章

孝亲尊师

第一节 父 亲

一、歌谱摘录

父 亲

车行 词
戚建波 词

二、歌词赏析

有人说父爱如山,山是无言的,父爱也是无言的。它体现在父亲的沉默寡言中,它体现在父亲的辛勤劳作中,它体现在父亲慈爱的眼睛中。父亲那粗硬的胡子、宽大的手掌,就是一种权威;那宽阔厚实的肩膀是儿女向上的阶梯;他那坚毅的目光教我们学会了坚强、自立和勇敢。回顾我们每一个人的成长历程,父亲是家庭的顶梁柱,担负着家庭的重任,养儿养女一辈子,吃苦受累不容易。父亲是儿女做人的榜样,给你精神的力量。歌词以朴质的语言,体现了对父亲的崇高敬意,引发了天下儿女的共鸣。

三、思想启迪

孝敬父母,千百年来代代相传,这是我们做人的根本。作为学生我们可以在父母劳累时递上一杯暖茶,在他们生日时递上一张卡片,在他们失落时奉上一番问候与安慰,他们往往为我们倾注了心血、精力,我们要记得他们的生日,体会他们的劳累,或许一声祝福对自己算不了什么,但对父母来说,这声祝福却比什么都美好,都难忘,都足以使他们热泪盈眶!孝,是稍纵即逝的眷恋,是无法重视的幸福,是一失足成千苦恨的往事……谁言寸草心,报得三春晖!让我们永远记住孝心的存在,记住孝心是无价的。孝要付诸行动,绝不可让"树欲静而风不止,子欲养而亲不待"的事情发生在我们的身上。

第二节　家庭之美　文明之光

一、歌谱摘录

家庭之美　文明之光

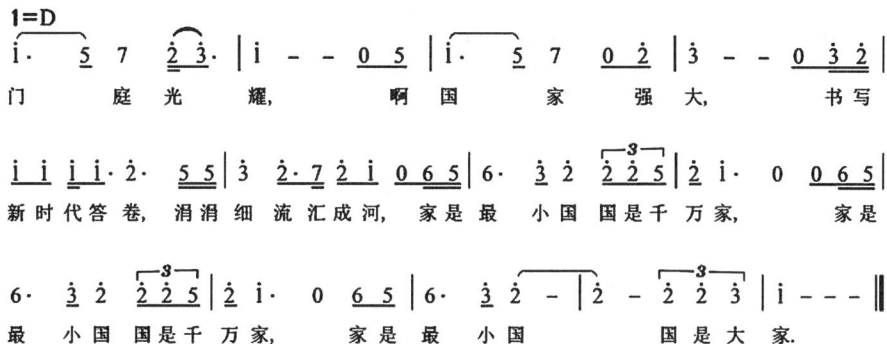

1=D

门庭光耀，啊国家强大，书写

新时代答卷，涓涓细流汇成河，家是最 小国国是千万家， 家是

最 小国国是千万家， 家是最 小国 国是大家．

二、歌词赏析

德是祖传之书，孝是立身之初，仁是滚烫一颗心，礼是承道之情，诚是桌上一支笔，善是涓涓细流，勤是手上一把茧，志是巍巍山峦。这首歌曲告诉我们：德，孝，仁，礼，诚，善，勤，志，铸就了浩然正气，淳朴家风，门庭光耀，国家强大！书写出了新时代答卷！这首歌曲让我们感受到了母慈子孝，同谱中华福祉曲，家和国兴，共唱社会和谐歌。百善孝为先，敬父母，尊重老人是全球各国、各个文化道德中永恒的主题，不论古今中外，人同此心。家庭是社会的细胞，家庭稳定，社会稳定。而孝，正是调节家庭关系的一剂良药。一个孝敬父母、品德高尚的人，必是遵守社会公德和职业道德，效忠国家的人。

三、思想启迪

习近平总书记指出："家庭是社会的基本细胞，是人生的第一所学校。不论时代发生多大变化，不论生活格局发生多大变化，我们都要重视家庭建设，注重家庭、注重家教、注重家风。"家风是一种潜在无形的力量，在日常的生活中潜移默化地影响着人们的心灵，塑造人们的人格，有什么样的家风，就有什么样的家庭人员。作为新时代的青年，要在日常生活中做到以和为贵，培养自己的集体主义观念；以德为本，培养崇德向善的正确价值追求；以规为鉴，养成良好的自律行为。这样，才能成为品格良好、人格完善的人，将来才能建设好自己的家，形成良好的家风，代代相传，让家族兴旺发达。

第三节　老师我想你

一、歌谱摘录

老师我想你

1=G 4/4
深情地

清风 词
孟庆云 曲

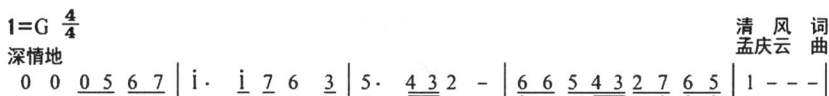

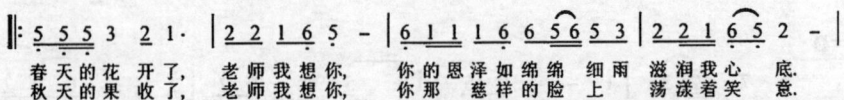

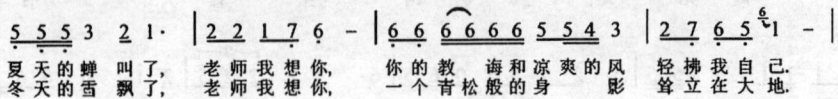

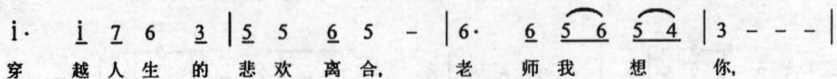

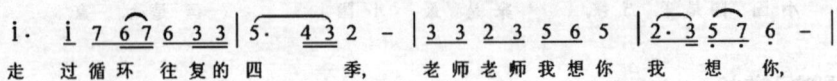

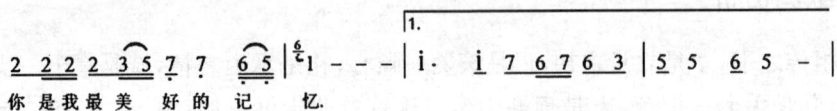

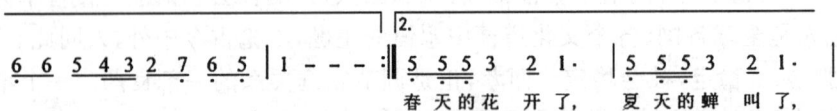

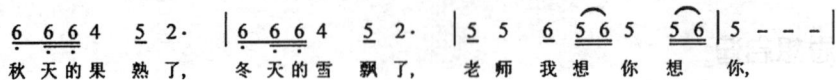

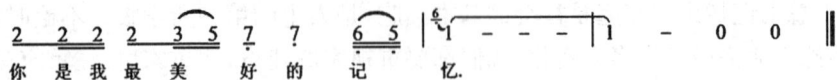

春天的花开了，老师我想你，你的恩泽如绵绵细雨滋润我心底．
秋天的果收了，老师我想你，你那慈祥的脸上荡漾着笑意．

夏天的蝉叫了，老师我想你，你的教诲和凉爽的风轻拂我自己．
冬天的雪飘了，老师我想你，一个青松般的身影耸立在大地．

穿越人生的悲欢离合，老师我想你，

走过循环往复的四季，老师老师我想你我想你，

你是我最美好的记忆．

春天的花开了，夏天的蝉叫了，

秋天的果熟了，冬天的雪飘了，老师我想你想你，

你是我最美好的记忆．

二、歌词赏析

尊师重教亘古不变，知识为人类开辟了认识世界、通往宇宙之路，而教师则带领我们打开了知识的大门。教师的工作没有轰轰烈烈的场面，只是在一方小小的讲台上默默无闻地耕耘、浇灌，平凡而艰辛，却蕴含着伟大，创造着神奇。人的成长成才离不开教师，一个没有教师、没有知识的社会，不过是一片贫瘠的荒漠，一首《老师我想你》从学生的角度唱出了对老师春、夏、秋、冬陪伴的感激，唱出了对老师教育教学的恩情，表达了对老师的思念和赞美。

三、思想启迪

尊师重教是中华民族的传统美德。古人有"一日为师终身为父"的自觉。作为新一代的大学生，如何做到尊师重教呢？首先，要从感情上理解老师、体贴老师。其次，要学会尊重教师的劳动。不迟到早退、认真听讲、独立完成作业。再次，要接受老师的生活教导。跟老师交流时要用礼貌用语。"饮其流者怀其源，学其成时念吾师。"亲爱的同学们，请从现在就开始准备，用最饱满的求学热情和最严谨的求学精神去践行博学济世的精髓，去开创你们的幸福人生，这才是对老师、对母校最好的回报！

第二十二章

爱家乡爱校园

第一节　我家在盐城

一、歌谱摘录

我家在盐城

1=D 4/4
中速

朱俊霖 词曲

5 5 5 5 3 1 — | 6̣ 1 2 1 5̣ — | 6̣ 1 6̣ 6 5 5 3 | 3 6̣ 1̂ 2̂ 2 — |
我 家 在 盐 城，　你 可 曾 米 过，　这 里 是 东 方 湿 地 黄 海 明 珠.

3 4 5 5 3 1 — | 7̣ 1 3 7̣ 6̣ — | 6̣ 5 6 6 5 5 3 | 3 6̣ 1 1 — ‖
绵 延 的 滩 涂，　奔 跑 的 糜 鹿，　还 有 那 丹 顶 鹤 在 翩 翩 起 舞.

1=G

‖: 5 5 5 5 3 1 — | 6̣ 1 2 1 5̣ — | 6̣ 1 6̣ 6 5 5 3 | 3 6̣ 1̂ 2̂ 2 — |
我 家 在 盐 城，　你 是 否 听 过，　这 里 是 百 河 之 城 物 产 丰 富.
我 家 在 盐 城，　你 是 否 听 过，　这 里 的 风 景 如 画, 民 风 纯 朴.

3 4 5 5 3 1 — | 7̣ 1 3 7̣ 6̣ — | 6̣ 5 6 6 5 5 3 | 6̣ 2 1 1 — |
枯 枝 的 牧 丹，　神 奇 五 谷 树，　还 有 那 厚 德 之 城 好 人 沃 土.
海 盐 的 文 化，　煮 海 的 传 说，　还 有 那 铁 军 精 神 红 色 热 土.

1 1̇ 1̇ 6 5 — | 3 2 3 5 5 — | 6̣ 1̇ 1̇ 6 6 5 1̇ | 3 3 3 2 2 — |
我 家 在 盐 城，　你 不 要 错 过，　这 里 有 一 种 打 开　心 扉 的 舒 服.

1 1̇ 1̇ 6 1̇ — | 7 7 7·6 6 — | 6̣ 1̇ 1̇ 6 6 5 3 | 2·2̂ 2 1 1 — ‖
这 里 有 一 种，　现 代 慢 生 活，　这 里 有 一 种 诠 释　叫 做 幸 福.

1=D

5 5 5 5 3 1 — | 6̣ 1 2 1 5̣ — | 6̣ 1 6̣ 6 5 5 3 | 3 6̣ 1̂ 2̂ 2 — |
我 家 在 盐 城，　你 可 曾 米 过，　这 里 是 东 方 湿 地 黄 海 明 珠.

rit.

3 4 5 5 3 1 — | 7̣ 1 3 7̣ 6̣ — | 6̣ 5 6 6 5 5 3 | 3 6̣ 3 3̂ — ‖
绵 延 的 滩 涂，　奔 跑 的 糜 鹿，　还 有 那 丹 顶 鹤 在 翩 翩 起 舞.

二、歌词赏析

歌词描绘了一幅"东方湿地之都,仙鹤神鹿世界"的画卷,交代了盐城黄海之滨的地理位置,拥有丹顶鹤麋鹿两个自然保护区,地势平坦、河渠纵横、交通发达,物产富饶,素有"鱼米之乡"的美称。盐城历史悠久,从煮海传说,到南宋陆秀夫,再到近代新四军重建军部,形成了盐城的红色文化、白色文化、蓝色文化和绿色文化"四色文化",分别是新四军文化、海盐文化、海洋文化和湿地文化。歌词充分表达了对盐城这方土地的热爱,传达了对生长在这块沃土的骄傲和自豪。

三、思想启迪

通过学习这首歌曲,我们要为自己选择在盐城上学感到幸运。周作人曾说:凡是生活工作过的地方,就是"我"的第二个故乡。盐城也可以成为大家的故乡,大家可以利用周末和节假日,走出校园,到处走走,去零距离地感知盐城,了解盐城,热爱盐城。

古往今来,家乡一直是文人骚客谈论的亘古不变的话题。树高千尺,落叶归根,故乡之思,永远都是游子的至诚抒怀,家乡是我们心灵的港湾,情感的寄托。作为学生,要了解自己的家乡之美,了解家乡的风土人情,培养热爱家乡的情怀,努力学习,锤炼一技之能,为把家乡建设得更美而奋斗!

第二节 丹顶鹤的故事

一、歌谱摘录

丹顶鹤的故事
(女声独唱)

二、歌词赏析

歌曲阐述了一个叫徐秀娟的女孩与丹顶鹤的故事。她是我国第一位养鹤的姑娘,也是第一位为保护珍禽而献身的烈士。她是一位未谙世故的女孩,曾在怒涛中驾着一叶扁舟,不断冲出思想的低谷,把握着前进的方向,奋力拼搏,在平凡的岗位上作出了不平凡的业绩,为她无限热爱的事业献出了年轻的生命。

徐秀娟生于黑龙江齐齐哈尔市扎龙屯的一个养鹤世家。她爸爸是扎龙保护区一位鹤类保护工程师,妈妈也曾在扎龙保护区养鹤 10 年。徐秀娟小时候常帮着父母喂小鹤,潜移默化中也爱上了丹顶鹤。

1981 年,17 岁的徐秀娟到扎龙自然保护区和爸爸一起饲养鹤类,成为我国第一位养鹤姑娘。她很快就掌握了丹顶鹤、白枕鹤、衰羽鹤等珍禽饲养、放牧、繁殖、孵化、育雏的全套技术,她饲养的幼鹤成活率达到 100％。她的出色工作得到国际鹤类基金会主席阿其波尔德博士的称赞。

1985 年 3 月,徐秀娟自费到东北林业大学野生动物系进修。尽管学校考虑到她的实际困难,为她减免了一半学费,但她仍然吃不起一天 6 角钱的伙食,一直靠馒头就咸菜维持每天的紧张学习。第二学期,因交不出学费,生活又难以为继,她曾背着老师和同学,数次献血换来一些钱来维持学业。后来,她又决定把两年的学业压缩在一年半内完成。经过艰苦的努力,最后考试 11 门功课中 10 门功课成绩为“优”或在 85 分以上。这期间,她还自学了英语。她靠献血换钱的事,是她去世后,人们在她用英语写下的几页日记里发现的。

1986 年,徐秀娟远赴丹顶鹤的迁徙越冬地、正在筹建中的江苏省盐城自然保护区,啥也没带,就带着三枚鹤蛋上路了。这是秀娟带给盐城保护区的一份礼物,3 只鹤蛋对她来说是 3 只未来的小鹤。迢迢 5 000 里路程,徐秀娟用一个人造革包、一个暖水袋、半斤脱脂棉、一个体温计来照料那 3 只鹤蛋。蛋装在人造革包里,温度、湿度只要稍有变化,小鹤就孵出不来了。如果火车上断了开水,她就得把鹤蛋贴肉揣在怀里,因为人的体温正好是 37 度左右。就这样一路火车一路汽车,小雏鹤最后破壳而出。那 3 只小鹤分别被秀娟叫做龙龙、丹丹和莎莎。

没有人知道,对那 3 枚鹤卵秀娟付出了怎样的关爱;但是人们知道,在美国进口的最先进的孵化器里,也死过小鹤。经过 83 个日日夜夜的细心照料,3 只小鹤终于展翅飞向了蓝天。徐秀娟深深地爱着这些生灵,鹤已经成了她生命中不可分割的一部分。

1987 年 6 月,徐秀娟从家里赶往盐城,与她同行的还有从内蒙古带来的两只天鹅。她叫它们黎明和牧仁。一下火车,迎接她的却是丹丹的死讯。这是她最心疼的一只鹤。丹丹一只腿有毛病,走起路来就像跳一样。秀娟带它到野外捉虫子时,它对秀娟特别亲近。

没有人知道在那种情况下,秀娟流了多少泪。

因为黎明生病,秀娟在宿舍里养护了它 8 天,黎明康复了,她却病倒了。病还没好,她又经历了一次打击。她万万没想到,龙龙会在打针时吐血而亡。

秀娟号啕大哭,她在日记里说:从没在人面前这样哭过,丹丹去了,龙龙也去了,可怜的莎莎吓得转身就逃,我难以平静。

黎明身体康复后,和牧仁在复堆河里洗澡嬉戏,因玩得过于高兴,两只天鹅忘了回家。秀娟找了它们两天两夜。9 月 16 日,人们在复堆河里发现了秀娟。她的身体蜷缩着,仿佛还在为丢失天鹅而内疚,为丹丹、龙龙的死而自责。

9月18日，白天鹅黎明和牧仁飞了回来，可它们再也见不到挽救过它们生命的秀娟姐姐了；它们看见1 000多人聚在一起举行了一个仪式。徐秀娟去世时只有22岁。

三、思想启迪

当代大学生，要从徐秀娟的身上学习"爱"的精神，爱工作、爱生活、爱自然、爱动物，在平凡的岗位上奉献自己的赤诚之心。还要学习她为了既定目标，排除千难万险，执着追求的精神。树立正确的生态绿色观念，积极保护环境改善环境，增强志愿服务意识，让自己的青春更加高尚，更加无悔。

第三节　新四军军歌

一、歌谱摘录

新四军军歌

陈　毅　词
何士德　曲

1=C 4/4
庄严、雄壮地

光荣北伐武昌城下，血染着我们的姓名，
扬子江头淮河之滨，任我们纵横地驰骋，

孤军奋斗罗霄山上，继承了先烈的殊勋，
深入敌后百战百胜，汹涌着杀敌的呼声.

千百次英勇抗争，风雪饥寒；
千万里转战，穷山野营.

要英勇冲锋，奸灭敌寇。
要大声呐喊，唤起人民.

得丰富的战争经验，锻炼艰苦的牺牲精神，为了
扬革命的优良传统，创造现代的革命新军，为了

社会幸福，为了民族生存，一贯坚持我们的斗争！八省
社会幸福，为了民族生存，巩固团结坚决的斗争！抗战

健儿汇成一道抗日的铁流，八省健儿汇成一道抗日的铁流.东进，东进！我们是
建国高举独立自由的旗帜，抗战建国高举独立自由的旗帜，前进，前进！我们是

铁的新四军！东进，东进！我们是铁的新四军！东进，东进！我们是铁的新四军！
铁的新四军！前进，前进！我们是铁的新四军！前进，前进！我们是铁的新四军！

二、歌词赏析

新四军,作为中国人民解放军的前身之一,是一支具有光荣革命历程和优良传统的英雄部队。1926 年成立,1941 年 1 月,新四军于皖南事变后在革命老区盐城重建军部,之后,紧紧依靠华中广大人民群众,与敌、伪、顽进行了艰苦卓绝的斗争。沉重地打击了日军。最终取得了抗日战争的伟大胜利。新四军的抗战有力地支援了世界反法西斯战争,是世界反法西斯战争的重要组成部分。歌词详细描述了新四军在武昌起义后历经千百次抗争,千万次转战,穷山野营中获得丰富的战争经验,不畏艰险,不怕牺牲,为了社会幸福,为了民族生存,团结坚决斗争,战胜一切的艰难险阻,抗战到底的铁军精神,值得我们永远的学习、继承和发扬。

三、思想启迪

作为走进新时代的青年,在我们享受和煦的春风,美丽的校园,优等的教育的同时,我们要弘扬先烈的崇高精神,要把革命传统牢牢记在心头,以此激励我们、警示我们,要珍惜革命先烈用鲜血和生命换来的美好生活。我们作为新时代的接班人,就应继承革命先烈的遗志,学习新四军铁一般的信念、铁一般的意志、铁一般的纪律、铁的团结和铁的作风。努力学习,奋发图强,从我做起,从此刻做起,踏着革命烈士的足迹,为努力建设社会主义现代化强国,为共产主义事业奋斗终生!

第二十三章

法治课堂

第一节　红色法制　绿色课堂

一、歌谱摘录

红色法制 绿色课堂

张来华　词
孙晓林　曲

```
1=♭E  4/4

5 3 3 - | 3 2 1 6 - | 6 2 2 - | 2 1 2 5 - | 5 3 3 - | 4 3 2 1 6 - |
红色是    行为规章，  绿色是    铭记心上，红色是    血气方刚，
红色是    身心健康，  绿色是    关注预防，红色是    宽容忍让，

6 2 3 4 3 2 | 1 - - - ‖ 3 4 5 6 5 - | 6 5 4 6 5 - | 4 4 3 2 6 | 5 4 3 4 5 - |
绿色是语重心长；         红色法制    绿色课堂，课堂上我们  明确方向，
绿色是鼓励提倡；         红色法制    绿色课堂，课堂上我们  青春飞扬，

3 4 5 6 5 - | 6 5 4 5 6 - | 6 7 i i 5 3 |
没有规矩      不成方圆，      向着阳光明天
学法知法      守法用法，      畅想明天

5 4 2 3 1 - : 6 7 i i 5 3 | 5. 5 6 7 | i - - - ‖ i - - - ‖
苗壮成长；  畅想明天快乐歌     唱
快乐歌唱，
```

二、歌词赏析

《红色法制　绿色课堂》这首法治歌曲主题鲜明、寓意深刻、旋律优美、节奏明快、歌词流畅、宜于传唱。歌词阐明了法制与课堂的关系，红色是规章，是为人处事的规矩，是底线不可逾越不可突破；绿色是希望，是活力，是成长。法制进课堂，规矩入校园，促进了法制歌曲在学生中的普及和推广，使学生在学唱传唱中增长了法律知识，陶冶了理想情操。

三、思想启迪

青年学生要增强法纪观念，要知道没有规矩不成方圆，法制是社会文明和谐的保障，是人获得自由的坚强后盾。在日常生活中要自觉遵守法律，遵守学校的规章制度，"勿以善小

224

而不为,勿以恶小而为之",让法律规范自己的行为,是我们内化于心外化于行,真正做一个学法、知法、懂法、守法的合格公民,做高素质的文明使者。

第二节 世纪的约定

一、歌谱摘录

世纪的约定

——社会主义核心价值观"二十四字歌"

1=G 4/4

陈 涛词
刘 青曲

♩ = 120

3 1 2 5 | 1 2·3 2 5 | 1 2·3 2 5 | 1·3 5 - | 3 1 2 5 | 5 2·3 2 5 |
1.2.富 强 民 主 文 明 和 谐,从 中 国 到 世 界. 自 由 平 等 公 正 法 治,

5 - 3 1 | 2 3 2 - | 6 4 5 1 | 4 5·6 5 1 | 1 2·3 2 5 | 1·1 3 5 - |
越 长 久 越 坚 持. 爱 国 敬 业 诚 信 友 善,生 长 在 我 们 心 灵,

5 3 5 2 1 2 | 1 - - - | 3· 2 1 5 | 6 - - - | 1· 2 3 6 | 5 - - - | 3 5 5 2 3 | 6 - - - |
生 长 在 我 们 心 灵. 百 年 盛 况, 天 下 复 兴, 时 代 的 面 前,
延 续 的 文 明,

6· 7 1 - | 1 2 3 2 | 3· 2 1 5 | 6 - - - | 1· 2 3 6 | 5 - - - | 3 5 5 2 3 |
我 们 不 惧 前 行. 唯 有 风 雨, 才 见 豪 情, 平 生 的 约
我 们 鼓 舞 前 行. 一 字 一 句, 呼 喊 聆 听, 举 国 的 梦

6 - - - | 6 - 5 - | 3· 3 2 1 (5) : | 5· 4 3 1 | 2 - 3 - | 1 - - - | 1 0 0 0 ‖
定 我 们 铭 记 在 心. 傲 立 世 界 之 林.
想 做 立 世 界 之 林,

二、歌词赏析

《世纪的约定》这首歌曲唱出了社会主义核心价值观是社会主义核心价值体系的内核,体现社会主义核心价值体系的根本性质和基本特征,反映社会主义核心价值体系的丰富内涵和实践要求,是社会主义核心价值体系的高度凝练和集中表达。

三、思想启迪

作为青年人一要勤学,有理想,下得苦功夫,求得真学问。知识是树立核心价值观的重要基础,理想是一个人生活的希望,追求的目标,灵魂的家园。二是要修德,加强道德修养,注重道德实践。同时,还得从做好小事、管好小节开始起步,"见善则迁,有过则改",踏踏实实修好公德、私德,学会劳动、学会勤俭、学会感恩、学会助人、学会谦让、学会宽容、学会自省、学会自律。三是要明辨,善于明辨是非,善于决断选择。关键是要学会思考、善于分析、正确抉择,做到稳重自持、从容自信、坚定自励。要树立正确的世界观、人生观、价值观。四

是要笃实,扎扎实实干事,踏踏实实做人。道不可坐论,德不能空谈。于实处用力,从知行合一上下功夫,核心价值观才能内化为人们的精神追求,外化为人们的自觉行动。青年有着大好机遇,做任何事情都要认真踏实,从点点滴滴做起,事业和目标的实现是没有捷径的,远大的理想要靠脚踏实地和勤奋的努力才能实现和达到。让我们一起做个世纪的约定。

第二十四章

经典链接

第一节　唐诗节选

【概述】

唐诗是中华民族最珍贵的文化遗产之一,同时也对世界上许多民族和国家的文化发展产生了很大影响。在中国,但凡认识几个字的都能随口背诵几句唐诗,唐诗对我们的影响已经流淌在每一个中国人的血液里。短短几句,寥寥数语,便能抒情言志,讽喻人生,大丈夫的豪情壮志,闺中小女子的相思之愁,祖国的大好河山,边邑的塞外风情尽在诗中。在唐诗氤氲的诗意中,中国人都被熏染成温文尔雅的君子,平添了我们屹立于世界民族之林的傲气。

节选一　白居易《忆江南》

【原文】

江南好,风景旧曾谙。日出江花红胜火,春来江水绿如蓝。能不忆江南?

【概义】

江南的风景多么美好,如画的风景久已熟悉。春天到来时,太阳从江面升起,把江边的鲜花照得比火红,碧绿的江水绿得胜过蓝草。怎能叫人不怀念江南?

【启示】

法国大作家雨果说过:"人们不能没有面包而生存,人们也不能没有祖国而生活。"作为一个中国人,我们要热爱自己的祖国,热爱祖国的大好河山。作为天之骄子的大学生,我们更有责任要建设好祖国,让她更加繁荣昌盛,让她更加美丽如画。

节选二　李白《渡荆门送别》

【原文】

渡远荆门外,来从楚国游。

山随平野尽,江入大荒流。

月下飞天镜,云生结海楼。

仍怜故乡水,万里送行舟。

【概义】

乘船远行,路过荆门一带,来到楚国故地。青山渐渐消失,平野一望无边。长江滔滔奔涌,流入广袤荒原。月映江面,犹如明天飞镜;云彩升起,变幻无穷,结成了海市蜃楼。故乡之水恋恋不舍,不远万里送我行舟。

【启示】

"月是故乡明",中国人自古就有"故乡"情节,故乡曾经撩动了多少游子的心扉。现在随着时代的发展,越来越多的年轻人离开了自己的故乡到远方去求学、工作,很多人在外乡安家落户,更有一些人漂洋过海,取洋名,改国籍,年轻人对故乡的感情也越来越淡薄。作为大学生,我们要报效祖国,就要将爱国之情切切实实地落实在热爱自己的故乡上,心系故土,了解故乡的文化,传承故乡的文化,树立远大的理想,学成以后建设自己的故乡。

第二节 宋词节选

【概述】

宋词是盛行于宋代的一种诗歌体裁,因是合乐的歌词,又称曲子词、乐府、长短句、诗余等。在古代中国文学的阆苑里,她是一座芬芳绚丽的园圃。她以姹紫嫣红、千姿百态的神韵,与唐诗争奇,与元曲斗艳,历来与唐诗并称双绝,都代表一代文学之盛。一千余年来,它以轻灵的姿态、悠扬的声韵、婉转的体格和深美的意蕴博得了无数读者的喜爱,成为中华民族传统文化中的精品。

节选一 苏轼《定风波》

【原文】

莫听穿林打叶声,何妨吟啸且徐行。竹杖芒鞋轻胜马,谁怕? 一蓑烟雨任平生。

料峭春风吹酒醒,微冷,山头斜照却相迎。回首向来萧瑟处,归去,也无风雨也无晴。

【概义】

不用注意那穿林打叶的雨声,不妨一边吟咏长啸着,一边悠然地行走。竹杖和草鞋轻捷得胜过骑马,有什么可怕的? 一身蓑衣任凭风吹雨打,照样过我的一生。

春风微凉,将我的酒意吹醒,寒意初上,山头初晴的斜阳却应时相迎。回头望一眼走过来遇到风雨的地方,"回去吧",对我来说,既无所谓风雨,也无所谓天晴。

【启示】

这首词是苏轼醉归遇雨抒怀之作。读完让人心灵得到了净化,豁然开朗。现实生活中人们总有遇到困境的时候,如果一味深陷其中无法自拔,那么我们就永远看不到风雨后的彩虹。春寒虽冷,但如果想到后面有太阳相迎,心中是不是就会觉得温暖呢? 人,不只是在顺利的环境之中才能实现自我;在困难的环境之中,如果我们能有足够的自信、自立,从容地去面对它,也一样能够实现自我。

节选二 柳永《蝶恋花·伫倚危楼风细细》

【原文】

伫倚危楼风细细,望极春愁,黯黯生天际。草色烟光残照里,无言谁会凭阑意。

拟把疏狂图一醉,对酒当歌,强乐还无味。衣带渐宽终不悔,为伊消得人憔悴。

【概义】

我伫立在高楼上,细细春风迎面吹来,极目远望,不尽的愁思,黯黯然弥漫天际。夕阳斜照,草色蒙蒙,谁能理解我默默凭倚栏杆的心意?

本想尽情放纵喝个一醉方休。当在歌声中举起酒杯时,才感到勉强求乐反而毫无兴味。我日渐消瘦也不觉得懊悔,为了你我情愿一身憔悴。

【启示】

王国维在《人间词话》里将做学问的三重境界比喻为:"'昨夜西风凋碧树,独上高楼,望尽天涯路。'此第一境也。'衣带渐宽终不悔,为伊消得人憔悴。'此第二境也。'众里寻他千百度,蓦然回首,那人却在灯火阑珊处。'此第三境也。""衣带渐宽终不悔,为伊消得人憔悴。"这是在学习上持之以恒、永不放弃的执着态度。在求学的道路上,我们不仅要经受身体上的苦乏,经得起"十年寒窗苦",还要磨炼自己的意志,能经得起外物的诱惑,只有这样才能潜心学问,学有所成。在当今社会,学习仍然是改变命运的最好方式,尤其对于寒门学子。学习上的苦虽然艰难,但对比于生活上的苦要更有意义的多。

第三节　元曲节选

【概述】

元曲是盛行于元代的一种文艺形式,包括杂剧和散曲。与唐诗、宋词鼎力并称,同为"一代文学之胜"。元曲是中华民族灿烂文化宝库中的一朵灿烂的花朵,它在思想内容和艺术成就上都有自己独有的特色。一方面,元曲继承了诗词清丽婉转的特点,另一方面,元代社会使读书人位于"八娼九儒十丐"的地位,因而使元曲放射出极为夺目的战斗光彩,透出反抗的情绪。另外,元曲更贴近世俗生活,更接近时令语言,更具有开放的色彩,也更符合现代人的审美心理,雅俗共赏。

节选一　马谦斋《寨儿令·叹世》

【原文】

手自搓,剑频磨,古来丈夫天下多。青镜摩挲,白首蹉跎,失志困衡窝。有声名谁识廉颇,广才学有用萧何。忙忙地逃海滨,急急的隐山阿。今日个,平地起风波。

【概义】

摩拳擦掌,宝剑不断地磨。自古以来天下有志之士何其多。手抚青铜镜,揽镜自照,已鬓生白发,光阴白白度过。不得志困守这简陋的房舍,虽有威名谁又能了解今日的廉颇,纵然才学广大怎奈不任用今日的萧何。匆匆忙忙地逃到海滨,急急切切地隐居在山阿。就因为如今仕途祸福难测,平白无故地掀起了险恶风波。

【启示】

封建社会,有才有识之士虽胸怀壮志却很难施展抱负、理想。当今社会,国家重视人才,党的十九大报告提出,人才是实现民族振兴、赢得国际竞争主动的战略资源。要聚天下英才而用之,加快建设人才强国。大学生身处这样一个"尊重人才,尊重知识"的时代,要抓住机遇,刻苦学习,全面发展,肩负起时代和国家赋予我们的使命,在实现中国梦的伟大历程中让自己的青春散发出更加绚丽的光彩。

节选二　马致远《天净沙·秋思》

【原文】

枯藤老树昏鸦,小桥流水人家,古道西风瘦马。夕阳西下,断肠人在天涯。

【概义】

天色黄昏，一群乌鸦落在枯藤缠绕的老树上，发出凄厉的哀鸣。小桥下流水哗哗作响，小桥边庄户人家炊烟袅袅。古道上一匹瘦马，顶着西风艰难地前行。夕阳渐渐地失去了光泽，从西边落下。凄寒的夜色里，只有孤独的旅人漂泊在遥远的地方。

【启示】

离家总是会有太多的不舍，太多的留恋。但是，人生就是这样，没有舍哪有得。大学生远离故乡外出求学，是为了开创属于自己的新天地，实现人生的价值，尽管这一路上有风也有雨，但是为了梦想，我们不能停下前进的脚步，离别是为了更好地回归。

圆梦篇

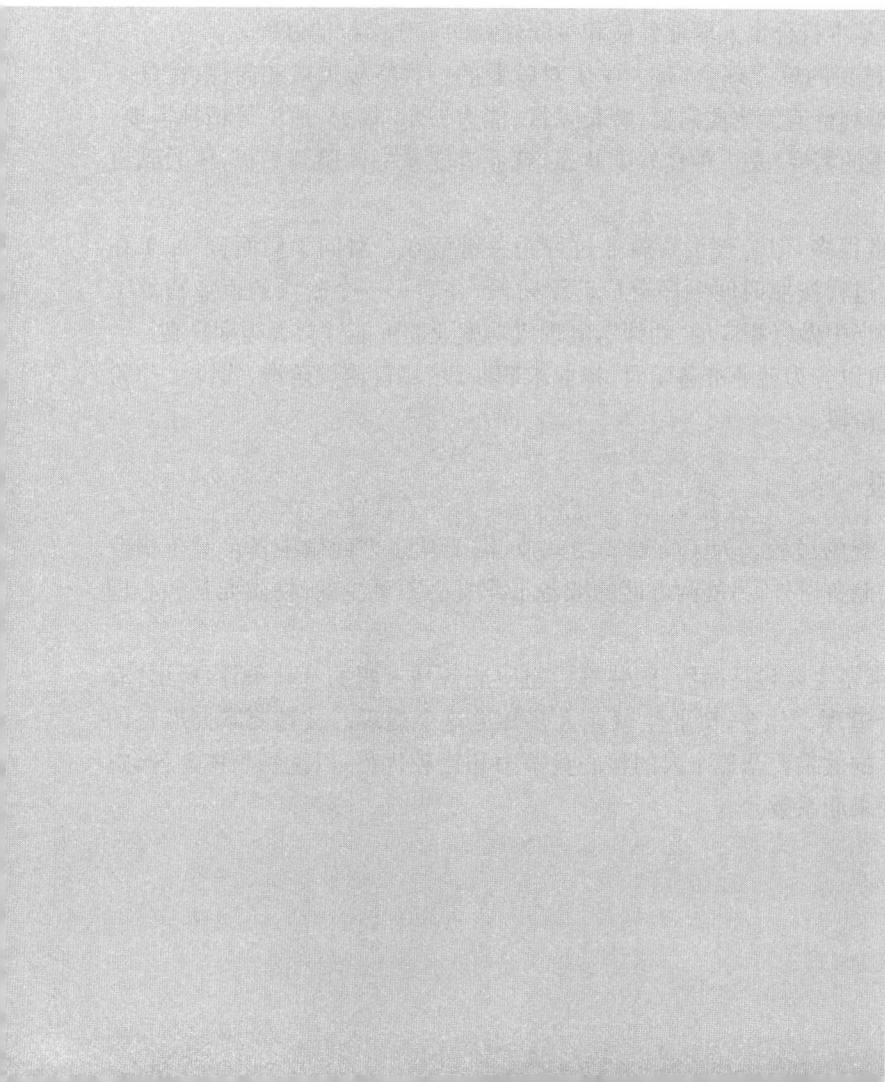

第二十五章

成功就业

我国大学毕业生的就业制度，经历了从计划经济时代的统包统分，逐步向市场经济的双向选择、自主择业发展的转变。就业形势也随着国际环境的不同发生改变。一方面，伴随着高等教育的逐步发展，高等教育的重心逐步下移，高校毕业生的基数逐年上升，就业率却在不断走低，呈下滑趋势。另一方面，伴随着社会经济的不断发展，大学毕业生的就业空间更加灵活和多样性，在一定程度上调动了大学毕业生就业的积极性和主动性。这虽然给大学生带来就业压力，但也意味着大学生有了更多择业自主权和选择权。由此可见，当前大学生面临的就业环境，对于大学生成功就业来说，有机遇，也有挑战。

第一节　成功就业的步骤

对我校同学来说，所谓成功就业，就是指系统地接受一定年限的高等教育，毕业后通过个人的努力和争取，获得基本符合个人职业发展和生涯规划的工作岗位的过程。

成功性就业既是一种新的就业理念，是大学生对就业的一种终极追求和向往；也是一种需要，包括工资、住房福利待遇等物质需要，特长发挥、能力展示、权力、地位等精神需要，特别指在工作中自我实现的需要；是一种良好的状态，就业者能从中体验到幸福，体验到自我实现的满足感。

影响成功就业的因素很多，但合理设置就业过程是关键所在。对同学们而言，如果在一个就业周期内，将就业过程按照时间顺序分成若干阶段，并对每一个阶段的就业指导工作进行设置，在每个步骤当中做好相应的"功课"，实现成功就业的可能性会大幅度提高。

成功就业步骤大致可以分为就业准备阶段、择业求职阶段、签订协议阶段、实际工作阶段、职业稳定和价值实现阶段。

一、就业准备阶段

就业过程是连贯、系统的过程。为了实现成功就业，需要从多方面做准备。对于毕业生而言，除了专业知识的储备以外，另外两方面的准备工作是必不可少的：物质准备和心理准备。

择业开始前的物质准备主要包括简历、服装等。物质准备是求职的基础条件，所谓"有投入才有产出"就是这个道理。如今，毕业生就业大多知道这个道理。关键要掌握准备的原则，即物质投入所产生的效果要凸显个人的核心竞争力和比较优势，以达到个体差异，提高就业竞争力，增加成功求职系数。

二、择业求职阶段

在择业求职阶段,毕业生应该做好三方面的工作:就业信息的收集和筛选、面试经验的积累、就业心态的调整。

择业求职阶段是对求职者综合素质的考察,也是对前期的就业准备工作能否有效的检验。职业生涯如何发展是大学生入学后就应面对的问题,因此,对自身职业发展的认识并不是等到毕业之时就能够树立的。每一名大学生都应该尽早做好职业生涯规划。不过,对还没有考虑过职业发展问题的毕业生群体来说,也是有比较短的时间里确定就业方向的,那就是尽可能多地参加招聘会。在择业求职阶段,毕业生与用人单位直接面对面,短期就会得到用人单位接受与否的反馈,虽然不排除一些毕业生等来了好消息,但总体来看,落选的可能性必将存在。所以,就业准备阶段打下的良好心理准备可以发挥作用。只要对自身有清醒的认识,就会在择业求职阶段帮助毕业生调整求职状态,以客观冷静的视角看待用人单位对自身的评判。在择业求职过程中,毕业生还要做到积累和总结,形成应聘前后的自我对比评价,这样才能积跬步致千里,取得最终的成功。

三、签订协议阶段

做好就业准备,在择业求职环节全面发挥自身能力,顺利签订就业协议的可能性大大提高。在签订就业协议后,毕业生还有更重要的"使命"需要完成。在签订就业协议时,毕业生应该遵循诚信签约的原则。用人单位的每一次招聘都带有一定的成本。既然双方达成签订就业协议的意向表明双方都有足够的诚意。"无信则不立,诚信则成事"。毕业生要培养对企业的忠诚度,避免"得川望陇"的想法。值得注意的是,就业协议签订后,没有去用人单位亲身体验就违约改签不是明智之举。

四、实际工作阶段

工作实践是检验个人能力的试金石。在签订就业协议后或离校毕业后,毕业生将真正开始走出学校大门后的发展之路。在实际工作阶段初期,毕业生主要是适应用人单位的工作环境,对所从事的工作领域进行学习和了解,同时,用人单位也会对毕业生的能力作进一步考察。该阶段也是毕业生对自身能力认知、评价和开发的起始阶段。

实际工作阶段是成功就业的关键,也是一个转折点。工作中的表现、业绩的优劣,与企业文化是否融合等,都是用人单位考察和毕业生自我审视的内容。如果工作中的表现优秀,业绩突出,快速适应工作环境,毕业生能够得到用人单位的认可,这种认可对于毕业生的自信心建立十分重要。如果工作中的表现不尽如人意,业绩不佳,与工作环境格格不入,则势必会影响毕业生的职业发展。此时,毕业生就需要重新定位,寻找新的就业机会。然而这并不是一件坏事,因为毕业生已经有过求职的准备过程和实际工作的经历,对自己的重新选择完全建立在理性分析的基础之上,在此阶段重新择业是毕业生职业发展的有益选择。

五、职业稳定和价值实现阶段

实际工作阶段被认可，那么就可以说毕业生已经在所从事的领域完成了量的积累，开始了向专业化、职业化转变的过程，毕业生也就进入了职业稳定阶段。此时，毕业生要继续钻研领域知识和行业变化动态，不断为完善工作环节，增强业绩而积极探索，进一步摸索出适合用人单位需要的新办法，把所从事的工作由"职业"变为"事业"。

随着工作的不断进展，职位和阅历的提升，毕业生在职场和社会中都将取得一定地位，达到一定的高度，个人的价值也会逐步实现。有了丰富的经验，个人对所在单位、所从事领域势必产生积极影响。个人价值更多地转变为单位创造的财富和为社会创造的价值。这才是真正意义上的成功就业，这也必定保证了就业的质量。

第二节　成功就业的选择

大学生是优秀的社会人力资源，承载着社会主义建设的重任。伴随着大学生涯的结束，大学生即将步入社会，以此实现人生的社会价值。他们在职业的选择中，如何定位自己的人生，选择不同的职业道路，将对以后的生活起着重要的作用。而现今不少在校大学生缺乏对职业和自身的理性认识和定位，其职业选择和职业决策能力不足，缺乏就业信息搜集渠道，面对毕业时的各种去向选择会产生迷茫。

一、毕业方向的抉择

作为一名学生，毕业后究竟是选择即时就业还是继续深造？是选择工薪就业还是自主创业？每个人可以根据自己的兴趣、自身的条件等来选择毕业后的发展方向。一般说来，毕业生的发展方向包括以下几种：继续深造、自费出国（境）留学、即时或延时就业、志愿服务西部或基层、自主创业。这些选择，显然是每一位同学都无法回避并必须及时做出决定的。而正视自身条件和选择机会，做出理性决策，将有助于我们把握自己的人生发展。

其中志愿服务西部和基层，是响应党和国家号召，为自己的职业生涯增添光彩的一笔，是值得每位同学关注的发展方向；选择自费出国留学的同学先要选择学校，熟悉申请流程和必需的财力、物力的资源、准备必要的考试、准备护照签证等；毕业生参军入伍可以提高青年自身素质，增强青年为国奉献的责任心和自豪感，给军队增加高学历高水平人才，提升军队整体素质；自主创业则是同学们毕业后实现自我价值的良好途径，同时还能为国家和社会解决就业问题。

当然，最常见的选择就是即时就业和继续深造。

选择即时就业的同学要经历长期的职业规划，要经历求职的材料准备、求职信息搜索、求职模拟训练、正式参加招聘会、进入笔试与面试，选择、比较、到最终签署三方协议领取报到证等阶段。这是一个漫长的时期，不但需要充分的准备，还要有良好的心态和坚定的信心。

我校是师范类高等学校，很多同学毕业后渴望成为一名光荣的人民教师，就业首选考教师编制。那么不管今后在什么学校任教，考编最不可或缺的是什么呢？除了学历、专业以外的硬件当属教师资格证了。接下来我们就一起来了解教师资格种类、要求、报名时间、考试内容等相关要点。

（一）教师资格证申请

教师资格,是国家对专门从事教育教学工作人员的基本要求,是公民获得教师职位、从事教师工作的前提条件。教师资格制度是国家实行的教师职业许可制度。《中华人民共和国教育法》和《中华人民共和国教师法》明确规定,凡在各级各类学校和其他教育机构中从事教育教学工作的教师,必须具备相应教师资格,没有相应教师资格的人员不能聘为教师。教师资格法定凭证为《教师资格认定申请表》和教师资格证书,在全国范围内适用。

1. 我校毕业生可申请的教师资格种类

我校毕业生可以申请的教师资格种类有两种:幼儿园教师(学前教育专业)、小学教师资格(其他专业)。

2. 申请教师资格者的要求

(1) 年级要求:五年制大专应届毕业生、高起点二年级和三年级毕业生。

(2) 具备承担教育教学工作所必需的基本素质和能力。非师范教育类专业毕业的人员需参加教育学、心理学补修、测试和教育教学能力测评,成绩合格方可申请。

(3) 普通话水平要求:申请幼儿园教师资格者应当达到国家语言文字工作委员会颁布的《普通话水平测试等级标准》二级甲等以上标准,申请小学教师资格者应达到二级乙等以上标准,并取得相应等次《普通话水平测试等级证书》。

(4) 具有良好的身体素质和心理素质,无传染性疾病,无精神病史,适应教育教学工作的需要,经教师资格认定机构组织在县级以上医院体检合格。

(5) 思想品德条件:遵守宪法和法律,热爱教育事业,履行《教师法》规定的义务,遵守教师职业道德。应届毕业生,由所在学校进行思想品德鉴定。

3. 报名时间

一般上半年、下半年各一次,具体时间看各教育局网上公布的时间。

4. 考试内容

主要考试科目为:教育学、教育心理学,部分地区还需考教育法律法规和教师职业道德等科目。复习材料主要有:《综合素质考试大纲》《教育教学知识与能力考试大纲》《保教知识与能力考试大纲》《幼儿园教师资格考试面试大纲》《小学教师资格考试面试大纲》《中学教师资格考试面试大纲》;各学科专业知识等。

5. 认定提交材料

(1) 由本人填写的《教师资格认定申请表》(一式两份)。

(2) 身份证原件、复印件,户籍原件、复印件和工作单位证明(或所在乡镇、街道证明)。

(3) 学历证书原件和复印件。

(4) 教师资格认定机构指定的县级以上(含县级)医院出具的《××省申请教师资格人员体格检查表》。

(5) 普通话水平测试等级证书原件和复印件。

(6) 由申请人工作单位或者其户籍所在地乡(镇)政府或街道办事处提供的《申请人思想品德鉴定表》。

(7) 非师范教育类专业毕业的申请人员,需提供《××省教师资格认定教育学心理学合格证》及教育教学能力测评成绩证明。

（8）二寸免冠半身正面相片两张。

6. 使用范围

教师资格证书由教育部统一负责印制，在全国相应的学校通用。取得教师资格者可在本级及以下等级的学校和机构中任教。取得中等职业学校实习指导教师资格只能在中专、技校、职高或初级职业学校担任实习指导教师。切忌使用假教师资格证，一经查出，五年内不得申报。

（二）继续深造的途径

学历是一把钥匙，是莘莘学子踏入社会的敲门砖，是用人单位衡量人才的一把尺子。现在，研究生、公务员和事业编岗位都要求本科以上学历才有资格报考，通常只有基层和艰苦的工作岗位留给专科一部分，而这一部分由于报考门槛低往往有着庞大的报考人群。由此可见学历影响着我们的就业、评定职称、工资定级等各个方面。也正是因为如此，越来越多的同学毕业后选择继续深造。对于我们师范类高职毕业生来说，深造的形式主要有专升本、专接本、专转本三种形式。那么这几种考试概念与范畴究竟是什么？三者存在什么样的区别呢？

1. "专转本"列入国家普通高等学校招生计划，普通高等三年制专科学校在大三下学期3月，五年一贯制高职学校在第五年下学期4月，通过省教育考试统一组织的专转本考试选拔（只有一次机会，相当于第二次高考），转入普通高等本科院校继续学习，其性质依然为普通高等教育，毕业证书的名称：普通高等教育，第一学历为全日制统招本科学历。

2. "专接本"（亦称为高等自学考试）是免试入学，三年制专科学校三年级的学生（个别专科学校为了抢生源在大二下学期则违规组织学生报名了），五年一贯制高职学校五年级的学生可以申读与本校合作办学本科院校的"小自考"，学习地点仍在本校，两年后合格可获得自考本科文凭。毕业证书名称：高等自学考试，第一学历为专科学历。

3. "专升本"则是指专科生毕业后，通过成人高考进入成人本科院校学习，学习形式有：全日制、业余、函授、网络远程、国家开发大学，其性质是成人高等教育。毕业证书名称：成人高等教育，第一学历为专科学历。

同学们可以根据个人的情况选择适宜自己深造的形式，但不管是选择什么样的形式，都必须根据考试要求提前准备，踏实勤奋，不断提高学业水平，实现自己的理想。

（三）参军入伍

依法服兵役是每一位公民应尽的义务。对大学生而言，到部队当兵一是履行公民义务，二是丰富人生阅历，在部队这所特殊的大熔炉里接受熏陶和锻炼，可以不断提升自己的综合素质。这对大学生今后成熟地走向社会，客观地面对现实生活中遇到的困难都将起到十分积极的作用。

为了鼓励广大青年响应国家号召参军入伍，国家制定了一系列大学生参军优惠政策，主要包括高校毕业生应征入伍服义务兵役，除享有优先报名应征、优先体检政审、优先审批定兵、优先安排使用"四个优先"政策，家庭按规定享受军属待遇外，还享有下列优惠政策：

1. 优先选拔使用

同等条件下，大学生士兵在选取士官、考军校、安排到技术岗位等方面优先；具有普通高等学校本科以上学历、取得相应学位的高校毕业生士兵,表现优秀,符合有关规定的可以直接选拔为军官。根据总参、总政、总后《从大学毕业生士兵中选拔军官暂行办法》等有关规定,参加全国普通高等学校招生统一考试,取得全日制本科学历和学士学位,入伍后表现好,年龄不超过 26 周岁(其中三本毕业的还应担任班长或副班长,或荣立三等功以上奖励,或被评为军事训练标兵),入伍一年半以上且在推荐的旅(团)级单位工作半年以上,可以按程序提拔为干部。全日制专科学历的毕业生士兵,可以参加全军统一组织的本科层次招生考试,录入有关军事院校培训,学制 2 年。大学毕业生士兵参加优秀士兵保送入学对象选拔的,年龄放宽 1 岁,同等条件下优先列为推荐对象,按照有关规定保送入军事院校培训,具有本科以上学历的,安排 6 个月任职培训,具有专科学历的,安排 2 年本科层次学历培训。

2. 学费补偿代偿

国家对服义务兵役的大学应届毕业生和在校生,按照每年最高不超过 6 000 元的标准,予以学费补偿或国家助学贷款代偿。

3. 考学升学优惠

具有大专以上学历的退役士兵报考政法干警招录培养体制改革试点班时,教育考试笔试成绩总分加 10 分,同等条件下优先录取;退役后三年内参加全国硕士研究生招生统一入学考试,初试总分加 10 分,立二等功及以上的,退役后免试(指初试)攻读硕士研究生;具有高职(高专)学历的,退役后免试入读成人本科或经过一定考核入读普通本科;退役后可根据需要参照应届高校毕业生办理就业报到手续。

4. 就业安置扶持

国家规定,退役大学生士兵可参加国有企业招录、基层专职武装干部配备、村居"两委"班子选举等。根据人社办发〔2012〕406 号等有关文件规定,退役大学生士兵服现役期间视为基层工作经历,与"三支一扶""一村一大""志愿服务西部计划"等基层服务项目服务期满并考核合格的大学生享有同等待遇;各地把大学生退役士兵纳入当地党委、政府选拔任用干部体系,给予重点培养,基层专职武装干部重点招录退役大学生士兵;退役大学生士兵在报考我省事业单位时,在公共科目笔试与专业知识笔试按比例折合后、与面试成绩折合前的笔试总成绩加 2 分,被部队团级以上机关评为优秀士兵或荣立三等功奖励的另加 2 分,荣立二等功及以上奖励的另加 4 分,累计不超过 6 分。

5. 士官优惠政策

为加强对大学生士兵的培养使用,我国将在大学生士兵选取士官时给予多项优惠政策,以鼓励大学生士兵留在部队长期工作。国家和军队给予大学生选取士官的优惠政策主要有五项:

(1) 对符合士官选取条件的士兵,同等条件下具有全日制大专以上学历的可优先选取士官。

(2) 对担任专业技术复杂岗位、胜任本职的大学生士兵,本人自愿继续服现役且符合岗位编制要求的,原则上保留至服现役满中级士官规定的服役年限。

(3) 对确定为士官培养对象的大学生士兵,优先安排参加与任职岗位相应的专业技术培训,优先安排担任基层分队长、班长、副班长。

(4) 具有全日制大专以上学历大学毕业士兵,首次选取为士官的,参照直接从非军事部门招收士官的有关规定授予士官军衔和确定工资起点标准,在地方高校学习时间视同服役时间。

(5)具有全日制大专以上学历的士兵考入士官学校后,可参加高技能人才培养班,修满规定课程和学分的,发给职业技术教育本科毕业证书和学位证书;毕业后原则上服役至四级军士长,获得技师资格的,优先选取为高级士官。

按照解放军现行士官制度,士兵服现役两年后可以选取为士官,其等级由下至上依次为:初级士官(下士、中士)、中级士官(上士、四级军士长)、高级士官(三级军士长、二级军士长、一级军士长)。

第三节　就业心理的调试

就业本身就是我们认识和适应社会的一个过程,在求职过程中遇到困难,甚至经过几次挫折才成功是正常的;在就业中遇到许多心理冲突、困惑,产生一些不良情绪也是正常的。遇到就业问题时,要学会调节自己的心态,使自己能从容、冷静地面对就业这一人生重大课题,并做出正确、理智的选择。如果你遇到了就业心理困扰,可以试着从以下几个方面来调节。

一、接受客观现实,调整就业期望值

就业市场化、自主择业给大学生带来了机遇与实惠,但许多大学生对"市场"残酷的一面认识不足,对就业市场的客观实际了解不够。经过对就业市场、就业形势的客观了解与深刻体验后,我们必须明白现实情况就是如此,无论是抱怨还是气愤都没有用,这种就业情况不可能一时半会儿就能改变的。与其怨天尤人浪费时间、影响自己心情,还不如勇敢地承认和接受当前所面临的现实,彻底打破以往的美好想象,脚踏实地地寻求解决问题的好办法。

在就业市场上,用人单位招不到人、大量的毕业生无处去的"错位"现象普遍存在,这是因为大学生的就业期望普遍较高故。因此,要顺利就业必须首先根据自己的实际情况和就业形势,调整自己的就业期望值。调整就业期望值不是对单位没有选择,只要有单位要就去,而是要在职业生涯规划和职业发展观念的基础上重新确定自己的人生轨迹。这就是说要树立长远的职业发展观念,放弃过去"一劳永逸"的就业观,要知道现在再好的单位将来也有下岗的可能,因此,在择业时要看得长远一些,学会规划自己整个人生的职业生涯。在当前获得一个理想职业的时机还不成熟时,应采取"先就业,后择业,再创业"的办法。也就是说,在择业时不要期望太高,可以先选择一个职业,不断提高自己的社会生存能力、增加工作经验,然后再凭借自己的努力,通过正当的职业流动来逐步实现自我价值。特别值得提醒的是,许多大学生不愿意去经济落后的地区工作,可是随着西部大开发的进行,西部地区将成为经济发展的热点,也将给大学生们提供更多的发展机会,因此抢先到这样的地区去工作可能会更有利于自己的职业发展,取得事业的成功。

二、充分认识职业价值,树立合理的职业价值观

传统观念认为人们工作就是为了满足生存需要,但是对于现代社会的人来说,职业对

个体的意义已经远不是如此简单,职业可以满足人们从低层次到高层次的多方面需要。如最近有人对职业价值结构进行初步研究,发现了交往、义利、挑战、环境、权力、成就、创造、求新、归属、责任、自认11个类别的因子。因此,职业的价值是丰富的,我们要充分认识到职业对个体发展、社会进步所起到的重要作用。

在择业时不能只考虑工作的经济收入、工作条件、地点等因素,更要考虑职业对自我一生发展的影响与作用,应看重职业能否帮助实现自我价值。因此,要在考察社会需要的基础上,树立重视自我职业发展、才能发挥、事业成功的职业价值观。对于那些虽然现在工作条件不怎么样,但发展空间大,能让自己充分发挥作用的单位要优先考虑;对于那些现在经济发展水平不太高,但发展潜力大,创业机会多的工作地点也要重视。总之,盲目到一些表面上看来不错,但不适合自己,自己才能不能得到有效发挥的单位去工作,是不会让自己满意的。与其将来后悔,不如现在就改变自己,树立适应我国当前市场经济发展、人才需求规律的合理的职业价值观,以指导自己正确择业。

三、认识与接受职业自我,主动捕捉机遇

大学生就业中的许多心理困扰都与大学生不能正确认识和接受职业自我有关,因此正确地认识自我的职业心理特点并接受自我,是调节就业心理的重要途径,并可以帮助自己找到适合自己的职业方向。要了解自己喜欢什么样的职业、需要什么样的职业、自己的择业标准以及依自己目前的能力能干什么样的工作,这样才能知道什么样的工作更适合自己。许多同学经历过求职活动后就会发现自己的能力与水平并不像自己以前想象得那么高,并容易出现各种失望、悲观、不满情绪。因此在认识自我特点后还要接受自我,对自我当前存在的问题不能一味抱怨,也没有必要自卑,因为自己当前的特点是客观现实,在毕业期间要有大的改变是不可能的,因此要承认自己的现状,学会扬长避短。另外,要用发展的观点来看待自己,要知道有些缺点并不可怕,可以先就业然后在工作岗位上不断发展自己。

大学生就业中的机遇因素也是非常重要的,因此了解并接受了自我特点以后,还要学会抓住属于自己的机遇,这样才能保证以后求职顺利。要抓住机遇首先必须要多收集有关的就业信息,多参加一些招聘会,并根据已定的择业标准进行选择。需要注意的是机遇并不是对任何人都适用的。一个工作的好与不好是相对的,对别人合适的,对自己不一定合适,因此一定不能盲从;要时时记住,只有适合自己的才是最好的。最后要注意机遇的时效性,在发现就业机会时要主动出击,不能犹豫,也不要害怕失败,应有敢试敢闯的精神。

四、坦然面对就业挫折,提高心理承受力

面对市场竞争、就业压力,大学生的求职总会遇到许多困难、挫折甚至是委屈,如一些专业"热门"或是"冷门";又如女大学生找工作容易受到歧视等。面对这些问题,抱怨是没有用的,更重要的是调整自我心态,提高自己对各种突发事件的心理承受能力。其实,就业的过程也是大学生重新认识自我、认识社会,并主动调整自我适应社会的过程。如果能通过求职而增强自我心理调节与承受能力,对大学生今后的职业生涯和生活都是非常有用的。

在求职中遇到挫折时,要用冷静和坦然的态度待之,客观地分析自己失败的原因,进行正确的归因。首先,在就业市场化、需求形势不佳、就业竞争激烈的条件下,出现求职失败是在所难免的,不能期望自己每次求职都能成功。要对可能出现的求职挫折有充分的心理准备。同时,应把就业看作一个很好的认识社会、认识职业生活、适应社会的机会,应通过求职活动来发展自己,促进自我成熟,因此"不以成败论英雄"。其次,自己求职失败并不一定就是因为自己的能力不行。出现求职失败有许多原因,可能是因为你选择求职单位的方向不对,也可能是因为你的价值观与单位的企业文化不符合,还有可能是其他一些偶然因素。总之,要正确分析自己失败的原因,调整自己的求职策略,学会安慰自己,以便在下次的求职中获得成功。

五、调整就业心态,促进人格完善

在求职时,自己或身边的同学出现一些不积极的心态是正常的,没有必要过度担心。当然对于这些不良心态也要学会主动调适,必要时还可以寻求有关心理专家的帮助。进行自我心理调适的方法有很多,首先,可以进行积极的自我心理暗示,鼓励自己、相信自己,帮助自己渡过难关。其次,可以向朋友、老师倾诉,寻求他们的安慰与支持。最后,还可以通过体育锻炼、听音乐、郊游等方式转移自己的注意力,排解心中的烦闷,放松自己的心情。

通过对自己在就业时出现的种种不良心态的分析,可以发现自己平时不容易察觉的一些人格缺陷。应该说这些人格缺陷是产生这种就业心理问题的根本原因,如果现在没有很好地完善自己的人格,那么这些问题还会在今后的工作、生活中继续带来困扰。因此,有关问题其实是暴露得越早越好,同时也不必为自己所存在的人格缺陷而懊恼,因为很少有人是绝对的人格健全的,关键是要在发现自己问题的基础上,积极改变自己、发展自己,使自己的人格更加成熟,使自己将来的人生道路更顺利。

第四节　优秀毕业生成功就业范例

一、美术 02 班郑荣军

郑荣军,1987 年 5 月出生,中共党员,2007 年毕业于盐城高等师范学校师范美术专业,同年竞聘至盐城市第一小学教育集团工作至今。现为江苏省民间文艺家协会会员,盐城市美术学科教学能手,盐城市美术家、民间文艺家协会会员,盐城市剪纸艺术学会秘书长,盐城市教育书画院特聘书画师,现任市一小教育集团盐渎校区艺体部主任。

工作以来,始终以饱满的热情投身于美术教育及教学研究中,先后荣获盐城市美术教师教学基本功大赛一等奖、优质课竞赛一等奖,工作期间多次执教"送教下乡"等市级公开展示课。同时,作为美术专业教师,他的剪纸、书法、绘画作品和教育教学论文也多次荣获省市级比赛的一等奖。工作以来,多次荣获盐城市文联系统先进个人,盐城市优秀团干,盐城市社会实践先进个人,盐城市教育系统工会积极分子、青年岗位能手,市一小优秀党员等荣誉称号。

剪纸是盐城一小教育集团盐渎校区的特色活动项目,通过三年时间的努力与付出,郑荣军为学校的剪纸特色活动建设项目作出了应有的贡献。三年间,郑老师的两百余幅个人剪纸作品作为政府或学校礼品,漂洋过海地成为许多国际友人欣喜的珍贵礼物;2016年《盐城晚报》通版刊登学校学生剪纸作品,个人多幅作品也同时刊登在《盐阜大众报》等市级刊物上;2016年被市委宣传部推荐赴韩国进行文化交流;剪纸系列作品被市委书记王荣平在2017年"最美家庭"座谈表彰大会上赠送给获奖家庭代表;2017年2月6日(农历除夕)剪纸作品《金鸡纳福》被中央电视台《央视·夜读》选为插图刊登;盐城电视台于2015年曾专题制作并播出其个人20分钟剪纸专题片《剪个爱字给世界》,得到家长、领导、社会的广泛好评。

作为一名人民教师,他不仅热爱生活,还带领学生去感受生活,用绚丽的色彩去描绘生活,工作以来,他所指导的学生多次在国家、省、市级书画比赛中获一等奖,个人在教育部主办的第三届全国中小学生艺术展演活动中获"优秀指导老师"称号,受到领导、家长的一致肯定!他用自己的实际行动诠释了人民教师的光荣与奉献,他用自己的勤奋踏实为盐城幼专的学子谱写了一首励志诗篇。

二、英语06级韩亚骏

盐城市亭湖区人,2006年9月开始就读于盐城高等师范学校英语系。在校期间品学兼优,被评为优秀学生干部。五年后以优异的成绩考入江苏省教育学院英语系。后出国读研,就读于美国北卡罗来纳大学教堂山分校——教育学院,并于2015年12月毕业回国。当年度,经盐城市体育局推荐,参选盐城市十大杰出青年,并入围终获盐城市"新长征突击手"光荣称号。现就职于盐城市翰生少儿棋院,担任总教练一职。

自幼受父熏陶和教诲,酷爱下棋。在父亲的精心培育下,进步神速。多次在全国省市各类比赛中获得前列名次:2006年作为主力队员入选中国国际象棋高水平后备人才培训基地训练;2008年8月在全国中学生国际象棋锦标赛上荣获高中组亚军;2009年8月在全国国际象棋"棋协大师"赛中荣获冠军,并获得大师称号;2009年8月作为常州市千人国际象棋、象棋车轮挑战赛的特邀嘉宾对阵150名国际象棋小棋手,并且获得全胜。

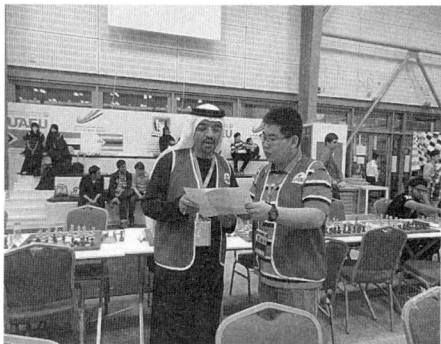

在校期间,韩亚骏同学利用课余时间钻研国际象棋规则与裁判法。21岁时通过国家体育总局理论和实践的考核,被评为中国最年轻的国际象棋国家级裁判,当年经过层层选拔与考核,获世界上最年轻的国际级裁判称号,是中国国际象棋协会竞赛与裁判委员会最年轻的委员。2011年8月受中国棋院邀请担任第26届世界大学生运动会国际象棋项目唯一"在读大学生"技术官员,并被国家体育总局授予"优秀裁判员"称号。2013年被中国棋院推荐给国际象棋世界联合会,赴阿联酋迪拜执裁有国际象棋"世界杯"之称的世界青少年国际象棋锦标赛。

　　回国后,韩亚骏一心致力于国际象棋运动的教育和推广,2016年3月经国家体育总局棋牌运动管理中心推荐,受江苏省人民政府援疆工作组之邀,赴新疆伊犁州霍城县进行国际象棋运动推广和指导。2016年7月,世界国际象棋联合会女子大奖赛于成都举行,因专业技术水平及语言能力双方面的完美表现,韩亚骏成为中国国际象棋协会特派驻赛技术官员。2017年3月,第二届中国-印度国际象棋对抗赛于山东聊城开赛,作为东道主,中国国际象棋协会特委派韩亚骏为此次赛事副裁判长。

第二十六章
自主创业

在社会体制转型和全球教育变革的大背景之下,当代中国的教育正面临着市场化、全球化、信息化等诸多挑战。近年来,随着就业形势的日益严峻,大学生就业难的问题引起了各方关注。大学生是有理想、有抱负、有创新精神、敢作敢为的青年先锋,一部分人通过自主创业,将兴趣与职业紧密结合,实现人生价值。大学生自主创业是当前社会的热门话题,也是促进大学生就业的新途径。自主创业有利于大学生自力更生,培养自立自强意识、风险意识、拼搏精神和艰苦奋斗作风;有助于为国家造就一批年轻的企业管理人才;有利于缓解国家就业压力。

说到底,创业也是一种就业。创业与就业是相互联系的,创业不仅解决了自己就业问题,缓解国家就业压力,减少对现有就业机会的竞争,还可以为其他人才提供就业机会。

第一节　国家创业政策解读

党的十七大报告中提出了"实施扩大就业的发展战略,促进以创业带动就业"的目标,提倡和鼓励大学生创业成为解决就业难问题的重要突破口。2018 年 6 月颁布的《教育部关于做好 2018 届全国普通高等学校毕业生就业创业工作的通知》中明确提出为深入贯彻落实党的十九大精神和习近平新时代中国特色社会主义思想,为努力实现更高质量和更充分就业,多种渠道促进以创业带动就业。

一、政策方面,要落实创新创业优惠政策,为毕业生创新创业开辟"绿色通道"。要加快发展众创空间,提升创新创业服务保障能力,多种形式扶持大学生自主创业;高校要细化完善教学和学籍管理制度,进一步落实创新创业学分积累与转换、弹性学制管理、保留学籍休学创业、支持创新创业学生复学后转入相关专业学习等政策。

二、资金方面,多渠道筹措资金,综合运用政府支持、学校自筹以及信贷、创投、社会公益、无偿许可专利等方式扶持大学生自主创业。

三、场地方面,各地各高校要加快发展众创空间,依托创业园、创业孵化基地等为毕业生创新创业提供场地支持。

四、服务方面,建立健全国家、省级、高校大学生创业服务平台,聘请行业专家、创业校友等担任导师,通过举办讲座、论坛、沙龙等活动,为大学生创业提供信息咨询、管理运营、项目对接、知识产权保护等方面的指导服务

第二节　大学生创业能力的培养

党的十七大明确提出了"提高自主创新能力,建设创新型国家"的发展战略。大学生是

最具创新和创业潜力的群体之一。大学生创业能力培养既是全民创业素质提升的重要组成部分,也是毕业生创业成功的根本性制约因素之一。既然如此,应当有针对性地找准当前大学生创业能力培养面临的瓶颈性问题,帮助大学生对创业能力有科学的认识与准确的定位。

一、具有明确的自主创业目标

坚定的理想是左右人们行为的先导和基础因素,明确的自主创业目标可以激发创业热情,保持创业活力,增强创业动力。创业目标对于创业者起着异常重要的作用。所以大学生自主创业者要具有明确而坚定的目标方向,充分发挥优势,利用年轻人有激情、有魄力、创新能力强的特点,以"敢为天下先"的胆魄,迎接社会和市场的考验。

二、具备强烈的社会责任感

一个成功的创业者必须具备强烈的社会责任感,社会责任感反映了一个人的思想觉悟和道德水准,有社会责任感的人能正确处理好个人追求和社会责任的关系。一个创业者仅仅为了追求个人利益而去创业,这个目标是很肤浅的,也很难为社会所接纳,因此难以取得成功。所以,大学毕业生创业者要自觉弘扬社会主义核心价值体系,践行社会主义荣辱观,正确处理好国家、集体和个人的关系,在追求个人利益的同时,自觉承担起社会责任,回报社会,为社会发展、人民幸福、国家富强作出自己应有的贡献。

三、建立良好的信用保证

信用是经济交易主体之间的一种借贷活动、关系或能力。自主创业者必定要在一定的市场条件下进行自主创业活动,那就不可避免地与其他市场经济主体产生交易行为。而在这些交易行为中必定要涉及个人信用问题,一旦自主创业者的交易行为出现信用危机,必将举步维艰,最终被市场淘汰。在自主创业初期,多数大学生自主创业者面临资金紧缺的问题,需要多方筹措资金,包括银行贷款、亲友筹借、同行拆借等。可以想象,信用好、口碑佳的大学毕业生自然容易筹措到自己的"第一桶金"。反之,一定是借款无门。大学生自主创业者一定要建立良好的信用形象,使自身获得信用资本的效用最大化,为自主创业提供强有力的信用支持。

四、养成良好的创业心理品质

创业活动是一项面临严峻挑战和巨大压力的活动,必须具备良好的心理品质。创业心理品质与人固有的气质、性格有密切的关系,其核心是情感与意志。大学生自主创业者良好的心理品质应该是自信、自主、刚强、坚韧、开朗和理性抉择。大学生在校期间,应通过参加创业论坛、心理品质情景锻炼、创业实践活动来培养自己的创业心理品质,能够根据形势调控自己的心态,为自主创业成功打下坚实的基础。阿里巴巴创始人马云成功的重要原因就是他具备良好的创业心理品质。在创业之初,有人说如果阿里巴巴能够成功,无疑是把一艘万吨巨轮从喜马拉雅山脚下抬到珠穆朗玛峰顶。然而马云却淡然处之,以沉稳、踏实的心态开始了漫漫创业之路,其间经历了无数挫折、痛苦和磨难,最终缔造了阿里巴巴的神话。正如马云所说:"我明白坚韧的力量有多大。"

五、具备丰富的自主创业知识和技能

知识和技能是解决问题的基本工具,是开展各种社会活动的基础和前提。作为自主创业者,最基本的是具备财务、法律和管理方面的知识技能,熟悉公司组织管理、财务运行和必须遵守的法律法规。同时,还要具备谈判沟通的能力、人际交往的能力,为企业的生存发展创造基本的条件。除此之外,自主创业者还要掌握党的方针政策,哲学、政治、法学、经济、科学、管理等方面知识,不断地提高自身综合素质。因此,大学生应树立学习则强,学习则胜的理念,充分利用宝贵的大学时光努力学习,为今后事业发展做好知识储备。在自主创业过程中,大学毕业生要树立终身学习的理念,以书本为师,以实践为师,善于总结自主创业的经验教训,不断提高自主创业本领,树立起知识型自主创业者的良好形象,为创业成功奠定坚实的基础。

国家对大学生自主创业的鼓励政策给大学生提供了优越的平台,同学们要好好利用这个时机,开发自己的潜能,不断超越,实现人生抱负,为社会做出更大的贡献。

第三节　创业项目的选择

创业项目是指创业者进行创业所从事的某一具体方向或具体行业,具有吸引力的、较为持久的和适时的一种商务活动内容。创业项目的选择是大学生创业过程中首先遇到的问题,能否找到好的创业项目在很大程度上决定创业的成败。

一、创业项目的分类

从观念上来看,可分为传统创业项目、新兴创业项目以及最新兴起的微创业项目;从方法上来看,可分为实业创业项目和网络创业项目;从投资上来看,可分为无本创业项目、小本创业项目及微创业项目;从方式上来看,可分为自主创业项目、加盟创业项目、体验式培训创业项目和创业方案指导创业项目;从经营性质及特点上看,可分为生产类创业项目、科技类创业项目、商贸类创业项目、服务类创业项目、创意类创业项目和公益类创业项目。

二、大学生创业项目选择的具体方法与途径

(一)寻找需要解决的问题

从需要解决的问题中可挖掘创业项目。日常生活中,每个人都能碰到或大或小让人烦恼的问题,我们需要从中发现创业项目。企业家约翰·加德纳曾经说过:"每个问题都是一个绝佳的隐藏着的机会。"例如,无法在互联网上播放音频和视频,罗布·格拉泽开发出 Real Player 软件,创建了 Real Networks 公司。比尔·巴蒂亚与杰克·史密斯无法越过公司防火墙登陆美国在线的电子邮件,他们开发出了网页电子邮件,成立了 Hotmail 公司。

(二)留意市场遗留的缝隙

从市场遗留的缝隙中可寻觅创业项目,很多大企业在实现规模经济的同时留下了许多市场缝隙,一旦创业者从中找到了合适的市场空白点,就意味着抓住了创建一家能够持久

盈利的创业项目。例如,北京中星微电子公司避开 CPU 和存储芯片等主流市场的激烈竞争,瞄准多媒体应用领域的市场空白,展开技术攻关,推出"星光一号",占据了 PC 图像输入芯片领域 60%的市场份额,成为这一领域的市场领导者。安徽的胡小平发现"小菜没人做,嫌进货麻烦"后,进入该行业,迅速占领市场,创建品牌"小菜一碟"。

(三)寻找隐蔽的资源

将市场上现有的产品进行改进、提升、完善、转换成为新的创业项目。加藤信三是日本狮王牙膏公司的一名普通员工,刷牙时牙龈出血,想到如何改变现有的牙刷。他把牙刷放到放大镜下观察,发现刷毛顶端是四方形的,所以他建议公司把刷毛顶端改成圆形的,新产品投入市场,销路极好。中国的瓷器举世闻名,但中国的茶杯在欧洲市场上的销路并不是很好,日本人经过深入的调查之后,发现欧洲人的鼻子比较高,中国的茶杯存在缺陷,所以改变现有的茶杯,设计出斜角杯,获得外国友人的青睐。

(四)不同产品的完美复合

将两个不同的产品结合到一起就能产生一个创业项目。例如冶金与绘画结合产生了铁画,医疗与食品结合产生了药膳,面条与蔬菜结合产生了蔬菜面。改革开放以后,中国内地的保健品层出不穷,史玉柱调查分析了当时中国保健品市场,发现有一部分产品是为了满足人们改善睡眠的需要,有一部分是为了满足人们调节消化的需要,但是没有一种保健品可以同时满足这两种需要。改善睡眠保健品主要成分是人脑松果腺体素,也叫褪黑素,山楂、茯苓可以调节消化,所以他把两者结合起来,做了许多试验,最终推出保健品脑白金,填补了中国当时保健品的空白。

(五)兴趣爱好

创业的过程往往是实现个人爱好和梦想的过程。每个人都有自己的兴趣爱好,把兴趣爱好与创业项目联系起来,成为生活的内容与生存状态,能够对自己的事业起到推动作用。杨致远 10 岁来到美国,在 Standford 大学硕士毕业后留校,结识了费罗。回到斯坦福,两人在一辆学校拖车上成立一间小型办公室。恰在这时他们迷恋上了互联网。每天,他们有数小时泡在网上,分别将自己喜欢的信息连接在一起,上面有各种东西,如科研项目、相扑信息、网球比赛信息等。开始时他们各自独立地建立自己的网页,只是偶尔对彼此的内容感兴趣才相互参考,随着链接的信息越来越广,他们的网页也就放在了一起,统称为"杰里万维网导向",也就是后来的"Yahoo!"

(六)经验优势

经验优势是创业者所具有的强项与特长、优秀与特别之处,这些都可以发展为可行的创业项目。1994 年,大三学生江南春和几个合作伙伴成立了永怡广告公司,七年后,江南春发现广告代理公司的利润很低,重新思考方向,最后他把新目标放在商业楼宇的电梯上,弥补了市场空白,成立了分众传媒。大学生创业者可以从自己的相关工作经验或者自己的优势入手选择创业项目。

(七)所学专业

大学生创业者可以依靠自己学科专业,利用科学发现寻找创业项目。美国工程师在做雷达起振实验时,兜里巧克力融化,发现了新的加热方法,创造了微波炉。

（八）扩散思维、事物联想

根据一个事物发挥想象,可以发现创业项目。1987 年,美国弗吉尼亚州的两个邮递员汤姆·科尔曼和比尔·施洛特对一个小孩手里拿的荧光棒展开了联想。最后他们想到棒棒糖放在荧光棒的顶端,他们申请了专利,并卖给了美国开普糖果公司。后来他们又对棒棒糖展开联想,最后想到让棒棒糖自动旋转,他们这个不到三美元的棒棒糖在六年间卖出 6 000 万个。

（九）大众传媒

通过报纸、杂志、广播、电视、网络、展览会等发现创业项目。斯鲁特兄弟参加 1997 年芝加哥举行的展销会时,在一个几乎没人注意的小展台前看到一个碗里的小球吸光了所有倒进来的水。斯鲁特兄弟发现这种由硅砂做成的神奇的小球具有很强的吸收功能,是做小猫褥垫最合适的材料。于是,他们同中国的一家硅胶企业签订了生产合同。他们还因此获得了全美宠物协会颁发的杰出技术进步奖。

（十）市场调查

通过调查人们没有满足的市场需求,确定创业项目。海尔公司的张瑞敏经常在市场当中捕捉新的机会,一次偶然机会听到现在的洗衣机特别费水、费电,他立刻赶回公司召开科研会议解决这一问题,从研发到新产品投放市场仅用 13 天,推出新型洗衣机"小小神童"。张瑞敏一次出差到四川,发现海尔洗衣机在四川受阻,经过调查发现当地居民用洗衣机不仅洗衣服还洗地瓜,经常容易堵,所以立刻开发出排水口大的洗衣机。在巴基斯坦,由于天气比较热,当地居民经常一次要洗 10 件大袍子,所以海尔开发一次可以洗十二件大袍子的超容量洗衣机。

实践表明,自身的特质是影响大学生进行自主创业的内在因素。除了具备一定的创业能力,慎重选择创业项目外,还需要具备进行创业所需的知识、进行创业所必备的心理素质、一定的创业经验等。但不管既成条件如何,都需要大学生擦亮眼睛、善于抓住机遇,始终以饱满的热情、坚韧的毅力开拓进取,不断学习,不断挑战。这样,大学生就绝不会仅仅是现有就业岗位的竞争者,必将成为新的就业岗位的创造者。

第四节　优秀毕业生葛克朗创业成功范例

《盐幼专毕业生上网卖土鸡　一年利润近百万》,网上如此报道盐幼专 2008 级计算机班学生葛克朗。葛克朗,祖籍阜宁三灶镇。毕业后在盐城工作了一段时间,觉得城里鸡肉没有家乡三灶镇的好吃。村里几千人,几乎家家户户都会散养一些鸡,一家十几只,多的有二十只。因为这些鸡是不喂激素,不吃饲料的,靠散养长大,所以肉质鲜美,比肉鸡好吃多了。这时候葛克朗突然萌生了一个想法,到各家各户去买农户养的土鸡,在网上销售出去,让更多的人吃到美味。

（一）保证质量，实现成功第一步

说干就干，跟村里合作，从村民手里收购鸡，然后再卖出去。2013 年 10 月，葛克朗的网店开业了。因为村民数量众多，所以货源很充足。葛克朗深知要想在网上一炮打响，抓好质量是根本。葛克朗与农户签订合同的第一条就是养的鸡不能喂饲料，必须是散养的。2014 年一年就销售了 2 万多只，代销利润近百万元。

（二）靠诚信，在网售中立于不败之地

网上售后服务是葛克朗每天必做的工作。"网上销售，什么事情都能遇到，但自己始终抱着诚信的理念在做生意。"葛克朗这样说也是这样做的。

有一次一位顾客抱怨鸡肉不好吃，因为顾客当时就在盐城，葛克朗就在家自己动手烧了一锅鸡，亲自给顾客端了过去，免费请他吃，倒把顾客弄得不好意思了。顾客吃了之后，连连叫绝，承认是自己厨艺不精。2014 年 8 月份，浙江一名顾客收到鸡后，感觉鸡的味道不对，就联系葛克朗抱怨鸡不好。葛克朗耐心询问后连续发了 4 只鸡给这位顾客，并指导顾客如何烹调，这位顾客非常感动，立刻在网店上给葛克朗点赞。

在市、县团委的帮助下，葛克朗运用"互联网＋"的手段，实施生态土鸡项目，打造出"大郎农业"品牌，2017 年销售额达 713 万元，目前天猫平台鸡肉类目排行第三，土鸡类目排行第一，该项目在 2017 年盐城青年互联网创业大赛上脱颖而出，荣获创业组一等奖。

第二十七章

经典链接

第一节　明清戏曲导读

【概述】

中国古典戏曲博大精深、源远流长,是中华民族文化的一个重要组成部分。而明清戏曲则是中国戏剧史上的大繁荣大发展时期,形成了多种以各地民间曲调为基础的声腔,还出现多种流派争奇斗妍的局面,涌现出一大批优秀的作家和作品。

一、明代戏剧

(一)明代杂剧

明代戏剧可以分为明代的杂剧和传奇两大系统,明代杂剧上承元杂剧,是一种短篇的戏曲样式,明代有杂剧作家一百多人,剧目五百多种。明初的杂剧创作形式典雅,内容苍白,具有浓郁的士大夫气息,出现了大量点缀升平,宣传封建伦理道德的作品,总体成就不高。明初的两位藩王朱权和朱有燉成为剧坛主将,同时还有一批由元入明的杂剧作家,比如王子一、刘兑、贾仲明等人,贾仲明所编《录鬼簿续编》是研究中国戏剧史的重要文献。明中期杂剧作家和作品数量都不多,康海、王九思、徐渭等人是其中代表性的作家。明后期杂剧创作数量有所增加,出现了叶宪祖、吕天成、王骥德等杂剧作家,但后两者都是以其戏剧理论著作闻名于世。

在作品方面,明杂剧作品中流传较广的有朱权的《卓文君私奔相如》、朱有燉的《香囊怨》、刘兑的《娇红记》、贾仲明的《吕洞宾桃柳升仙梦》、康海的《中山狼》、徐渭的《四声猿》、叶宪祖的《四艳记》等。

(二)明代传奇

明代传奇是明代戏剧的另一种形式,一般指不包括杂剧在内的中长篇戏剧。明传奇在体制上基本沿袭了宋元南戏,带有浓厚南方戏剧特征又融合了北曲的声腔和元杂剧的精华,与杂剧相比,传奇规模更宏大,曲调更丰富,角色分工更细致,更便于表现生活,因此在明中后期繁荣兴盛,名家迭出。

明初期,因为统治者采取了文化禁锢政策,严格控制戏曲创作的思想倾向,因此封建伦理纲常的说教弥漫了剧坛,出现了邱濬的《五伦全备忠孝记》这样的宣传三纲五常的教化作品。另一方面,明初的剧坛也出现了一些由下层文人创作的传奇作品,主要以历史题材和反映平民生活题材的作品为主。

明中期,嘉靖、隆庆年间,先后产生了著名的"三大传奇",即李开先的《宝剑记》、梁辰鱼的《浣纱记》和无名氏的《鸣凤记》，揭开了明传奇发展的新篇章。

到了明后期，传奇的发展达到了繁荣昌盛的阶段，出现了大量的剧作家，写出了许多优秀的作品，其中就有汤显祖的《牡丹亭》，还出现了不同的风格、流派，比如以沈璟为代表的吴江派，以汤显祖为代表的临川派和以张凤翼为代表的文辞派。

二、清代戏剧

清代的戏剧，继明之后，又有了进一步的发展，涌现出了一大批的作家和作品，一些高质量的佳作诞生，洪昇的《长生殿》和孔尚任的《桃花扇》都是继《牡丹亭》之后中国戏剧史上的经典之作。

清代初期，戏剧创作继承了明代特色，但又有了新的发展，出现了三种流派，即以吴伟业为代表的文人派、以李玉为代表的苏州派和以李渔为代表的形式派。在三派之外，浙江人洪昇和山东人孔尚任的戏剧创作将清代戏剧推向了顶峰。

清中期，戏剧创作作品数量不少但质量不及前期，在统治者的干预和制约下，宫廷大戏成为这一时期戏剧创作的主流，同时传统戏曲日渐衰落，而具有浓郁生活气息的地方戏却逐渐兴盛起来。乾隆后期戏剧艺术出现雅与俗两极分化的倾向。

乾隆五十五年，作为花部的徽剧，在三庆班名伶高朗亭的率领下进入北京，打开了花部进京的门路。此后形成了三庆、四喜、和春、春台四大徽班雄踞北京的局面。道光年间，湖北的汉剧也进入北京，多个地方戏的合流，最终形成了今天全国性的剧种——京剧。

三、精彩选段

节选一 《牡丹亭》选段《惊梦》

【绕池游】(旦上)梦回莺啭，乱煞年光遍。人立小庭深院。(贴)炷尽沉烟，抛残绣线，恁今春关情似去年？(乌夜啼)"(旦)晓来望断梅关，宿妆残。(贴)你侧着宜春髻子恰凭阑。(旦)翦不断，理还乱，闷无端。(贴)已分付催花莺燕借春看。"(旦)春香，可曾叫人扫除花径？(贴)分付了。(旦)取镜台衣服来。(贴取镜台衣服上)"云髻罢梳还对镜，罗衣欲换更添香。"镜台衣服在此。

【步步娇】(旦)袅晴丝吹来闲庭院，摇漾春如线。停半晌、整花钿。没揣菱花，偷人半面，迤逗的彩云偏。(行介)步香闺怎便把全身现！(贴)今日穿插的好。

【醉扶归】(旦)你道翠生生出落的裙衫儿茜，艳晶晶花簪八宝填，可知我常一生儿爱好是天然。恰三春好处无人见。不堤防沉鱼落雁鸟惊喧，则怕的羞花闭月花愁颤。(贴)早茶时了，请行。(行介)你看："画廊金粉半零星，池馆苍苔一片青。踏草怕泥新绣袜，惜花疼煞小金铃。"(旦)不到园林，怎知春色如许！

【皂罗袍】原来姹紫嫣红开遍，似这般都付与断井颓垣。良辰美景奈何天，赏心乐事谁家院！恁般景致，我老爷和奶奶再不提起。(合)朝飞暮卷，云霞翠轩；雨丝风片，烟波画船——锦屏人忒看的这韶光贱！(贴)是花都放了，那牡丹还早。

【好姐姐】(旦)遍青山啼红了杜鹃，荼䕷外烟丝醉软。春香啊，牡丹虽好，他春归怎占的先！(贴)成对儿莺燕啊。(合)闲凝眄，生生燕语明如翦，呖呖莺歌溜的圆。(旦)去罢。(贴)这园子委是观之不足也。(旦)提他怎的！(行介)

【隔尾】观之不足由他缱,便赏遍了十二亭台是枉然。到不如兴尽回家闲过遣。(作到介)(贴)"开我西阁门,展我东阁床。瓶插映山紫,炉添沉水香。"小姐,你歇息片时,俺瞧老夫人去也。(下)(旦叹介)"默地游春转,小试宜春面。"春啊,得和你两留连,春去如何遣?咳,恁般天气,好困人也。春香那里?(作左右瞧介)(又低首沉吟介)天呵,春色恼人,信有之乎!常观诗词乐府,古之女子,因春感情,遇秋成恨,诚不谬矣。吾今年已二八,未逢折桂之夫;忽慕春情,怎得蟾宫之客?昔日韩夫人得遇于郎,张生偶逢崔氏,曾有《题红记》《崔徽传》二书。此佳人才子,前以密约偷期,后皆得成秦晋。(长叹介)吾生于宦族,长在名门。年已及笄,不得早成佳配,诚为虚度青春,光阴如过隙耳。(泪介)可惜妾身颜色如花,岂料命如一叶乎!

【山坡羊】没乱里春情难遣,蓦地里怀人幽怨。则为俺生小婵娟,拣名门一例、一例里神仙眷。甚良缘,把青春抛的远!俺的睡情谁见?则索因循腼腆。想幽梦谁边,和春光暗流传?迁延,这衷怀那处言!淹煎,泼残生,除问天!身子困乏了,且自隐几而眠。(睡介)(梦生介)(生持柳枝上)"莺逢日暖歌声滑,人遇风情笑口开。一径落花随水入,今朝阮肇到天台。"小生顺路儿跟着杜小姐回来,怎生不见?(回看介)呀,小姐,小姐!(旦作惊起介)(相见介)(生)小生那一处不寻访小姐来,却在这里!(旦作斜视不语介)(生)恰好花园内,折取垂柳半枝。姐姐,你既淹通书史,可作诗以赏此柳枝乎?(旦作惊喜,欲言又止介)(背想)这生素昧平生,何因到此?(生笑介)小姐,咱爱杀你哩!

【山桃红】则为你如花美眷,似水流年,是答儿闲寻遍。在幽闺自怜。小姐,和你那答儿讲话去。(旦作含笑不行)(生作牵衣介)(旦低问)那边去?(生)转过这芍药栏前,紧靠着湖山石边。(旦低问)秀才,去怎的?(生低答)和你把领扣松,衣带宽,袖梢儿揾着牙儿苫也,则待你忍耐温存一晌眠。(旦作羞)(生前抱)(旦推介)(合)是那处曾相见,相看俨然,早难道这好处相逢无一言?(生强抱旦下)(末扮花神束发冠,红衣插花上)"催花御史惜花天,检点春工又一年。蘸客伤心红雨下,勾人悬梦采云边。"吾乃掌管南安府后花园花神是也。因杜知府小姐丽娘,与柳梦梅秀才,后日有姻缘之分。杜小姐游春感伤,致使柳秀才入梦。咱花神专掌惜玉怜香,竟来保护他,要他云雨十分欢幸也。

【鲍老催】(末)单则是混阳蒸变,看他似虫儿般蠢动把风情扇。一般儿娇凝翠绽魂儿颤。这是景上缘,想内成,因中见。呀,淫邪展污了花台殿。咱待拈片落花儿惊醒他。(向鬼门丢花介)他梦酣春透了怎留连?拈花闪碎的红如片。秀才才到的半梦儿;梦毕之时,好送杜小姐仍归香阁。吾神去也。(下)

【山桃红】(生、旦携手上)(生)这一霎天留人便,草借花眠。小姐可好?(旦低头介)(生)则把云鬟点,红松翠偏。小姐休忘了啊,见了你紧相偎,慢厮连,恨不得肉儿般团成片也,逗的个日下胭脂雨上鲜。(旦)秀才,你可去啊?(合)是那处曾相见,相看俨然,早难道这好处相逢无一言?(生)姐姐,你身子乏了,将息,将息。(送旦依前作睡介)(轻拍旦介)姐姐,俺去了。(作回顾介)姐姐,你可十分将息,我再来瞧你那。"行来春色三分雨,睡去巫山一片云。"(下)(旦作惊醒,低叫介)秀才,秀才,你去了也?(又作痴睡介)(老旦上)"夫婿坐黄堂,娇娃立绣窗。怪他裙衩上,花鸟绣双双。"孩儿,孩儿,你为甚瞌睡在此?(旦作醒,叫秀才介)咳也。(老旦)孩儿怎的来?(旦作惊起介)奶奶到此!(老旦)我儿,何不做些针指,或观玩书史,舒展情怀?因何昼寝于此?(旦)孩儿适在花园中闲玩,忽值春暄恼人,故此回房。无可消遣,不觉困倦少息。有失迎接,望母亲恕儿之罪。(老旦)孩儿,这后花园中冷静,少去闲行。(旦)领母亲严命。(老旦)孩儿,学堂看书去。(旦)先生不在,且自消停。(老旦叹介)女孩儿长成,自有许多情态,且自由他。正是:"宛转随儿女,辛勤做老娘。"(下)(旦长叹介)(看老旦下介)哎也,天那,今日杜丽娘有些侥幸也。偶到后花园中,百花开遍,睹景伤情。没兴而回,昼眠香阁。忽见一生,年可弱冠,丰姿俊妍。于园中折得柳丝一枝,笑对奴家说:"姐姐既淹通书史,何不将柳枝题赏一篇?"那时待要应他一声,心中自忖,素昧平生,不知名姓,何得轻与交言。正如此想间,只见那生向前说了几句伤心话儿,将奴搂抱去牡丹亭畔,芍药阑边,共成云雨之欢。两情和合,真个是千般爱惜,万种温存。欢毕之时,又送我睡眠,几声"将息"。正待自送那生出门,忽值母亲来到,唤醒将来。我一身冷汗,乃是南柯一梦。忙身参礼母亲,又被母亲絮了许多闲话。奴家口虽无言答应,心内思想梦中之事,何曾放怀。行坐不宁,自觉如有所失。娘呵,你教我学堂看书去,知他看那一种书消闷也。(作掩泪介)

【绵搭絮】雨香云片,才到梦儿边。无奈高堂,唤醒纱窗睡不便。泼新鲜冷汗粘煎,闪的俺心悠步嚲,意软鬟偏。不争多费尽神情,坐起谁忺?则待去眠。(贴上)"晚妆销粉印,春润费香篝。"小姐,薰了被窝睡罢。

【尾声】(旦)困春心游赏倦,也不索香薰绣被眠。天呵,有心情那梦儿还去不远。

节选二 《桃花扇》选段《余韵》

【北新水令】山松野草带花挑,猛抬头秣陵重到。残军留废垒,瘦马卧空壕。村郭萧条,城对着斜阳道。

【驻马听】野火频烧,护墓长楸多半焦。山羊群跑,守陵阿监几时逃?鸽翎蝠粪满堂抛,枯枝败叶当阶罩,谁祭扫?牧儿打碎龙碑帽。

【沉醉东风】横白玉八根柱倒,堕红泥半堵墙高。碎琉璃瓦片多,烂翡翠窗棂少,舞丹墀燕雀常朝,直入宫门一路蒿,住几个乞儿饿殍。

【折桂令】问秦淮旧日窗寮,破纸迎风,坏槛当潮,目断魂消。当年粉黛,何处笙箫?罢灯船端阳不闹,收酒旗重九无聊。白鸟飘飘,绿水滔滔,嫩黄花有些蝶飞,新红叶无个人瞧。

【沽美酒】你记得跨青溪半里桥,旧红板没一条,秋水长天人过少。冷清清的落照,剩一树柳弯腰。

【太平令】行到那旧院门,何用轻敲,也不怕小犬哰哰(liao liao)。无非是枯井颓巢,不过些砖苔砌草。手种的花条柳梢,尽意儿采樵。这黑灰是谁家厨灶?

【离亭宴带歇指煞】俺曾见金陵玉殿莺啼晓,秦淮水榭花开早,谁知容易冰消!眼看他起朱楼,眼看他宴宾客,眼看他楼塌了!这青苔碧瓦堆,俺曾睡风流觉,将五十年兴亡看饱。那乌衣巷不姓王,莫愁湖鬼夜哭,凤凰台栖枭鸟。残山梦最真,旧境丢难掉。不信这舆图换稿。诌一套哀江南,放悲声唱到老。

(赞掩泪介,云)妙是妙绝,惹出我多少眼泪。

第二节　四大名著导读

一、《红楼梦》导读

《红楼梦》原名《石头记》,是古典长篇章回小说,中国古代四大名著之一。最初以手抄本的形式在作者亲友圈中流传,到乾隆五十六年,印本出现,抄本逐渐失传。《红楼梦》版本较多,从体系上看,主要有两大体系,即八十回的"脂评本"和一百二十回的"程高本",目前较为通行的是 1982 年人民文学出版社的一百二十回本,其中前 80 回为曹雪芹所写,后 40 回是高鹗续写,全书以贾、史、王、薛四大家族为背景,以贾宝玉和林黛玉的爱情为贯穿全书的主线,以四大家族由盛而衰的历史为暗线,揭示了处于穷途末路的封建社会终将走向衰败的必然规律。

书中不仅塑造了贾宝玉、林黛玉、薛宝钗、王熙凤等几十个主要的人物形象,还描绘了其他几百个不同身份、不同命运的人物,并揭示了他们之间错综复杂的关系,为人们呈现了一幅色彩鲜明、绚丽多彩的人物图画,使人们对封建社会的基本面貌有了一个整体的感受。

全书结构宏大,前五回可以看作是全书的序幕,起到一个提纲挈领的作用。六到十八回,由刘姥姥一进荣国府开始,围绕秦可卿之死和元妃省亲两大贾府事件,写出了贾府如日中天的气势。十九到五十四回通过若干小事件全面铺开了贾府的日常生活画卷,并集中写出了宝黛的爱情,贾府的种种危机开始显现。五十五到七十八回进一步写出了贾府的危机,"抄检大观园"预演了贾府的崩溃。八十到一百二十回为高鹗续写,宝玉出家,宝钗守寡,贾家败亡。

《红楼梦》以其博大精深的思想内容和精湛优美的艺术形式,被誉为"封建社会的百科全书",不仅彪炳中国文学的史册,还被译为多国文字,具有世界性的影响。

二、《三国演义》导读

《三国演义》是我国第一部长篇章回体小说,也是第一部长篇历史演义小说,也称《三国志演义》《三国志通俗演义》,作者是罗贯中。小说从东汉灵帝中平元年(184 年)黄巾起义写起,到西晋武帝太康元年(280 年)为止,前后近百年。描述了东汉末年至三国时期纷繁的历史事件,揭示了当时矛盾重重、动荡不安的社会局面,广泛地反映了当时的社会生活。

《三国演义》作为长篇历史演义小说,它的事件的主干取材于西晋史学家陈寿的《三国志》,同时又做了艺术的虚构,将原来正史上记载简略的情节加以夸张、渲染,如刘备"三顾茅庐"和诸葛亮"七擒七纵"孟获的情节;将正史中所记载的历史人物的事件移花接木,比如将正史中鞭打督邮的刘备在小说中移花接木为张飞;还虚构了大量正史中没有的情节,这样就形成了"七实三虚"的独特艺术构思。

小说叙写三国时期长达百年的历史事件,人物众多,事件错综复杂,头绪纷繁。然而描述时既要符合基本史实,又要注意保持情节的连贯。因此,在结构的安排上小说以蜀汉为中心,以三国的矛盾斗争为主线,来组织全书的故事情节,既有主有从,又相互配合,前后连贯,各回都能独立成篇,全书又构成了一个完整的艺术整体。

小说还精心塑造了刘备、曹操、孙权三个势力集团以及其他集团中各色各样的正面或反面人物近千余名。其中诸葛亮、刘备、关羽、张飞、周瑜、曹操、孙权等无不个性鲜明,给读者留下了深刻的印象。在罗贯中的笔下,他们上演了一出又一出可歌可泣的悲喜剧。

另外,小说对战争的描写堪称经典,《三国演义》写战争双方的胜负,不在于双方军事力量的强弱,而在于战前的谋划,通过大小几十次战役,反映出社会形势的变化,展现主帅、谋士、将领们的谋略和才识。诸葛亮的"忠"、曹操的"奸"、关羽的"义"等在战争中都表现得尤为突出。这些宝贵的艺术经验对于后世的长篇小说创作都产生了深远的影响。

三、《水浒传》导读

《水浒传》又名《忠义水浒传》,是我国小说史上第一部反映农民起义的长篇章回体小说,也是我国四大古典名著之一,作者为元末明初的施耐庵。

《水浒传》全书有一百回和一百二十回两个流传较广的版本,以北宋末年宋江起义的故事为题材,全面描写了以宋江为首的梁山泊一百零八将的起义从小到大,从无组织的个人行动到有组织、上规模的集体行动,从开始起义到最终接受招安失败的过程,揭露了封建社会的黑暗、腐朽和统治阶级的种种罪恶,反映了当时尖锐的社会矛盾,揭示了封建社会"官逼民反"的深刻主题。

一百回本的可分为两大部分,前七十回主要写了鲁智深、林冲、晁盖、宋江、武松等各路英雄被迫落草、反抗,上梁山聚义的过程;后三十回主要写梁山好汉接受朝廷招安,征辽、平田虎、平王庆、平方腊最终被朝廷瓦解、失败的过程。

在艺术上,《水浒传》取得了杰出的成就。首先,就是塑造了众多栩栩如生的人物形象。宋江的仗义愚忠、李逵的直爽率真、武松的正直勇猛、鲁智深的勇而有谋,林冲从安分守己到逼上梁山、吴用的足智多谋等都给人留下了深刻的印象。不仅如此,反面人物的塑造同样有血有肉,西门庆、镇关西、阎婆惜、高俅都堪称文学经典。其次,在结构上《水浒传》由相对独立、完整的各个故事连接成为一个整体,全书好比一条环环相扣的链条,形成了一种独特的"链式"结构,每个人的小传都具有相对的独立性,故事曲折起伏又绝不雷同,彼此间相互照应,成为一体。《水浒传》还是我国第一部通篇用口语写成的长篇小说,作品的语言生动活泼,充满了生活的气息,各个人物的语言也都充满个性,如宋江开口,必讲忠义,李逵发声,一派天真。

中国历史上发生过无数次的农民起义和农民战争,但用文学形象来歌颂农民战争,并且真实而生动地作全面艺术再现的,只有《水浒传》。日本汉学家木村英雄评价说:"《水浒传》的影响已远远超过了文学和演唱的范围。根据记载:《水浒传》成书之后,历代强盗和造反者都喜欢借用《水浒传》英雄好汉的绰号;近代20世纪的中国工农红军的游击战术也是从《水浒传》中得到启发的。这是令人吃惊的。"

四、《西游记》导读

《西游记》是以唐代玄奘和尚赴西天取经的故事为蓝本,在《大唐西域记》《大唐大慈恩寺三藏法师传》等作品的基础上,经过整理、构思写成的一部长篇章回体小说。作者是明代小说家吴承恩。全书共二十卷一百回,从第一回到第七回,叙述孙悟空出生、求仙得道、大闹"三界";从第八回至第十二回,描写如来说法、观音访僧、唐僧出世的故事,交代取经缘起；从第十三回到第九十九回，描写孙悟空被迫皈依佛教，和猪八戒、沙和尚一起保护唐僧去西天取经，一路斩妖除魔，经历九九八十一难，取得真经；第一百回为全书的结尾，描写师徒四人取经回到东土，都得道成佛。

作者借助神话故事和神话人物将批判的锋芒指向了封建统治阶级及其所维护的宗教神学，对以玉皇大帝为首的统治集团进行了辛辣的嘲讽，并把一路上遇到的许多妖魔写成是天上神仙的侍从，以象征的手法尖锐地指出明代豪强、官吏相互勾结，沆瀣一气，欺压百姓的污浊现实。这种将善意的嘲笑、辛辣的讽刺和严肃的批判巧妙地相结合的手法，开启了神魔长篇章回小说的新门类，并直接影响着后世讽刺小说的发展。

在人物的塑造上，《西游记》采用想象、夸张、变形、拟人等手法，创造性地塑造出了许多人、神、兽三位一体的鲜活形象，他们既有超自然的神力，充满神奇的色彩，又有社会化的人性，富有人情味，孙悟空、猪八戒、唐僧等都有血有肉，栩栩如生，一直以来深受人们的喜爱。

《西游记》还为人们展现了一个之前从未被描写过的光怪陆离的神话世界。

庄严的天庭、幽深的洞府、绚丽的龙宫让整部作品充满了浪漫主义的色彩，具有强烈的艺术魅力。林庚先生称之为"童心之作"，是中国古典文学中最富有想象力的作品之一。

参考文献

[1] 王文锦. 大学·中庸译注[M]. 北京:中华书局,2008.

[2] 喻岳衡,喻涵. 增广贤文·弟子规·朱子家训·孝经·二十四孝[M]. 长沙:岳麓书社,2016.

[3] 古诗文网 http://www.gushiwen.org/gushi/

[4] 孙武. 孙子兵法[M]. 上海:上海古籍出版社,2006.

[5] 杨伯峻. 论语译注[M]. 北京:中华书局,2009.

[6] 杨伯峻. 孟子译注[M]. 北京:中华书局,2010.

[7] 陈鼓应. 老子今注今译[M]. 北京:中华书局,1983.

[8] [清]孙希旦. 礼记集解[M]. 北京:中华书局,1989.

[9] 黄小梅. 大学生心理健康教育[M]. 北京:人民邮电出版社,2014.

[10] 朱卫国,桑志芹. 大学生心理健康教程(第二版)[M]. 南京:南京大学出版社,2014.

[11] 魏静,席宏伟. 高职心理健康实用教程[M]. 北京:高等教育出版社,2016.

[12] 张海鹰. 大学生心理健康教育[M]. 长春:吉林大学出版社,2016.

[13] 马亮. 大学生成功就业步骤分析[J]. 华夏教师,2015(01):31.

[14] 徐鑫. 出台优惠政策支持高校毕业生就业创业[N]. 辽宁日报,2018-04-12(008).

[15] 漆晓均,陈元刚,梁劲. 大学生对影响创业成功因素的看法分析[J]. 才智,2013(31):94—95.

[16] 孙秀华. 大学生就业指导理念和实践模式之思考[J]. 福建论坛(人文社会科学版),2005(09):127—129.

[17] 徐建. 地方本科院校大学生创业影响因素分析及对策研究[J]. 理论界,2014(08):163—166.

[18] 刘春雷,李敏. 大学生就业心理问题引发的社会不和谐因素[J]. 长春工业大学学报(高教研究版),2009,30(01):77—79.

[19] 黄琳. 如何衡量和评估非智力因素对大学生成功就业的影响[J]. 成功(教育),2011(05):26—27.

[20] 王英. 择业观对大学生就业的影响研究[D]. 西北大学,2012.

[21] 李海东. 大学生创业项目选择的方法与途径[J]. 现代商业,2013(02):267—268.

[22] 蒋争,韩威. 职业决策:人生的关键一步——大学生毕业去向选择与职业发展[J]. 职业,2010(31):70—71.

[23] 李欣. 对当代大学生就业价值取向的探析[J]. 成都电子机械高等专科学校学报,

2007(01):54—56,26.

[24] 孙国翠.大学生成功就业的实现途径研究——基于产品视角的大学生就业思路分析[J].山东省青年管理干部学院学报,2007(03):38—40.

[25] 刘毓航,崔霞.高职院校学生非专业就业能力培养[M].武汉:中国地质大学出版社,2016.

[26] 王庭之,陈钧.大学生创业基础[M].南京:南京出版社2016.

[27] 刘燕,李晓波.我的大学我的梦[M].南京:南京大学出版社2011.

[28] 郭春鸿.梦开始的地方[M].北京:知识产权出版社2016.

[29] 魏峰.大学生新生入学教育读本:我的大学我做主[M].南京:东南大学出版社,2013.

[30] 百度百科.https://baike.baidu.com/item/％E5％BF％97％E6％84％BF％E6％9C％8D％E5％8A％A1/627493? fr＝aladdin;https://baike.baidu.com/item/％E5％AD％A6％E7％94％9F％E4％BC％9A/406211? fr＝aladdin

[31] 周志成.大学生军训教程[M].北京:高等教育出版社,2014.

[32] 中华人民共和国国防教育法[M].北京:法律出版社,2001.

[33] 刘燕,李红,郑明喜,李晓波.梦圆和圆梦的地方——新生入学必读[M].北京:北京化学工业出版社,2009.